NATIONAL GEOGRAPHIC
ART GUIDE

DIE SCHÄTZE
von
ANGKOR

NATIONAL GEOGRAPHIC

Mitarbeiter

TEXT
Marilia Albanese

REDAKTIONELLE LEITUNG
Laura Accomazzo

GRAFIK-DESIGN
Paola Piacco

ÜBERSETZUNG
Dr. Wolfgang Hensel

PRODUKTION
SAW Communications
Dr. Sabine A. Werner
Redaktionsbüro

Titel der italienischen Originalausgabe:
Le Guide dell'arte – I tesori di Angkor

© 2006 White Star S.p.A.
Via Candido Sassone, 22/24
13100 Vercelli, Italy
www.whitestar.it

Copyright © der deutschen Ausgabe
National Geographic Deutschland
G+J/RBA GmbH & Co KG, Hamburg 2006

Alle Angaben in diesem Buch wurden zum Zeitpunkt der Erarbeitung sorgfältig geprüft. Dennoch können sich Details ändern. Der Verlag kann für solche Änderungen, eventuelle Fehler oder Auslassungen keine Verantwortung oder Haftung übernehmen. Bewertungen geben die Sicht des Autors wieder.

G+J/RBA GmbH & Co KG ist Lizenznehmer der National Geographic Society, einer der größten gemeinnützigen Wissensorganisationen der Welt. Seit ihrer Gründung 1888 hat die Gesellschaft mehr als 8 000 Expeditionen und Forschungsprojekte unterstützt und die Erlebnisse, Erfahrungen und Entdeckungen in Text, Bild und Ton dokumentiert.

Alle Rechte vorbehalten. Reproduktionen, Speicherungen in Datenverarbeitungsanlagen oder Netzwerken, Wiedergabe auf elektronischen, fotomechanischen oder ähnlichen Wegen oder Vortrag – auch auszugsweise – nur mit ausdrücklicher Genehmigung des Copyrightinhabers.

ISBN 978-3-937606-77-4
ISBN 3-937606-77-7
Printed in Singapore
Repro: Chiaroscuro, Turin, Italien

....
1 EINE DEVATA IN ANGKOR WAT.   2–3 BUDDHA, 12.–13. JH.;
　　　　　　　　　　　　　　　MUSÉE GUIMET, PARIS.

INHALT

◆ **EINLEITUNG** 6
TAGESTOUREN 8
HINWEISE FÜR DEN LESER 9
DIE PRÄ-ANGKORIANISCHE EPOCHE 16
DIE ANGKOR-EPOCHE 24
DIE GRUNDFORMEN DER KHMER-TEMPEL 42
IKONOGRAPHISCHE QUELLEN 58
HINDU-GOTTHEITEN 64
ARCHÄOLOGISCHE FORSCHUNG IN ANGKOR 70
◆ **KAPITEL 1 – DIE HOCHKULTUR DER FRÜHEN EPOCHE** 76
PREAH KO 80
BAKONG 84
LOLEI 90
PHNOM BAKHENG 92
BAKSEI CHAMKRONG 98
BEI PRASAT 100
PRASAT KRAVAN 101
BAT CHUM 102
ÖSTLICHER MEBON 104
PRASAT LEAK NEANG 107
PRE RUP 108
◆ **KAPITEL 2 – MEISTERWERKE DER STEINMETZKUNST** 112
BANTEAY SREI 116
KBAL SPEAN 128
TA KEO 130
THOMMANON 134
CHAO SAY TEVODA 136
SPEAN THMA 137
TA PROHM 138
◆ **KAPITEL 3 – DIE KÖNIGLICHEN GRÜNDUNGEN** 144
ANGKOR WAT 148
TA PROHM KEL 174
TA SOM 176
PREAH KHAN 180
PRASAT PREI 190
BANTEAY PREI 191
KROL ROMEAS 191
KROL KO 192
NEAK PEAN 193

◆ **KAPITEL 4 – DAS HERZ VON ANGKOR 196**
　ANGKOR THOM　200
　　BAYON　208
　　BAPHUON　222
　DIE TERRASSE DES LEPRA-KÖNIGS　226
　　DIE ELEFANTENTERRASSE　228
　　DER KÖNIGSPALAST　232
　　　PHIMEANAKAS　236
　　　TEP PRANAM　238
　　PREAH PALILAY　240
　　PRASAT SUOR PRAT　242
　　　KHLEANG　243
　　　PREAH PITHU　246

◆ **KAPITEL 5 – DAS ERBE DER KHMER　250**
　　BANTEAY SAMRÉ　254
　　PHNOM BOK　254
　　　TA NEI　260
　　PRASAT CHRUNG　261
　　BANTEAY KDEI　262
　　　KUTISHVARA　268
　　　SRAH SRANG　270

◆ **KAPITEL 6 – SEHENSWÜRDIGKEITEN AUSSERHALB DES ARCHÄOLOGISCHEN PARKS　272**
　　WESTLICHER BARAY　276
　WAT PREAH INDRA KAORSEY　277
　　WESTLICHER MEBON　278
　　　AK YUM　279
　　PHNOM KROM　280
　　CHAO SREI VIBOL　280

GLOSSAR 282
LITERATUR 283
REGISTER 284

EINLEITUNG

Es gibt nur wenige Orte auf der Erde, die es an Faszination mit Angkor aufnehmen können – dem Herz des mächtigen Khmer-Reiches, das sich vom 9. bis 13. Jahrhundert in Indochina ausdehnte. Heute ist Angkor ein großartiger Archäologischer Park. Der Name der heutigen Bevölkerung von Kambodscha, „Khmer", leitet sich von dem männlichen Sanskritwort *Kambuja* ab, die „Nachkommen des Kambu", einem mythischen Asketen. Sie nutzten die Natur der Ebene von Angkor und schufen ein gewaltiges Netz aus Becken, Kanälen und Reisfeldern. Diese Anlagen sicherten nicht nur das Überleben des millionenstarken eigenen Volkes, sondern lieferten genügend Überschüsse, um die zahlreichen Bauten zu finanzieren.

Die Khmer-Könige waren kenntnisreiche Kriegsherren, die sich auf das indische Königsrecht, aber auch auf lokale Geister- und Ahnenkulte beriefen. Sie errichteten ihre monumentalen, pyramidenförmigen Tempel als Abbilder des mythischen, kosmischen Berges Meru. Jeder dieser Tempel spiegelte sich in einem großen Wasserbecken, das einerseits als Wasserreservoir diente, andererseits aber symbolisch den Urozean repräsentierte. Es entstand ein Schachbrettmuster aus Tempeln, Holzbauten und Bambushütten, dazwischen wimmelte es von Märkten, Wagen, Kanus, Tieren und Menschen. Dieses quirlige Leben wird in den Basreliefs des Bayon äußerst lebendig und plastisch dargestellt – den vermutlich ausdrucksvollsten Monumenten absoluter königlicher Macht, welche die Künstler der Khmer jemals schufen. Die Khmer-Könige waren davon überzeugt, dass sie ihre Macht göttlichem Recht verdankten und dass sie selbst Teil dieser Göttlichkeit waren. In den Tempelinschriften haben sie ihre Ideen und Heldentaten der Nachwelt überliefert. Eine weitere wertvolle Informationsquelle, um die Welt der Khmer in der letzten Epoche ihres goldenen Zeitalters zu rekonstruieren, sind die Berichte über die Sitten von Kambodscha, die der chinesische Gesandte Zhou Daguan aufzeichnete, als er vom August 1296 bis zum Juli 1297 in Angkor weilte. Die letzten Überreste von Angkor, der großen Hauptstadt des Reiches, die zu ihrer Glanzzeit aus zahlreichen Stadtbezirken bestand, sind die Tempel, die von der üppigen Vegetation überwuchert wurden. Einstmals menschliche Siedlungen wurden von den Pflanzen zurückerobert. Mächtige Zweige und Lianen brachen durch die Steine und erstickten die Bauten. Vielfach trägt aber gerade dieses grüne Labyrinth zur magischen Atmosphäre und Schönheit der Tempel von Angkor bei – einer Aura vergangener Zeiten und versunkener Welten. Ob man den Stimmen des Dschungels vom Dach des Phnom Bakheng lauscht, an den Teichen des Königspalastes spaziert, bei Sonnenuntergang zwischen den Ruinen von Preah Pithu wandelt oder ob man das Mondlicht bewundert, das sich im Srah Srang spiegelt – stets wird man von dem Zauber überwältigt sein, der im Gleichklang mit der Ästhetik der Bauwerke steht.

6 TANZENDE APSARA IM BAYON-STIL.

7 ANGKOR WAT SPIEGELT SICH IM NORDWESTLICHEN BECKEN.

TAGESTOUREN

Die hier vorgestellten Sehenswürdigkeiten wurden nach der künstlerischen Qualität, nicht nach der Besucherzahl ausgewählt. Die Routen folgen, wo immer möglich, der Entstehungszeit der Bauten und der jeweils besten Sichtbarkeit in Bezug auf die Lichtverhältnisse. Der Archäologische Park ist von 5.30 Uhr bis 17.30 Uhr geöffnet. Es gibt Eintrittskarten für einen oder drei Tage bzw. für eine Woche, die zur Zeit 20, 40 bzw. 60 US-Dollar kosten. Jeder Besucher muss ein Passfoto bei sich führen. Wegen der großen Entfernungen ist es nicht möglich, zu Fuß zu gehen, aber man kann Fahrräder, Motor-Rikschas, Motorradtaxis, Taxis oder Minibusse mieten.

A) Ein Tag
FOLGENDE STÄTTEN SOLLTEN SIE BESUCHEN:
Vormittag: Angkor Wat. Wenn genügend Zeit bleibt, auch Baksei Chamkrong und/oder Prasat Kravan und/oder Thommanon.
Nachmittag: Angkor Thom, Südtor, Terrasse des Lepra-Königs, Elefantenterrasse, Bayon
Sonnenuntergang: Ta Prohm

B) Zwei Tage
ZU DEN ÄLTESTEN UND BESTERHALTENEN BEISPIELEN VON TEMPELDEKORATION UND -SKULPTUR
1. Tag
Vormittag: Roluos: Preah Ko, Bakong, Lolei
Nachmittag: Banteay Srei
Sonnenuntergang: Pre Rup
2. Tag
Wie Tour A)

C) Drei Tage
TEMPEL MIT KOMPLEXEN GRUNDRISSEN UND WEITLÄUFIGEN WOHNBEZIRKEN
1. Tag
Wie Tour B), 1. Tag
2. Tag
Früher Vormittag: Angkor Wat. Wenn Zeit verbleibt, Thommanon, Chao Say Tevoda und/oder Ta Keo und Spean Thma
Nachmittag: Preah Khan, Neak Pean, Baksei Chamkrong
Sonnenuntergang: Phnom Bakheng auf einem Elefanten
3. Tag
Früher Vormittag: Angkor Thom: Siegestor, Bayon, Aphou, Terrasse des Lepra-Königs, Elefantenterrasse, Königspalast, Teiche, Phimeanakas. Wenn Zeit bleibt: Preah Palilay
Nachmittag: Prasat Kravan, Banteay Kdei, Srah Srang
Sonnenuntergang: Ta Prohm

D) Vier Tage
DIE WICHTIGSTEN STÄTTEN, UM DEN GEIST VON ANGKOR ZU SPÜREN
1. Tag
Vormittag: Roluos: Preah Ko, Bakong, Lolei
Nachmittag: Prasat Kravan, Östlicher Mebon, Ta Keo, Spean Thma, Baksei Chamkrong, Bei Prasat
Sonnenuntergang: Phnom Bakheng auf einem Elefanten
2. Tag
Früher Vormittag: Banteay Srei, Kbal Spean
Nachmittag: Banteay Samré
Sonnenuntergang: Pre Rup
3. Tag
Vormittag: Angkor Wat. Wenn Zeit bleibt: Ta Prohm Kel, Thommanon, Chau Say
Nachmittag: Ta Som, Preah Khan, Prasat Prei, Banteay Prei, Krol Ko
Sonnenuntergang: Neak Pean
4. Tag
Vormittag: Angkor Thom: Südtor, Bayon, Baphuon, Terrasse des Lepra-Königs und Elefantenterrasse, Königspalast, Teiche, Phimeanakas und, wenn Zeit bleibt, Tep Pranam und Preah Palilay
Nachmittag: Banteay Kdei, Srah Srang
Sonnenuntergang: Ta Prohm

....

8 MODERNER BUDDHA AUF EINER NAGA (TEP PRANAM).

9 BUDDHA AUF EINER NAGA (12. JH.); NATIONALMUSEUM BANGKOK.

·········· HINWEISE FÜR DEN LESER ··········
Die vorgeschlagenen Routen führen zu den Tempeln, sind aber nur als Anregung zu verstehen. Einige der Becken und Wassergräben trocknen während der heißen Jahreszeit aus, während sie zur Regenzeit überschwemmt sind, d.h. einige der Touren sind dann nicht möglich. Die verwendeten Namen der Tempel entsprechen der zur Zeit ortsüblichen Benennung. Da man nicht einmal die wichtigsten Basreliefs ausführlich vorstellen kann, musste eine Auswahl getroffen werden. Sanskrit-Namen wurden wegen der besseren Lesbarkeit ohne die diakritischen Zeichen übertragen.
Der Name Kambodscha geht auf das Sanskrit-Wort *Kambuja* zurück, das „(Land) der Kambu".

10 BLUMENVOLUTEN UM EINE BETENDE FIGUR; ANGKOR WAT.

11 DIE KÖPFE VON JAYAVARMAN VII.; BAYON.

14–15 KRIEGER IN EINER GALERIE; ANGKOR WAT.

E) Fünf Tage
ENTDECKERFREUDE

1. Tag
Vormittag: Roluos: Preah Ko, Bakong, Lolei
Nachmittag: Baksei Chamkrong, Bei Prasat, Prasat Kravan, Bat Chum, Mebon, Leak Neang
Sonnenuntergang: Pre Rup

2. Tag
Vormittag: Banteay Srei, Kbal Spean
Nachmittag: Thommanon, Chao Say Tevoda, Spean Thma, Ta Keo
Sonnenuntergang: Ta Prohm

3. Tag
Vormittag: Bakheng (Fluss) bei Sonnenaufgang, Angkor Wat, Ta Prohm Kel
Nachmittag: Ta Som, Preah Khan, Prasat Prei, Banteay Prei, Krol Ko
Sonnenuntergang: Neak Pean

4. Tag
Vormittag: Angkor Thom: Südtor, Bayon, Baphuon, Terrasse des Lepra-Königs und Elefantenterrasse, Königspalast, Teiche, Phimeanakas und, wenn Zeit bleibt, Tep Pranam und Preah Palilay
Nachmittag: Siegestor, Osttor (zu Fuß oder mit dem Motorrad, denn die Wege sind für Autos unpassierbar), Prasat Suor Prat, Khleang und alle am Vormittag nicht besichtigten Bauten
Sonnenuntergang: Preah Pithu

5. Tag
Vormittag: Phnom Bok, Banteay Samré
Nachmittag: Ta Nei oder Prasat Chrung und ein Spaziergang auf den Mauern, Banteay Kdei, Kutishvara
Sonnenuntergang: Srah Srang

Touren außerhalb des Archäologischen Parks
In Siem Reap: Wat Preah Indra Kaorsey
Das westliche Baray mit Ak Yum und Westlichem Mebon
Phnom Krom und Tonlé Sap (11 km)
Chao Srei Vibol (2,5 km)

1 AK YUM	14 ANGKOR THOM
2 WESTLICHER BARAY	15 KHLEANG
3 WESTLICHER MEBON	16 BAYON
4 BAPHUON	17 ELEFANTEN-
5 PHIMEANAKAS	TERRASSE
6 KÖNIGSPALAST	18 KROL ROMEAS
7 PRASAT CHRUNG	19 BANTEAY PREI
8 PREAH PALILAY	20 PRASAT PREI
9 TEP PRANAM	21 PREAH KHAN
10 TERRASSE DES LEPRA-KÖNIGS	22 THOMMANON
	23 SPEAN THMA
11 PRASAT SUOR PRAT	24 CHAO SAY TEVODA
12 SIEGESTOR	25 BEI PRASAT
13 PREAH PITHU	26 PHNOM BAKHENG

27 TA PROHM KEL	40 PRE RUP
28 BAKSEI CHAMKRONG	41 BANTEAY KDEI
29 ANGKOR WAT	42 PRASAT KRAVAN
30 PHNOM KROM	43 BAT CHUM
31 KBAL SPEAN	44 SRAH SRANG
32 BANTEAY SREI	45 TA SOM
33 KROL KO	46 PRASAT LEAK NEANG
34 NEAK PEAN	47 BANTEAY SAMRÉ
35 TA NEI	48 PHNOM BOK
36 TA KEO	49 LOLEI
37 TA PROHM	50 PREAH KO
38 KUTISHVARA	51 BAKONG
39 ÖSTLICHER MEBON	52 CHAO SREI VIBOL

DIE PRÄ-ANGKORIANISCHE EPOCHE

DAS KÖNIGREICH FUNAN

Die Region des heutigen Kambodscha war bereits im 3. Jahrtausend v.Chr. besiedelt. Die frühesten historischen Nachrichten stammen jedoch erst vom Beginn der christlichen Zeitrechnung. Damals erblühte am Golf von Thailand ein Königreich, das chinesische Chroniken als Funan bezeichnen (vom Khmer-Wort *bnam* für „Berg"). Die Gründung von Funan wird einem gewissen Kaundinya zugeschrieben: Er soll, inspiriert durch einen Traum, von Indien kommend, eine Prinzessin mit Namen Soma geheiratet haben. Sie war eine Naga, ein mythisches Wesen – halb Mensch, halb Schlange. Der Sohn von Soma und Kaundinya gilt als Gründer der ersten Kaundinya-Dynastie von Funan. Im 5. Jahrhundert wanderte ein anderer Kaundinya aus Indien ein. Er sollte die indischen Einflüsse wiederbeleben, die in Vergessenheit geraten waren. König Kaundinya Jayavarman (478–514) war der erste historisch belegte Herrscher von Funan. Nach Meinung einiger Gelehrter lag seine Hauptstadt Vyadhapura an der Stelle von Ba Phnom. Im Jahr 514 bestieg Rudravarman den Thron und machte Angkor Borei

16 BRONZEKOPF DES BODHISATTVA MAITREYA (8. JH.); NATIONALMUSEUM BANGKOK.

17 LINKS: STELE MIT ALTER KHMER-INSCHRIFT (10. JH.).

17 RECHTS: STELE DES 7.–8. JH.; NATIONALMUSEUM PHNOM PENH.

zur Hauptstadt, wo er vermutlich bis nach 539 lebte. Charakteristisch für diese Epoche sind Skulpturen im so genannten **Phnom-Da-Stil** (540–600), der nach einem heiligen Hügel bei Angkor Borei, südlich von Phnom Penh, benannt wurde.

Die meisten dieser Skulpturen in Schiefer oder Sandstein sind Porträts von Vishnu und anderen Gottheiten, denn die Herrscher waren offenbar Anhänger der hinduistischen Götter. So belegen die zahlreichen Lingam, dass auch Shiva verehrt wurde. Zum ersten Mal taucht Hari-Hara auf – halb Shiva und halb Vishnu. Vermutlich stützen die Bildhauer die Köpfe und Arme ihrer Figuren mit Bögen und Leisten ab, weil sie der Stabilität ihrer Arbeiten nicht trauten.

Aus dieser Epoche stammen auch die ersten Buddhastatuen. Er wird stehend, mit fließenden Gewändern dargestellt, die bis zu seinen Füßen reichen. Damit war die Standfestigkeit der Statuen gesichert. Buddha werden in den heiligen Texten 32 Merkmale zugeordnet. In der Khmerkunst ist vor allem die Ushnisha dargestellt – eine Art Kalotte in Form einer Lotosknospe auf dem Kopf, ein Symbol des Nirvana – und die verlängerten Ohrläppchen mit den schweren Ohrringen, die Buddha trug, bevor er den weltlichen Dingen abschwor. Seite an Seite mit dem Buddha stehen die Bodhisattvas, erleuchtete Wesen, die in der Welt verbleiben, um den Menschen bei der Befreiung von ihren Bürden zu helfen. Die berühmtesten von ihnen sind Avalokiteshvara („der von oben herabblickt"), der bei den Khmer Lokeshvara („Herr der Welt") hieß, und Maitreya, der Buddha der Zukunft.

18–19 DER KREIS AUF DER KARTE MARKIERT DAS GEBIET VON ANGKOR.

21 DIE KÖNIGREICHE VON KAMBUJA VOR DEM AUFSTIEG ANGKORS.

DIE PRÄ-ANGKORIANISCHE EPOCHE ◆ DAS KÖNIGREICH FUNAN

CHENLA UND DIE ERSTEN KHMER-KÖNIGREICHE

Die Khmer waren vermutlich Vasallen von Funan. Sie stammten vom Oberlauf des Menam (heute Nan) und waren über das Tal des Mun-Flusses bis zum Mekong vorgedrungen. Ihr erster unabhängiger Herrschaftsbereich ist im 5. Jahrhundert nördlich des Tonlé Sap nachweisbar: Die Chinesen nennen dieses Reich Chenla und erwähnen auch die Könige Shrutavarman und Shreshthavarman. Die Hauptstadt Shresthapura lag vermutlich in Südlaos. Das Khmer-Königreich von Bhavapura in der Region des heutigen Kompong Thom sollte großen Einfluss auf die künftige Geschichte Kambodschas haben. Der wichtigste Herrscher Ishanavarman eroberte Funan zwischen 612 und 628 und wählte Sambor Prei Kuk als Hauptstadt, die er in Ishanapura umbenannte.

Nach einigen Unruhen konnte Jayavarman I. 657 das Königreich befrieden. Nach seinem Tod im Jahre 700 zerfiel es wieder in zahlreiche Fürstentümer, darunter auch das von Shambhupura oder Sambor am Mekong, dessen Herrscher Pushkaraksha sich 716 zum König aller Kambuja ausrief. Nach den chinesischen Chroniken gab es im frühen 8. Jahrhundert zwei Chenlas, ein „Festland-Chenla" und ein „Wasser-Chenla". Ersteres war geeint und entsprach in etwa den alten Chenla-Territorien, Letzteres bestand aus mehreren Machtbereichen im einstigen Funan. Bis zum Ende des 8. Jahrhunderts, als die Malaien und Javaner viele der Khmer-Fürstentümer eroberten, kontrollierten Shambhuvarman, der Sohn von König Pushkaraksha, und sein Erbe Rajendravarman I. den größten Teil von „Wasser-Chenla".

In dieser Epoche herrschen vier Stilrichtungen vor. Die erste (**Sambor-Prei-Kuk-Stil**, 600–650) war nach der Hauptstadt von Bhavapura benannt, die 35 Kilometer nördlich von Kompong Thom und 140 Kilometer südöstlich von Angkor lag. Dieser Stil bildete die Grundlage der späteren Khmer-Architektur. Die Tempel oder Prasat bestanden aus einer niedrigen, quadratischen oder länglichen Cella mit einem einzigen Zugang und leicht vorspringenden Pilastern an den Außenwänden. Darüber wurde eine Pyramide mit symmetrischen Stufen erbaut. Nach und nach wurde das Spiel der eingerückten und vorspringenden Elemente verstärkt, einhergehend mit einer Zunahme der Anzahl der äußeren Pilaster. Neben dem fast immer gen Osten weisenden Zugang gab es Scheinportale auf den anderen Seiten eines Prasat. Der Aufbau auf der Cella bestand aus immer kleineren Stufen deren Fronten die Tempelfassade nachbildeten.

Türen und Türstürze waren aus Sandstein gemeißelt. Der Sturz wurde von zylindrischen Säulen getragen, die in Form eines von Girlanden umgebenen Turbans enden. Hierbei handelt es sich um ein Erbe der indischen Architektur. Die Türstürze sind von zentraler Bedeutung für die Entwicklung der Khmerkunst. Sie bestehen aus einem Bogen, der den Kiefern von zwei *Makara* entspringt – Wassermonstern mit einem Rüssel und Hörnern. In den Bogen sind drei Medaillons mit Reliefs von

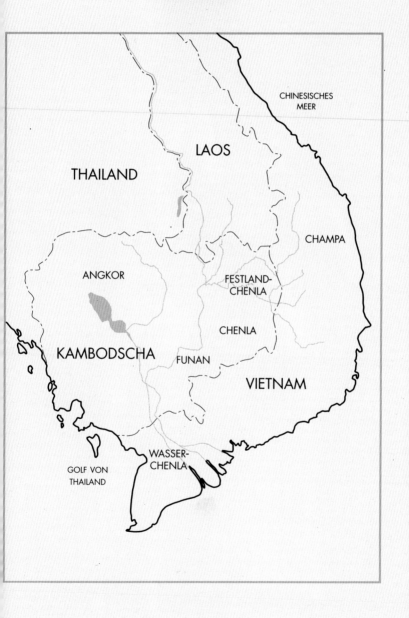

22 LINKS: EINE DURGA AUS TUOL KAMNA (7. JH.); NATIONALMUSEUM PHNOM PENH.

22 RECHTS: HARI-HARA AUS PRASAT ANDET (7. JH.); NATIONALMUSEUM PHNOM PENH.

23 EINE DURGA AUS SAMBOR PREI KUK (7. JH.); NATIONALMUSEUM PHNOM PENH.

Tieren oder Gottheiten eingelassen, während im unteren Register Blumenkränze und Girlanden aus stilisierten Blättern, aber auch Halsketten und Anhänger zu sehen sind. In einigen Fällen zeigen die Bögen der Türstürze Nagas oder vielköpfige Schlangen, während die Makaras durch Krieger ersetzt sind, die auf Fantasietieren reiten.

Die Skulpturen von Sambor Prei Kuk sind wegen ihrer Anatomie bemerkenswert: Die Männer haben schlanke Körper und runde Gesichter mit feinem Lächeln. Hier tauchen zum ersten Mal weibliche Figuren mit üppigen Busen auf. Sie tragen lange, über den Hüften geraffte Kleider, die glatt oder mit Faltenwurf sein können. Die meisten stellen Porträts von Durga dar, der Gefährtin von Shiva, die in der Khmer-Zivilisation als Schwester von Vishnu galt.

Im **Prei-Khmen-Stil** (635–700) nimmt die Darstellung weiblicher Figuren zu. Die Epoche, in der es die ersten Bilder von Brahma gibt, trägt ihren Namen nach dem Tempel in der Südwestecke des westlichen Baray. Baray sind künstliche Wasserbecken.

Weit verbreitet ist der Einsatz von beweglichen, aus Metall gefertigten Attributen, welche die Götter in den Händen halten. Die Säulen in den Portalgewänden werden größer und sind reichlicher verziert, während die Makaras in den Türstürzen durch große Figuren am Rand oder in der Mitte der Komposition mit nunmehr zunehmend rechtwinkligen Bögen ersetzt werden.

Der **Prasat-Andet-Stil** des 7. bis 8. Jahrhunderts ist nach einem Ort nahe dem modernen Kompong Thom benannt. Er zeichnet sich durch die Weiterentwicklung der Skulpturen aus, die bereits in den vorherigen Epochen entwickelt wurden: Die Künstler legen großen Wert auf die Anatomie der Körper, die als Vollplastiken ohne stützende Bögen dargestellt werden. Die Gesichter der männlichen Statuen tragen schmale Schnurrbärte. Besonders häufig werden Vishnu, Hari-Hara und Devi (Große Göttin) dargestellt.

Der darauf folgende **Kompong-Prah-Stil** (706–800) konzentriert sich um Pursat. Die ästhetische Qualität der Statuen nimmt ab, denn die Glieder werden schwerer und die Gesichter wirken unpersönlicher. Die Architektur zeichnet sich durch eine Anhäufung der Ringe in den zylindrischen Gewändesäulen aus. Sie werden mit zierlichen Blütenblättern verziert, während man in den Türstürzen auf die Medaillons verzichtet und Girlanden die Oberflächen beherrschen: Das Zentrum wird nun von einem üppigen vegetabilen Motiv eingenommen. Blätter sind zu Reihen angeordnet und treten sowohl im unteren Register als auch im Gehänge hervor.

DIE ANGKOR-EPOCHE

DAS ZENTRUM DES REICHES

Im 9. Jahrhundert stieg die Kunst von Angkor zu neuen Höhen empor – in einem Gebiet, das fast ausschließlich auf die weitere Umgebung von Angkor beschränkt blieb. Nur das 85 Kilometer entfernte Koh Ker bildet eine Ausnahme. Die Geschichte der Hauptstadt – *Nagara* in Sanskrit, davon leitet sich das Khmer-Wort Angkor ab – beginnt 802 mit der prachtvollen Inthronisation von Jayavarman II. (790–850) auf dem Berg *Kulen*. Damit wurde die Unabhängigkeit von Kambuja von der javanischen Vorherrschaft besiegelt. Im selben Jahr beginnt auch der Kult um Devaraja, den „Gottkönig". Er galt als himmlisches Gegenstück zu dem irdischen Herrscher und war mit universaler Macht ausgestattet. Die Bezeichnung **Phnom-Kulen-Stil** (802–875) bezieht sich auf den Krönungsberg. Von nun an verzichtete man auf die Stützbögen und schuf ausschließlich männliche, massive Statuen. Bei einigen Arbeiten verschmelzen die Augenbrauen miteinander und verleihen dem Gesicht mehr Entschlossenheit. Zum ersten Mal tauchen Diademe auf. Die Gebäude waren aus Ziegelsteinen ausgeführt, während man Sandstein noch immer für Türen und Fenster verwendete. Neben den traditionellen runden Gewändesäulen werden vermehrt stilprägende quadratische und oktogonale Säulen verwendet. Medaillons bilden wichtige Elemente der Girlanden auf den Türstürzen.

Die Stadt Hariharalaya bei dem heutigen Roluos war die erste Siedlung des späteren Reiches von Angkor. Als Jayavarman II. starb, baute sein Nachfolger Jayavarman III. (850–877) den Prey Monti in Hariharalaya. Der Erste in einer Reihe großer Herrscher und Bauherren war jedoch Indravarman I. (877–889). Er ließ 877 die „Insel" für den Lolei-Tempel im Indratataka-Baray errichten und hob damit die Tempelbauten auf künstlichen Inseln in den Baray aus der Taufe. Sie dienten sowohl praktischen wie symbolischen Zwecken und sollten den Aufstieg von Angkor begleiten. Derselbe Herrscher ließ auch die Tempelbauten von Preah Ko und Bakong errichten. Der **Preah-Ko-Stil** prägte die Regentschaft von Indravarman I. Er zeichnet sich durch stärkere Bewegung und Lebhaftigkeit aus, hält aber an den schweren Gliedern der Figuren fest. Typisch sind kragenartige Bärte und Schnurrbärte in breit wirkenden Gesichtern mit wenig Ausdruck. Der Haarknoten wird als Zylinder mit stilisierten Abschnitten dargestellt, und die Tiara setzt sich in zwei Bändern fort, die beiderseits der Ohren herabfallen und mit komplizierten Mustern verziert werden. Im Falle von Vishnu gleichen sie oktogonalen Pagoden. Regelmäßiges Schmuckelement wird ein verknotetes Diadem am Nacken. Besonders auffällig sind die Basreliefs, die erstmals in Bakong auftreten.

Die Tempel sind von konzentrischen Mauern umgeben und als Zugang dienen die Gopuram (monumentale Pavillons). Die Prasat werden in Reihen auf Plattformen angeordnet, während die Ziegelmauern mit Nischen aus Sandsteinen verziert werden, in denen männliche und weibliche Dvarapalas (Tempelwächter) dargestellt sind. In dieser Epoche tauchen sowohl die geheimnisvollen „Bibliotheken" als auch die ersten Tempelberge auf. Es entstehen die schönsten Türstürze der Khmerkunst: In der Mitte hält der Dämon Kala zwei reich verzierte Girlanden fest, zwei Makaras bilden das Ende, während winzige Figuren auf Pferden oder dreiköpfigen Nagas reiten. Häufig taucht auch Vishnu auf Ga-

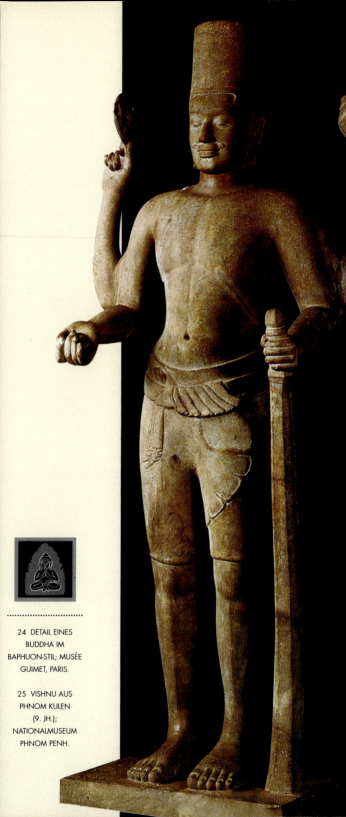

24 DETAIL EINES
BUDDHA IM
BAPHUON-STIL; MUSÉE
GUIMET, PARIS.

25 VISHNU AUS
PHNOM KULEN
(9. JH.);
NATIONALMUSEUM
PHNOM PENH.

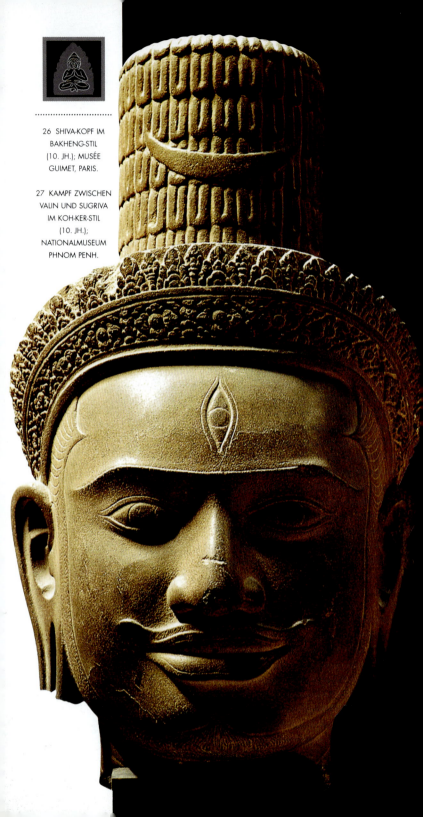

26 SHIVA-KOPF IM BAKHENG-STIL (10. JH.); MUSÉE GUIMET, PARIS.

27 KAMPF ZWISCHEN VALIN UND SUGRIVA IM KOH-KER-STIL (10. JH.); NATIONALMUSEUM PHNOM PENH.

ruda auf – ein Halbgott und Reittier des Gottes, halb Vogel, halb Mensch.
Als König Indravarman starb, hatte sich das Reich der Khmer im Norden bis Ubon, Thailand, und im Süden bis nach Phnom Bayang an der Südspitze von Kambuja ausgebreitet. Sein Nachfolger Yashovarman (889–910) konnte das Reich des Vaters erhalten. Er erbaute den östlichen Baray, um die neue Hauptstadt Yashodharapura mit Wasser zu versorgen, und errichtete den Haupttempel von Phnom Bakheng sowie zwei weitere, Phnom Krom und Phnom Bok. Der **Bakheng-Stil** (889–925) zeichnet sich durch eine Betonung und Stilisierung der Gesichter aus. Die Augen und der Mund werden durch einen Doppelstrich hervorgehoben, während die Augenbrauen als Relief ausgeführt werden. Schnurrbärte und Bärte laufen spitz zu, und die Statuen erzeugen einen Eindruck von formaler, abstrakter Erhabenheit. In der Architektur dominieren die Tempelberge und ein zunehmender Gebrauch von Sandstein. Die sieben sichtbaren Flächen der achteckigen Gewändesäulen werden stärker mit Ringen und Blättern verziert, während die kleinen Figuren auf den Türstürzen verschwinden.
König Harshavarman (910–923), der Nachfolger von Yashovarman, ordnete den Bau von Baksei Chamkrong und Prasat Kravan an. Ishanavarman II. (923–928) wurde vom Thron gestürzt, und von 921–944 verlegte der Usurpator Jayavarman IV. die Hauptstadt nach Koh Ker, etwa 90 Kilometer nordöstlich von Angkor. Jayavarman IV. (928–941) gilt als Förderer des **Koh-Ker-Stils** (921–944). Die Künstler hatten mehr Zutrauen in ihre Fähigkeiten und experimentierten mit großen Formen. Besonders interessant an ihrem Stil war die Abwendung von der frontalen Darstellung und größere Freiheit bei der Bewegung. Die Gesichter erscheinen weicher und durch ein feines Lächeln außerdem edler. Eingemeißelter Schmuck ersetzte die mobilen Elemente, was auf geringeren Reichtum hindeutet. Die Türstürze zieren erzählende Szenen.

Nach der kurzen Regierungszeit von Harshavarman II. (941–944) kehrte Rajendravarman II. (944–968) 944 wieder nach Angkor zurück und weitete sein Reich nach einem Krieg mit dem Königreich der Champa im Osten bis zur Annamitischen Kordillere aus. Im Westen stieß er bis Burma und im Süden bis zum Golf von Thailand vor. Dieser Herrscher und sein berühmter Architekt Kavindrarimathana errichteten Pre Rup, den östlichen Mebon, Bat Chum und den Wasserspeicher Srah Srang. Unter Rajendravarman kehrten im **Pre-Rup-Stil** die kleinen Figuren und der statische Ausdruck der Skulpturen zurück. Gürtel werden häufig als Schmuckelement verwendet und die Frisuren werden kunstvoller.
Die Formen waren den älteren, verputzten Ziegelbauten nachempfunden. Lange Hallen rund um die Tempelanlagen nehmen bereits die späteren umlaufenden Galerien vorweg. Der erste Tempel dieser Art war Ta Keo, der Jayavarman V. (968–1001) zugeschrieben wird. Jayavarman gründete auch die neue Hauptstadt

Jayendranagari. Inzwischen hatte der Brahmane Yajnavaraha den prachtvollen Banteay-Srei-Tempel erbauen lassen, nach dem eine neue Stilrichtung benannt wurde.

Der **Banteay-Srei-Stil** (960–1000) war eine stilistische Revolution und gehört zu den besonders markanten Stilrichtungen in Kambodscha. Wie mehrfach in der Khmer-Kunst, bezog auch er sich auf archaische Vorbilder: Die Figuren des Banteay-Srei-Stils haben weiche, zarte Formen, die Lippen sind fleischig und die Augen weit geöffnet. Die männlichen Gesichter tragen (Schnurr-)bärte, die weiblichen strahlen eine nachdenkliche Ruhe aus. Die Götter tragen kunstvoll gearbeiteten Schmuck – ein Hinweis auf die Qualität und Kunstfertigkeit der Khmer-Goldschmiede. Die Giebelfelder werden hervorgehoben und mit erzählenden, tief eingearbeiteten Reliefs verziert, die sehr plastische Figurengruppen zeigen. Türstürze mit Girlanden, die in komplizierten Voluten enden, und einem Gott in der Mitte wechseln ab mit anderen, die sich auf die alte Unterteilung in Viertel mit Elefantenköpfen, Kalas und mythischen Gestalten beziehen. Zum letzten Mal werden zylindrische Säulen verwendet.

DAS GOLDENE ZEITALTER

Am Ende des ersten Jahrzehnts des 11. Jahrhunderts bestieg ein mächtiger König den Thron: Suryavarman I. (1010–1050) vereinte fast ganz Kambuja und machte Südthailand und Teile von Südlaos zu seinen Vasallen. Während seiner Regierungszeit setzte sich der **Khleang-Stil** (1010–1050) durch, der in zwei Gebäudegruppen besonders ausgeprägt erhalten ist: im Königspalast und seinem zentralen Tempel (Phimeanakas) und außerhalb von Angkor in Phnom Chisor, in Teilen von Preah Khan in Kompong Svay und von Preah Vihear und dem Wat Phu. Typische Stilelemente sind die äußeren Galerien mit Torbauten (Gopuram) in Kreuzform, deren viergeteilte Türstürze eine Kala zeigen, die große Blumengirlanden in den Händen hält. Die Gesichter der Statuen zeigen ein schwaches Lächeln, und auch das geflochtene Haar ist ein cha-

28 SHIVA UND UMA AUS BANTEAY SREI (10. JH.); NATIONALMUSEUM PHNOM PENH.

29 EIN AFFENWÄCHTER VON DER TREPPE VON BANTEAY SREI (10. JH.); NATIONALMUSEUM PHNOM PENH.

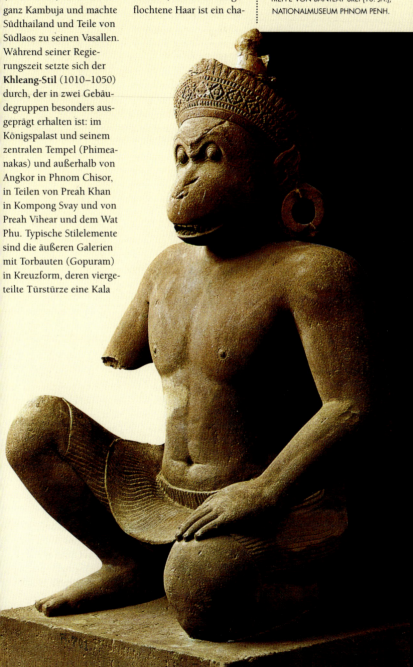

30 BUDDHA AUF EINER NAGA IM BAPHUON-STIL (11. JH.); MUSÉE GUIMET, PARIS.

31 KOPF EINES BUDDHA IM BAPHUON-STIL (11. JH.); MUSÉE GUIMET, PARIS.

rakteristisches Merkmal des Khleang-Stils. Der Bau des gewaltigen westlichen Baray wurde unter Suryavarman I. begonnen und von seinem Sohn Udayadityavarman II. (1050–1066) vollendet, der das Reich seines Vaters trotz mehrerer aufständischer Provinzen bewahren konnte. Udayadityavarman II. veranlasste den Bau des westlichen Mebon und des riesigen **Baphuon**, nach dem der neue Stil (1050–1066) benannt wurde. Er zeichnet sich durch schlankere Körper aus, die im Vergleich mit dem Kopf beinahe dürr erscheinen. Diese Körperform wurde dadurch ermöglicht, dass die Bildhauer Stützen hinter den Fersen anbrachten. Man legte viel Wert auf die Details: Die Lippen sind schmal und die Augenränder ausgemeißelt. Vielleicht waren sie mit Halbedelsteinen ausgelegt. Der Kinnbart läuft spitz zu, und das Kinn trägt ein charakteristisches Grübchen. Das Haar ist geflochten und wird von einer Perlenkette zusammengehalten. Charme und geistige Vornehmheit des Gesichtsausdrucks sind beispiellos in der Kunst der Khmer. In dieser Epoche tauchen die ersten meditierenden Buddhas auf, die auf dem zusammengerollten König der Nagas sitzen, der vielköpfigen Kobra Mucilinda. Dieses Motiv wurde in der folgenden Periode noch beliebter und sogar zum Markenzeichen der Khmer-Skulptur. Das Zentrum der Kala-Türstürze nehmen eine Figur auf einem Pferd oder mythologische Szenen ein, während die Giebelfelder mit einem Labyrinth aus Blättern verziert sind.

Auf Suryavarman folgte sein Bruder Harshavarman III. (1066–1080), der mehrfach Konflikte mit dem benachbarten Cham austrug. Nach seinem Tod 1080 fiel der Thron von Angkor an Jayavarman VI. (1080–1107), einen Prinz aus Mahidharapura mit einem Lehen, das wohl in Nordost-Thailand lag. Dort baute er den Tempel von Phimai.

Nach Dharanindravarman I. (1107–1112), der keine wesentlichen Spuren hinterließ, fiel der Thron an Suryavarman II. (1113–1150), der 1119 gekrönt wurde. Dieser kriegerische König einigte Kambuja aufs Neue, versuchte mehrmals, Annam zu erobern und besetzte 1144 Cham. Sein Königreich reichte von den Grenzen des burmesischen Königreiches Pagan im Westen bis zum Meer im Osten und bis ins Herz der Malaiischen Halbinsel im Süden. Suryavarman II. erbaute die Tempel von Thommanon, Chao Say Tevoda, Angkor Wat, Preah Pithu und Banteay Samré sowie außerhalb von Angkor Beng Mealea, einige Bauten des Preah Khan in Kompong Svay und den Phnom Rung.

32–33 SURYA-VARMAN II. IN ANGKOR WAT, DRITTE GALERIE, SÜDSEITE, WESTFLÜGEL (12. JH.).

32 UNTEN: DEVATAS AUS ANGKOR WAT (12. JH.).

Die Architektur erreichte mit dem Stil von **Angkor Wat** (1100–1175) ihren Höhepunkt. Die Prasat werden nun von konischen Türmen mit geschwungenen Profilen gekrönt und die seitlichen Galerien durch axiale Flügel miteinander verbunden. Die Halbgalerien sind entweder reine Schmuckformen oder dienen als Strebepfeiler. Kreuzförmige, von Nagas gesäumte Terrassen und Balustraden verbinden die einzelnen Bauten. Es gibt Säulen mit bis zu 20 Seiten und die Türstürze sind mit Blumen, erzählenden Sze-

nen oder gekrönten Nagas dekoriert.

Im Unterschied zur Architektur wirken die Bildhauerarbeiten relativ stereotyp. Der Charme und die Milde des Baphuon-Stils wurde durch die alte Frontalität und steife Förmlichkeit ersetzt, was an verschiedenen Merkmalen besonders deutlich wird. Die Figuren haben eckige Schultern, eine hohe Brust und plumpe Gliedmaßen. Die Gesichter sind vorwiegend glatt rasiert, die Augenbrauen immer noch miteinander verbunden, und die Augen werden von tiefen Linien gesäumt – sie erscheinen manieristisch verlängert. Die weiblichen Figuren zeigen einen lebendigeren Ausdruck, insbesondere ihre Gesichter. Zu den komplizierten Gewändern passen ebenso kunstvolle Frisuren, die oft durch Rahmen gestützt werden. Eine Ausnahme stellen einige Devatas dar, die ihr Haar in einem Knoten tragen, aus dem ein Zopf frei herabfällt. Die meisten Frauen schienen kühn gestaltete, fantastische Diademe zu bevorzugen, unter denen ihr Haar in Zöpfen oder Büscheln hervorschaut. Die meisten Schmuckstücke, mit denen besonders Götter großzügig ausgestattet sind, haben florale Motive.

Auf Suryavarman folgte Dharanindravarman II. (1150–1160) und schließlich Yasovarman II. (1160–1165). Im Jahre 1165 verübte der Usurpator Tribhuvanadityavarman ein Attentat auf den rechtmäßigen König, und in den folgenden Unruhen landete der Cham-Herrscher Indravarman IV. 1177 in Yashodharapura, plünderte die Stadt, tötete Tribhuvanadityavarman und ließ sich in Angkor nieder.

34 UND 35 UNTEN:
VISHNU IM PHNOM
KULEN STIL (9. JH.);
MUSÉE GUIMET, PARIS.

DIE ENTWICKLUNG DER MÄNNERKLEIDUNG IN DER KHMER-KUNST

PHNOM-DA-STIL
540–600

PHNOM-KULEN-STIL
802–875

PREAH-KO-STIL
877–889

BAKHENG-STIL
889–925

KOH-KER-STIL
921–944

PRE-RUP-STIL
944–968

BANTEAY-SREI-STIL
960–1000

BAPHUON-STIL
1050–1066

ANGKOR-WAT-STIL
1100–1175

BAYON-STIL
1181–1219/20

DIE ANGKOR-EPOCHE ◆ **35** ◆ DAS GOLDENE ZEITALTER

DIE ENTWICKLUNG DER FRAUENKLEIDUNG IN DER KHMER-KUNST

PRÄ-ANGKORIANISCHER STIL
8. JH.

BAKONG-STIL
9. JH.

BAKHENG-STIL
889–925

BANTEAY-SREI-STIL
960–1000

BAPHUON-STIL
1050–1066

ANGKOR-WAT-STIL
1100–1175

BAYON-STIL
1181–1219/20

BAYON-STIL
1181–1219/20

BAYON-STIL
1181–1219/20

36 UNTEN: DETAIL EINER WEIBLICHEN FIGUR; ANGKOR WAT.

37 DEVATA AUS ANGKOR WAT.

38–39 WEIBLICHE FIGUREN AUS DEM SÜDWESTLICHEN ECKPAVILLON IN DER DRITTEN GALERIE (12. JH.); ANGKOR WAT.

DER NIEDERGANG IM SCHATTEN BUDDHAS

Jayavarman VII., der 1181 gekrönt wurde, vertrieb die Champa und einte das Reich Kambuja. Dieser gläubige Buddhist ersetzte den Shiva-Devaraja-Kult durch Buddharaja, den Herrscher des Universums. Unter der Herrschaft von Jayavarman VII. erreichte das Königreich seine größte Ausdehnung. Er eroberte das Khorat-Plateau, das Menamtal, den heutigen Nan, und Teile von Südmalaya. Der König annektierte Cham, Nordlaos und die burmesischen Königreiche Haripunjaya, Annam und Java. Jayavarman VII. war ein unglaublicher Bauherr; er ließ Ta Prohm, Preah Khan in Angkor, Neak Pean, Banteay Kdei, Ta Som, Ta Nei, Srah Srang, Angkor Thom, Bayon, die Terrasse des Lepra-Königs, die Elefantenterrasse, die Teiche des Königspalastes und außerhalb von Angkor Preah Khan in Kompong Svay und Banteay Chhmar errichten.

Der **Bayon-Stil** (1181–1219/20) ist bekannt für seine riesigen religiösen Bauten, die vorzugsweise aus Laterit, einem eisenhaltigen Ton, der sich leicht schneiden lässt und an der Luft hart wird, in relativ kurzer Zeit errichtet wurden. Die Motive auf den Türstürzen sind entweder buddhistisch oder zeigen nur eine in vier Teile gegliederte Girlande, Blattspiralen oder Pflanzensäume.

Der neue Stil ist gekennzeichnet durch mehr Bewegung und größere plastische Formen im Raum. Der Buddhismus als Staatsreligion führte zu einem ästhetischen Ideal, das menschlicher und intimer war. Die Gesichter zeichnen sich durch ein nach innen gerichtetes Lächeln und mystischen Ausdruck aus. Da außerdem die Ahnen vergöttlicht und König Jayavarman VII. mit dem Bodhisattva Lokeshvara identifiziert wurde, legten die Künstler größeren Wert auf individuelle Gesichtszüge und die Psychologie der Figuren. Die Skulpturen nahmen teilweise kolossale Ausmaße an. Die Reihen der Riesen, die die Eingänge bewachen und die enormen Gesichter des Königsbodhisattvas, die von den Türmen von Bayon herabblicken, sind besonders eindrucksvolle Beispiele dieser Tendenz.

Zwei Jahre nach dem Tod von Jayavarman zogen sich die Khmer aus Cham zurück, während in den äußeren Teilen des Reiches immer häufiger Abspaltungskriege ausbrachen und die Bedrohung durch die Thai an den Grenzen zunahm. Die Brahmanen unterstützten einen Aufstand der Shiva-Anhänger gegen die Ausbreitung des Buddhismus, doch schließlich setzte sich die Theravada durch, die „Doktrin der Älteren", auch bekannt als Hinayana-Buddhismus („kleines Fahrzeug [der Erlösung]"), eine ältere und reinere Form des Buddhismus.

Über die letzten Herrscher ist nur wenig bekannt: Indravarman II. (1218–1243) ließ den Prasat Suor Prat errichten und Jayavarman VIII. (1243–1295) war Bauherr des Mangalartha. Unter Shrindravarman (1295–1307) sandte der chinesische Kaiser Timur Khan 1296 eine Delegation nach Kambuja. Einer der Gesandten war Zhou Daguan, dessen Chronik wir die Daten über die Khmer-Zivilisation verdanken. Die letzten Könige waren Shrindrajayavarman (1307–1327) and Jayavarman Parameshvara (1327–?).

In der Zwischenzeit hatte der erste große Thai-Staat Sukhotai große Teile der westlichen und nördlichen Territorien des Khmer-Reiches besetzt. 1430 drang der Thai-König Paramaraja II. aus Ayutthaya in die Ebene von Angkor vor und belagerte die Hauptstadt sieben Monate lang. Von diesem Zeitpunkt an begannen Abstieg und Dekadenz.

Als das Khmer-Reich unterging, arbeiteten die Bildhauer wieder in Holz; die wachsende Macht Thailands sollte die künstlerische Produktion der nächsten Jahrhunderte beeinflussen. In dieser Epoche entstanden die „geschmückten", mit Juwelen besetzten Buddhas. Diese Darstellungsform geht auf das indische Kloster von Nalanda aus dem 9./10. Jahrhundert zurück und setzte sich mehr in Indochina als in Indien durch. Der Schmuck bei Buddha, der sich ein Armutsgelübde auferlegt hatte, wird erklärt mit dem Wunsch, die Überlegenheit des Erleuchteten darzustellen. Aufgrund seiner spirituellen Überlegenheit gestand man ihm das Chakravartin, die universelle Herrschaft, zu – damit stand es ihm auch frei, Schmuck zu tragen.

41 OBEN: KOPF VON JAYAVARMAN VII. (12.–13. JH.); NATIONALMUSEUM PHNOM PENH.

41 UNTEN: DIE GÖTTIN TARA, ZUSAMMEN MIT JAYARAJADEVI, DER GATTIN JAYAVARMANS VII,; MUSÉE GUIMET, PARIS.

DIE GRUND-FORMEN DER KHMER-TEMPEL

◆ DER PRASAT – EIN HEILIGER BERG ◆

Der Khmer-Tempel oder Prasat ist ein Turm, der den kosmischen Berg repräsentiert. Ob es sich dabei um den Meru, Mandara oder einen anderen heiligen Berg, wie den Kailash, handelt – sie alle gelten als Zentrum des Universums, als Aufenthaltsort der Götter, als Brennpunkt, um den sich die Welt als streng geordnete Struktur anordnet, nachdem sie aus dem Urchaos aufgetaucht ist. Der Berg verbindet wie eine Achse Himmel, Erde und auf den Kopf gestellt – wie ein Trichter – auch die Unterwelt. Je nach seiner mythologischen Herkunft hat dieser Berg einen, drei oder fünf Gipfel, auf denen sich die Götter aufhalten. Der Gott Shiva ist besonders stark mit den Bergen assoziiert und hält sich am liebsten in den versteckten Winkeln des Himalayas auf.

Da der Prasat einen Berg symbolisiert, ist er solide errichtet, mit Ausnahme der dunklen, höhlenartigen Cella. Sie ist quadratisch, weil das Quadrat im Hinduglauben und damit auch in der Khmer-Architektur symbolisch für Perfektion steht. In der Sanskrit-Schreibweise *Garbhagriha* (Embryokammer) wird die Rolle der Kammer als Uterus für die natürliche Welt besonders deutlich, denn sie wartet darin, bis sie sich entwickeln kann. Tempel sind Tabernakel für die heiligen Bilder, in ihnen manifestiert sich das Absolute und verwandelt sich in göttliche Gegenwart.

Die Decke der Cella ist mit einem Kraggewölbe gedeckt. Diese Gewölbeform wird aus Ziegelsteinen oder Steinen erbaut, die jeweils nach innen vorspringen, um das Gewicht und den Druck abzufangen. Später wird die Schichtung geglättet, um den Anschein eines echten Gewölbes zu erzeugen. Eine kleine Öffnung lässt etwas Licht ein. Bis ins 10. Jahrhundert waren Deckenabhängungen aus Stoff üblich und eine hölzerne Kassettendecke verbarg die Steine oder Ziegel.

Ein Prasat bestand aus meist vier aufeinander gesetzten, immer kleiner werdenden Stufen oder Stock-

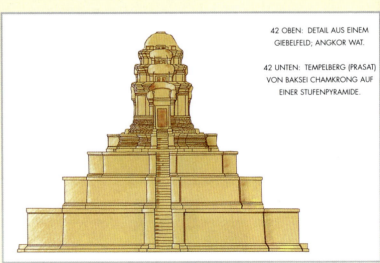

42 OBEN: DETAIL AUS EINEM GIEBELFELD; ANGKOR WAT.

42 UNTEN: TEMPELBERG (PRASAT) VON BAKSEI CHAMKRONG AUF EINER STUFENPYRAMIDE.

werken. In jeder Stufe wiederholte sich der Aufbau des Erdgeschosses mit Tor, Türsturz und Kranzgesims. In späteren Epochen setzte man Miniaturnachbildungen der Gesamtanlage als Antefixe auf die Ecken. Der Prasat wurde oben mit einem kugeligen Gebilde in Form einer Vase oder einer Lotosblume abgeschlossen, auf dem man wahrscheinlich Metallgiebel anbrachte. Ein Prasat berührte den Boden nicht direkt, sondern stand auf einer Plattform mit einer oder vier Zugangstreppen. Die meisten älteren Tempel haben nur

43 DER ZENTRALE PRASAT VON ANGKOR WAT HAT DIE FORM EINES KREUZES MIT VESTIBÜLEN UND PORTIKEN.

einen Eingang. Später setzte man Scheinportale auf die anderen drei Seiten des Gebäudes, deren Steinrahmen hölzernen Vorbildern nachgearbeitet waren. Der nächste Schritt in der Entwicklung der Tempel waren vorspringende, als Portiken dienende Anbauten.

Die Außenwände waren mit Basreliefs verziert. Bogennischen, die von vorspringenden Pilastern eingerahmt wurden, enthielten als Hochrelief ausgeführte, beinahe frei stehende Statuen. Ernste, bewaffnete junge Männer dienten als Dvarapalas („Torwächter"), die den Tempel vor bösen Mächten beschützen sollten: Für jede Tür waren zwei Dvarapalas vorgesehen; der rechte sah meist wohlwollend aus, sein Gegenüber eher bedrohlich. Beherrscht blickende weibliche Gestalten, die Devatas oder Gottheiten, lächeln rätselhaft. Auf den oberen Ecken der Wände sind Nagas dargestellt, Schlangen mit drei, fünf oder sogar sieben Köpfen. Sie stammen aus der indischen Tradition, tragen aber spezielle Elemente der Khmer, wie beispielsweise Kämme, die sie wie chinesische Drachen aussehen lassen.

Ein Prasat bildete den Hauptbau in zwei unterschiedlichen Tempelkomplexen – dem Pyramidentempel (oder Tempelberg) und dem Langtempel. Ersterer liegt auf einer natürlichen Erhebung oder kann als künstliche Pyramide ausgeführt sein. Die Prasat standen zunächst einzeln, wurden später aber in Dreier- oder Fünfergruppen errichtet. Auf der obersten Plattform der Pyramiden repräsentierten sie die Bergspitzer als Wohnstätte der Gottheiten. Der theatralische Quincunx-Tempel, mit vier Türmen in den Ecken eines Quadrates und einem fünften im Zentrum, stellt einen Typus dar, der in größter Perfektion in Angkor Wat verwirklicht wurde und den Berg Meru darstellen soll.

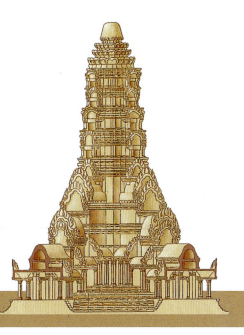

44–45 DACH DES PRASAT: DIE STOCKWERKE SPRINGEN KONTINUIERLICH ZURÜCK UND ENDEN MIT MOTIVEN WIE VASEN ODER LOTOSKNOSPEN; BANTEAY SREI.

45 OBEN: KREUZFÖRMIGER PRASAT MIT VESTIBÜLEN, DIE ÜBER GALERIEN VERBUNDEN SIND.

45 UNTEN: DIE STOCKWERKE DES PRASAT WIEDERHOLEN DEN AUFBAU DES UNTERGESCHOSSES.

DIE GRUNDFORMEN ◆ **45** ◆ DER KHMER-TEMPEL

◆ WEITERE BAUTEN IM TEMPELBEZIRK ◆

Ein Tempel ist von einem oder mehreren Mauerringen umgeben, deren Eingänge von Gopuram (Torbauten) gebildet werden. Diese Torpavillons bestanden ursprünglich aus einem rechteckigen Raum mit einem Aufbau über den Seitenwänden. Später verwandelten sie sich in monumentale, kreuzförmige Pavillons mit Seiteneingängen, Portiken und gedeckten Galerien entlang den Wänden. Waren sie zunächst mit Balken und Dachziegeln gedeckt, errichtete man später Kraggewölbe aus Ziegeln und Sandsteinen.

Der innerste Mauerring umschließt den Zugang zum eigentlichen Tempel: Eine lange, gepflasterte Allee, gesäumt von Balustraden in der Form von Nagas. Die Balustrade ist die symbolische Verbindung zwischen Stadt und Tempel, das heißt zwischen der Welt der Menschen und der Götterwelt. Außerdem soll sie an den Regenbogen erinnern, der Himmel und Erde verbindet und an die Nagas, die aus dem Regen geboren werden. Dieses Motiv wird häufig auch auf den Giebelfeldern der Tempel dargestellt. Der Zugangsdamm, manchmal erhöht auf Stützsäulen angelegt, kann von monolithischen Stelen flankiert werden, die Pfeilern mit Basis und Kapitell gleichen und von voluminösen Nasen gekrönt werden.

Die Umfassungsmauern der Langtempel sind durch konzentrische Galerien ersetzt, die dem Umfang der Stufenterrassen folgen. Wahrscheinlich gehen diese Galerien auf rechteckige, ehemals voneinander ge-

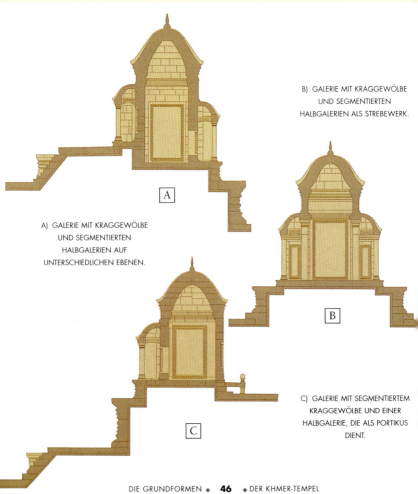

A) GALERIE MIT KRAGGEWÖLBE UND SEGMENTIERTEN HALBGALERIEN AUF UNTERSCHIEDLICHEN EBENEN.

B) GALERIE MIT KRAGGEWÖLBE UND SEGMENTIERTEN HALBGALERIEN ALS STREBEWERK.

C) GALERIE MIT SEGMENTIERTEM KRAGGEWÖLBE UND EINER HALBGALERIE, DIE ALS PORTIKUS DIENT.

trennte Gebäude zurück, deren Funktion unbekannt ist. Von oben betrachtet, erscheinen die Galerien eines Tempelberges wie konzentrische Mauerringe, die jeweils Bereiche unterschiedlicher Heiligkeit umgrenzen. Im 11. Jahrhundert besaßen auch die Langtempel solche Galerien. So verschieden die Formen auch waren, alle bestanden aus einer äußeren Mauer mit oder ohne Blindfenster, an die innen offene Kammern oder Kolonnaden mit quadratischen Pfeilern angebaut waren. In besonders kunstvollen Bauten wird die Hauptgalerie von einer oder zwei mit Säulen verzierten Halbgalerien begleitet, die als Bogenpfeiler dienen. In solchen Fällen glichen sie einer Art Hypostyl (Säulenhalle). Die Türme an den Ecken der Galerien waren nachgebildete Prasats.

Die ersten Galerien waren mit Dachziegeln auf Holzgerüsten gedeckt, später baute man Kraggewölbe aus Ziegelsteinen und schließlich aus Steinen. Die Fenster in den Galerie-

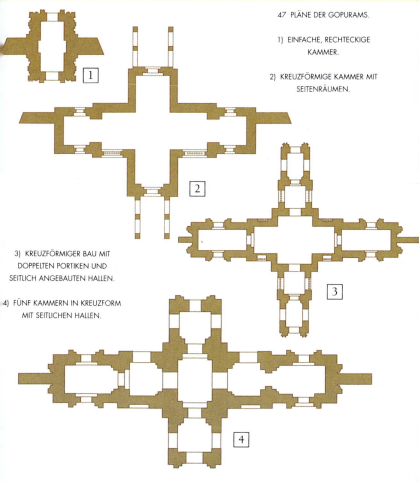

47 PLÄNE DER GOPURAMS.

1) EINFACHE, RECHTECKIGE KAMMER.

2) KREUZFÖRMIGE KAMMER MIT SEITENRÄUMEN.

3) KREUZFÖRMIGER BAU MIT DOPPELTEN PORTIKEN UND SEITLICH ANGEBAUTEN HALLEN.

4) FÜNF KAMMERN IN KREUZFORM MIT SEITLICHEN HALLEN.

DIE GRUNDFORMEN ◆ DER KHMER-TEMPEL

48 UND 48–49
BLINDFENSTER MIT
KLEINEN, FREI STEHENDEN
SÄULEN UND GESIMSEN;
ANGKOR WAT.

49 UNTEN: FENSTER UND PORTALE
EINES GOPURAM IN BANTEAY
SAMRÉ.

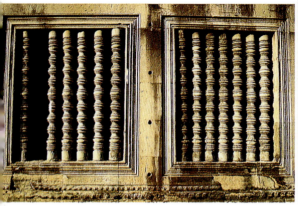

wänden hatten dünne Säulengitter, die von weltlichen Bauten übernommen wurden. Diese Säulchen waren je nach Epoche zylindrisch oder oktogonal, konnten gedreht oder mit aufwändigem Schmuck verziert sein. In der letzten Epoche der Khmer-Kunst tauchten Steinreproduktionen von halb verschlossenen Gardinen oder Matten auf, vermutlich um Arbeitszeit zu sparen.

In den Langtempeln, die dem indischen Typus entsprechen, fügte man dem Prasat andere Elemente hinzu: die Mandapa, eine Vorkammer, von der der Gläubige einen „Blick" auf die Gottheiten wagen durfte; die Ardhamandapa, die gewöhnlich im Osten lag, als Eingangspforte und die Anatarala, die den Zugang zur Cella (Garbhagriha) erlaubte. In komplexeren Tempelbauten erfolgte der Zugang zum zentralen Schrein durch Hallen mit Portiken. Sie waren zuerst mit Holz, später mit Stein gedeckt. Die Steinziegel waren allerdings nicht glatt, sondern ahmten Dachziegel nach; zudem trugen sie an den Rändern Lotosblüten und Dachornamente mit Kämmen und Fialen. Diese Elemente gehen ebenso auf die ältere Holzarchitektur zurück wie die dreieckigen Giebel mit Voluten und Reliefszenen über den Türen. An den Tempel waren Höfe und Kreuzgänge angebaut, an die wiederum andere Tempelbauten grenzten. Darunter sind auch die als „Bibliotheken" bezeichneten Gebäude, deren Funktion allerdings unbekannt ist. Sie entstanden zunächst auf quadratischem Grundriss mit dicken Ziegelmauern und einer einzigen Tür und wurden durch Schießscharten belichtet. In einer

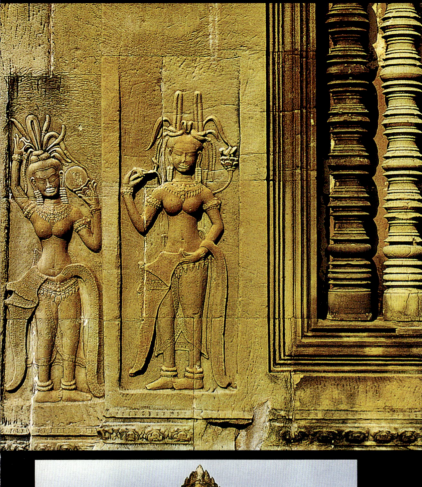

50 UND 51 DIE ENTWICKLUNG DER SÄULEN IN TÜRGEWÄNDEN UND FENSTERRAHMEN.

1) SÄULE IM TÜRGEWÄNDE: PREI KHMEN.

2) UND 4) SÄULEN IM TÜRGEWÄNDE; TRAPEANG PHONG.

3) SÄULE IM TÜRGEWÄNDE; SAMBOR PREI KUK.

5) SÄULE IM FENSTERRAHMEN;
PREAH KO.

6) UND 7) SÄULEN IM
FENSTERRAHMEN; PRASAT THOM,
KOH KER.

8) SÄULE IM FENSTERRAHMEN;
PREAH VIHEAR.

9) SÄULE IM FENSTERRAHMEN;
ANGKOR WAT.

51 UNTEN: DETAIL EINER
GEWÄNDESÄULE; BAKSEI
CHAMKRONG.

DIE GRUNDFORMEN ◆ **51** ◆ DER KHMER-TEMPEL

späteren Epoche baute man die „Bibliotheken" aus Laterit oder Sandstein. Der rechteckige Grundriss wurde beibehalten, täuschte nun aber drei Längsschiffe mit Vorbauten auf Pfeilern und Scheinpforten vor.

♦ BAUMATERIAL UND TECHNIKEN ♦

Die ersten Bauten errichteten die Khmer aus Ziegelsteinen. Sie maßen meist 30 x 16 Zentimeter und waren zehn Zentimeter dick. Die Ziegel wurden geglättet, bis die Oberflächen keinerlei Unebenheiten mehr aufwiesen. Für die sorgfältig verlegten Mauern benutzte man einen Mörtel aus Kalk, Palmzucker und Lianensaft. Dann ritzte man die Ziegel ein und verputzte sie mit einer Mischung aus Kalk und Sand, Holzdübel oder Löcher in den Steinen sorgten für bessere Haftung. Verputzte Wände sind seit dem 9. Jahrhundert dokumentiert, setzten sich im 10. Jahrhundert durch und nahmen danach wieder an Bedeutung ab. Um aufwändige Handarbeit zu sparen, wurden die sehr dicken Mauern innen mit zerbrochenen Ziegeln und Erde aufgefüllt. Später nutzte man Lateritgestein und Sandstein als Baumaterial. Laterit wurde in Fundamenten, Plattformen, den Terrassen der Pyramiden und in Umfassungsmauern verbaut. Man schnitt das Lateritgestein in einheitliche Blöcke von 30 bis 50 Zentimeter Breite, 60 bis 80 Zentimeter Länge und 40 Zentimeter Dicke; es kommen aber auch Längen von bis zu zwei Meter vor. Der Sandstein wurde mit Feuer ausgesprengt, in bis zu vier Tonnen schwere Blöcke zerschlagen und ohne Mörtel verlegt. Der trockene Stein wurde glatt geschmirgelt, und die Steine wurden auf Schiffen über die Kanäle und über Land auf Wagen transportiert. Beim Bau be-

52 OBEN: DACH MIT DACHZIEGELIMITATIONEN UND AKROTERIEN; ZWEITE GALERIE IN ANGKOR WAT.

53 KONSTRUKTION MIT DURCH ZINKEN VERBUNDENEN BLÖCKEN; BAYON.

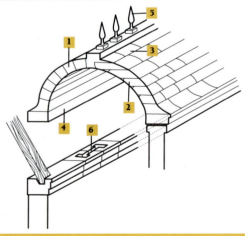

52 UNTEN: KONSTRUKTIONSTECHNIKEN FÜR KRAGGEWÖLBE.

1) RUNDES GEWÖLBE
2) KRAGGEWÖLBE DER KHMER
3) ÄUSSERE GEWÖLBEFLÄCHE
4) INNERE GEWÖLBEFLÄCHE
5) AKROTERION
6) MAUERANKER

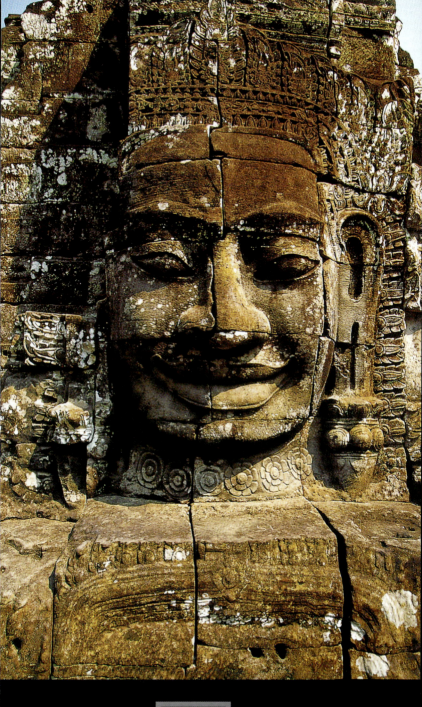

diente man sich der Hilfe von Elefanten: Die Löcher in den Steinen, an denen die Zugseile befestigt wurden, sind noch sichtbar.

Die Khmer waren keine herausragenden Ingenieure. Sie errichteten ihre Bauten auf flachen Fundamenten aus Lateritschutt, und die Steine wurden nicht immer optimal verlegt. Bei der statischen Sicherheit der Bauten verließen sie sich ausschließlich auf das Gewicht der Steine, setzten aber zusätzlich Zimmermannstechniken ein: Große Blöcke oder Monolithe wurden mit Eisenankern, Krampen, Verbindungsstücken oder Bändern gesichert. Die Steine wurden horizontal verlegt, statt sie in der Höhe versetzt zu staffeln, wodurch man die Bildung von Lücken zwischen den Steinblöcken vermieden hätte. Andererseits waren die Khmer ausgezeichnete Architekten. Sie wussten, wie man die Baumassen in optimaler Perspektive für den Betrachter ausrichten musste: Sie verkleinerten unmerklich die Höhe und Breite der Dächer eines Prasat sowie der Pyramidenstufen und Treppen, sodass sie in der perspektivischen Betrachtung durch die proportionale Reduktion der Höhe höher wirkten. Außerdem ließen sie die Terrassen gegenüber den Eingängen stärker zurückspringen, damit der Bau

nicht geneigt erschien. Sie wogen die Proportionen der einzelnen Bauelemente eines Monuments so lange gegeneinander ab, bis der Gesamtbau den bestmöglichen Eindruck machte.

54–55 DIE ENTWICKLUNG DER TÜRSTÜRZE.

1) BOGEN MIT DREI MEDAILLONS UND MAKARAS AN DEN SEITEN; PRÄ-ANGKORIANISCH.
2) NAGA MIT ZENTRALER MASKE UND MAKARAS AN DEN SEITEN; PRÄ-ANGKORIANISCH.
3) GIRLANDE; PREAH-KO-STIL, 9. JH.

54 MITTE: VON NAGAS EINGERAHMTES GIEBELFELD, DIE UNGERADZAHLIGEN KÖPFE BILDEN DIE ECKEN; ANGKOR WAT.

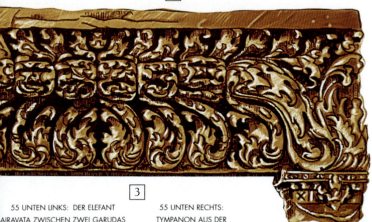

55 UNTEN LINKS: DER ELEFANT AIRAVATA ZWISCHEN ZWEI GARUDAS AUF EINEM TÜRSTURZ; BANTEAY SREI.

55 UNTEN RECHTS: TYMPANON AUS DER „BIBLIOTHEK"; BANTEAY SREI.

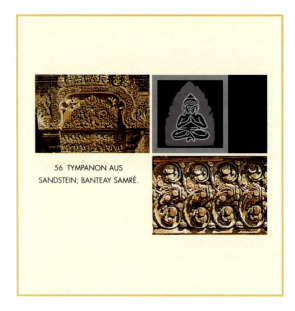

56 TYMPANON AUS SANDSTEIN; BANTEAY SAMRÉ.

56–57 DIE ENTWICKLUNG DER TÜRSTÜRZE.

1) SCHRAUBIG GEWUNDENE GIRLANDE, IN DER MITTE VON EINER KALA GEHALTEN; KHLEANG-STIL (1. HÄLFTE DES 11. JH.).
2) TÜRSTURZ MIT MYTHISCHER SZENE; BAPHUON-STIL (2. HÄLFTE DES 11. JH.).
3) GIRLANDE MIT FLORALEN VOLUTEN UND FIGUREN, DAS ZENTRUM BILDET EINE KALA; BAYON-STIL (12–13. JH.).

IKONO-
GRAPHISCHE
QUELLEN

Die Ikonographie der Khmer geht auf die großen indischen Epen zurück: das Mahabharata und das Ramayana, die gesammelten Legenden der Purana und die „alten Geschichten", die Götter und ihre Taten priesen.

Das Mahabharata entstand zwischen dem 4. Jahrhundert v.Chr. und dem 4. Jahrhundert n.Chr. Es beschreibt den Urkonflikt zwischen den Göttern und Dämonen, der mit dem Sieg der Götter endet. Die Erzählungen sind lebhaft und gliedern sich in mehrere Erzählstränge auf. Vyasa, der die Mahabharata später zusammenstellte, war der heimliche Sohn von Satyavati. Sie heiratete später König Shantanu und hatte zwei Kinder mit ihm – beide starben ohne Nachkommen. Die Königin zwang Vyasa, sich mit zwei der prinzlichen Witwen zu vereinigen, um dem Königreich einen Erben zu schenken. Daraus gingen Dhritarashtra und Pandu hervor, die Väter der 100 Kauvara-Brüder und der fünf Pandava-Brüder. Letztere waren in Wirklichkeit Kinder der Götter: Pandu konnte wegen eines Fluchs keine Kinder mit seinen beiden Frauen zeugen und bat seine Frau Kunti um eine Zauberformel. Sie überzeugte die Götter, Kinder mit den Königinnen zu zeugen.

Pandu stirbt, weil er eine Beziehung mit der jüngeren Frau eingeht. Sie verbrennt sich auf dem Begräbnis ihres Mannes selbst. Die Witwe Kunti zieht mit ihren Kindern an den Hof ihres Schwagers Dhritarashtra, wo die fünf Pandavas wie ihre Vettern aufgezogen werden. Zwischen ihnen

58 OBEN UND 59 OBEN: DIE SCHLACHT VON LANKA AUS DEM RAMAYANA; ANGKOR WAT, DRITTE GALERIE, WESTSEITE, NORDFLÜGEL. DIE SZENE WIRD VON DER ZENTRALEN FIGUR BEHERRSCHT.

58–59 DIE SCHLACHT VON LANKA AUS DEM RAMAYANA; ANGKOR WAT, DRITTE GALERIE, WESTSEITE, NORDFLÜGEL. DIE KORSETTE MIT BLUMENDEKORATION KÖNNTE EINE LEDERRÜSTUNG DARSTELLEN.

und den Pandavas kommt es zu einem tiefen Zerwürfnis. Nachdem die Pandavas mehrere Hinterhalte der Kauravas überlebt haben, werden sie in ein betrügerisches Würfelspiel verwickelt und ins Exil geschickt. Zwölf Jahre später kommen sie zurück und erheben Anspruch auf ihr Königreich. Als sich die Kauravas verweigern, kommt es zum Krieg. Krishna, die Inkarnation des Gottes Vishnu und mit beiden Parteien verwandt, bietet seine persönliche oder die Hilfe seiner Soldaten an. Die Kauravas wählen die Armee, die Panda-

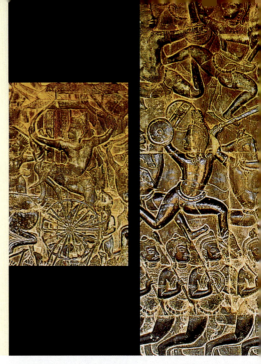

60 UND 61 DIE SCHLACHT VON KURUKSHETRA AUS DER MAHABHARATA; ANGKOR WAT, DRITTE GALERIE, WESTSEITE, SÜDFLÜGEL.
OBEN: EIN KRIEGER AUF EINEM STREITWAGEN, DEM LIEBLINGSGEFÄHRT DER MYTHISCHEN HELDEN.
UNTEN: EIN KRIEGSELEFANT BEIM ANGRIFF; DIE KHMER SETZTEN IM KRIEG ELEFANTEN ALS ZUGTIERE FÜR STREITWAGEN EIN.

vas Krishna. Die Schlacht endet mit einem Sieg der Pandavas, die nach langer und glücklicher Herrschaft mit ihrer gemeinsamen Frau Draupadi zum Himmel aufsteigen.

Das Ramayana berichtet über die Abenteuer von Rama, einer weiteren Inkarnation von Vishnu. Es entstand zwischen dem 2. Jahrhundert v. Chr. und dem 2. Jahrhundert n. Chr. und geht auf den legendären Valmiki zurück, der auch in der Geschichte mitspielt: Er ist der Einsiedler, der sich Sitas annimmt, als sie von Rama zurückgewiesen wird. Bei den Khmer gibt es allerdings mehrere Varianten und unterschiedliche Versionen der ursprünglichen Hindu-Erzählung. Sie dienten als Inspiration für den Reamker, die kambodschanische Version der Taten von Ream oder Rama, die im 17. Jahrhundert zusammengestellt wurde und immer noch sehr beliebt ist.

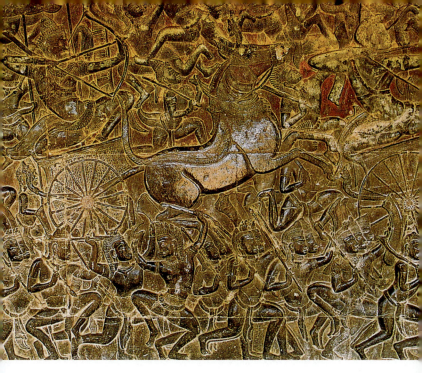

Nachdem eine der Königinmutter eine Palastrevolution angezettelt hat, wird der legitime Thronerbe Rama verbannt. Sita, die wunderschöne Frau des Prinzen, die er in einem Zweikampf erobert hatte, entscheidet sich, ihrem Mann zu folgen. Sie wird von Lakshmana, Ramas jüngerem Bruder begleitet. Im Wald begegnen die beiden dem weiblichen Dämon Surpanakha, der versucht, zuerst Rama und dann Lakshmana zu verführen. Letzter wird wütend und schneidet dem Dämon Ohren und Nase ab. Surpanakha dürstet nach Rache und wendet sich an ihren tausendköpfigen Bruder Ravana, den unsichtbaren Fürsten der Insel Lanka. Sie bittet ihn, Rama zu töten und die schöne Sita hinterhältig zu verführen. Ravana geht heimlich in den Wald und ist überwältigt von der Prinzessin. Er schickt Rama und Lakshmana mit einem Trick weg, nähert sich Sita in der Gestalt eines alten, verwirrten Asketen und entführt sie. Während Rama und Lakshmana noch verzweifelt nach der Prinzessin suchen, helfen sie Sugriva, dem entthronten König der Affen, seinen Rivalen Valin zu besiegen und den Thron zurückzugewinnen. Sugriva bietet seine Hilfe an und schickt Hanuman, den Sohn des Windgottes auf die Suche. Hanuman kann fliegen und findet heraus, dass Sita auf der Insel Lanka gefangen ist. Die Affen bauen eine Brücke vom Festland auf die Insel und greifen die Stadt des Feindes an.

Nach mehreren Tagen blutigen Kampfes stehen sich Rama und Ravana gegenüber und Rama tötet den Dämonen. Rama kehrt im Triumph in seine Hauptstadt Ayutthaya zurück und besteigt den Thron. Da Sita mit einem anderen Mann gelebt hat, muss sie noch eine Feuerprobe ablegen, um ihre Reinheit zu beweisen. Da steigt Agni, der Gott des Feuers, aus den Flammen und bestätigt ihre Keuschheit. Kurz darauf wird die Königin jedoch verleumdet und Rama wird gezwungen, sie zu verstoßen. Sie findet Zuflucht in der Einsiedelei des weisen Valmiki, wo sie Zwillinge zur Welt bringt. Einige Jahre später treffen die Jungen ihren königlichen Vater, der sie sofort erkennt und in den Palast bringt. Rama will Sita verzeihen, wenn sie sich nochmals einer Prüfung unterzieht. Sita ruft die Göttin der Erde an, um ihre Keuschheit zu

beweisen. Nachdem die Göttin den Thron bestiegen hat, nimmt sie die glücklose Königin mit sich.

Ein weiterer Mythos, der den Khmer-Künstlern immer wieder Motive lieferte war das so genannte „Quirlen des Milchmeeres", von dem in der Mahabharata und in einigen Versionen der Purana erzählt wird. Vor Erschaffung der Welt wurden die Götter dauernd von Dämonen belästigt und baten Vishnu, ihnen zu helfen. Der Gott wies sie an, nach Amrita zu suchen, eine Art Ambrosia, die Unsterblichkeit garantieren soll. Dieser kostbare Nektar lag in den Tiefen eines Milchmeeres, und die Götter konnten ihn nur mit Hilfe der Dämonen erlangen. Dafür versprachen sie ihnen einen Anteil des Amrita. Sie stellten den kosmischen Berg Mandara ins Meer und wickelten die Schlange Vasuki um ihn herum. Die beiden Gruppen begannen abwechselnd an der Schlange zu ziehen, die Götter am Schwanz, die Dämonen am Kopf. Als sich der Berg wie ein Quirl zu drehen begann, sank er ins Meer. Vishnu nahm die Gestalt einer Schildkröte an, tauchte ab und bildete das Fundament für Mandara. Während sie quirlten, tauchten herrliche Wesen und Dinge aus dem Meer auf, aber auch ein giftiges *Miasma*, das Shiva sofort verschluckte, um das Universum zu retten. Schließlich erschien der Heiler der Götter und brachte ein Fläschchen voller Ambrosia mit sich. Als die Dämonen ihren Anteil verlangten, erschien Vishnu in der Gestalt der wunderschönen Mohini. Sie waren von ihrer faszinierenden Schönheit derart abgelenkt, dass der Heiler das Ambrosia unter den Göttern aufteilen konnte. Mit vereinter Kraft konnten sie nun ihre Gegner besiegen und zu den Herrschern des Universums werden.

62 UND 63 DAS „QUIRLEN DES MILCHMEERES" AUS DEM MAHABHARATA; ANGKOR WAT, DRITTE GALERIE, OSTSEITE, SÜDFLÜGEL.

OBEN: DAS LINKE ENDE MIT DEM OBERHAUPT DER DÄMONEN AN DER SCHLANGE VASUKI.
OBEN RECHTS: DIE HIMMLISCHEN SCHAREN BEOBACHTEN DIE SZENE VOM LINKEN ENDE.

RECHTS MITTE: VISHNU AUF DER SCHILDKRÖTE IN DER BILDMITTE.
UNTEN RECHTS: DIE DÄMONEN.

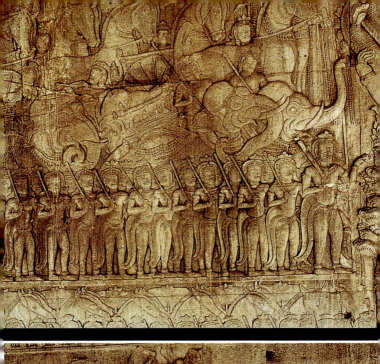

HINDU-GOTTHEITEN

Die drei fundamentalen Phasen des Universums – Schöpfung, Bewahrung und Zerstörung – werden von drei Gottheiten kontrolliert, die allerdings keine voneinander getrennten Persönlichkeiten, sondern nur Aspekte eines einheitlichen, unaussprechlichen und unergründlichen Absoluten darstellten. Diese hinduistische Trimurti, die Dreieinigkeit des Göttlichen, wird durch Brahma, Vishnu und Shiva repräsentiert.

Brahmas wichtigste Aufgabe ist es, die Welt zu erschaffen. Er hat vier Gesichter, denn er ist der Gott der Schöpfung und bestimmt die Ausdehnung des Raumes bis zu den vier Kardinalpunkten (Himmelsrichtungen). Aus seinem Mund entspringen die vier Veda-Texte, die ältesten und heiligsten Texte der Hindus. Neben seinen vier Köpfen trägt er als Zeichen seiner Göttlichkeit eine Perlenkette um das untere Drittel seines Haarknotens.

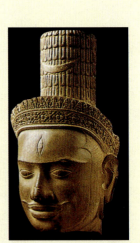

64 SHIVA IN EINER DARSTELLUNG DES 10. JH.; MUSÉE GUIMET, PARIS.

64–65 DER VIERKÖPFIGE BRAHMA, SCHÖPFER DES UNIVERSUMS (10. JH.); MUSÉE GUIMET, PARIS.

Der zweite Gott der Trimurti ist Vishnu, der Fürst der Vorsehung. Seine Aufgabe besteht darin, das Leben zu schützen und zu kontrollieren. Auf der Erde erscheint er in mehreren Inkarnationen (Avatara). Zwei davon, Rama und Krishna, sind in den hinduistischen Gottesdiensten von großer Bedeutung. Vishnu wird mit vier Armen dargestellt, die für die kosmische Dimension dieses Gottes stehen, der das gesamte Universum schützend umarmt. In seinen Händen hält er die entsprechenden Symbole. Die Muschel steht für das Leben, das aus den Tiefen des Urmeeres stammt. Das Chakra ist eine scharfe Scheibe, die von dem Gott als Waffe gegen Dämonen eingesetzt wird. Sie symbolisiert das Samsara, den Zyklus von Wiedergeburt und menschlichem Geschick, der von Vishnu gesteuert wird. Die Keule ist gleichzeitig Zepter und Knüppel, sie soll ihn als Herrscher und Richter ausweisen. Eine Kugel repräsentiert die Erde. Auf seinem Kopf trägt Vishnu eine Mukuta, eine Mitra, deren Form sich Lauf der Jahrhunderte mehrfach änderte.

Wenn das Universum wieder in die kosmische Nacht

....
66 LAKSHMI, DIE GEFÄHRTIN VON VISHNU (12./13. JH.): NATIONALMUSEUM PHNOM PENH.

67 HARI-HARA, DIE VEREINIGTE FORM VON VISHNU UND SHIVA (7. JH.); NATIONALMUSEUM PHNOM PENH.

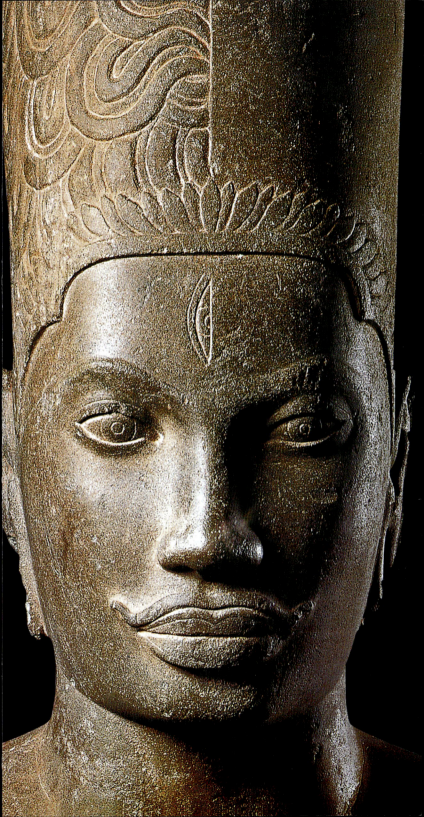

versinkt, kommt die Zeit von Shiva, dem dritten Gott der Trimurti. Er wird sie auflösen und Platz für eine neue Welt machen.

Shiva trägt in der Khmer-Kultur viele Namen. Er ist der wichtigste Gott, den man an seinem Dreizack erkennen kann. Die Dreizahl der Waffe steht für viele Triaden in der Welt der Hindus, wie zum Beispiel die drei Götter der Trimurti, die drei Ebenen des Universums: Erde, Atmosphäre und Himmel und die drei Dimensionen der Zeit. In der Mitte der Stirn trägt er ein drittes Auge, das seine Allwissenheit symbolisiert; es sieht weiter in die Transzendenz als die Dualität der beiden normalen Augen. Sein Haar ist zu einer Jatamukuta geflochten, dem hohen Haarknoten der Asketen, und wird von einer Mondsichel gekrönt. Aus Angst vor einem Fluch, der ihn vertreiben sollte, zog sich der Mond in den Schutz von Shivas Kopf zurück. So wurde ihm erlaubt, sich ständig wieder zu regenerieren. Shiva wird aber nicht nur in menschlicher Gestalt, sondern häufig auch symbolisch und phallisch als Lingam dargestellt. Diese Form bezieht sich auf die Steine in der uralten animistischen Religionen der Khmer. Solche Steine standen in den Feldern und dienten als Ortsgeister, die den Boden beschützten und die Fruchtbarkeit sicherten. Lingam waren Boten zwischen Erde und Himmel, zwischen der Welt der Ahnen und der Welt der Lebenden. Die verbindende, königliche und phallische Symbolkraft des Lingam war daher auf dem Land allgemein akzeptiert. Häufig stellte man drei Lingam auf – quadratisch, oktogonal und rund – und bezog sich damit auf die Dreiheit der Trimurti. Die runde Basis der Lingam (Snanadroni) endete in einer Lippe und symbolisierte das weibliche Prinzip Yoni und damit die Große Göttin. In ihr flossen die Waschungen des Lingam zusammen. Obwohl Vishnu und Shiva das Geschick von Herrschern und Volk teilten, hatten die beiden Gottheiten niemals Streit. Sie konnten sich zu Hari-Hara vereinigen, einer gemeinschaftlichen Form von Hari (Vishnu) und Hara (Shiva). Vishnus Gefährtin ist Lakshmi, die wunderschöne Göttin der Fruchtbar-

keit und Fülle, auch bekannt als Shri (Wohlstand). Sie begleitet Vishnu in vielerlei Gestalt zur Erde. Shivas Gefährtin verkörpert mehr als alle anderen weiblichen Gottheiten die Ambivalenz der Urgöttin oder Großen Göttin: Sie ist Uma, eine süße und hingebungsvolle Ehefrau, aber auch Durga, die Kriegerin, die Dämonen vernichtet. Trotz ihrer üppigen Körper erscheinen die weiblichen Figuren sehr beherrscht, man könnte fast sagen jungfräulich. Neben der Großen Göttin gibt es die Devatas, ein Sammelname für die himmlischen Nymphen (Apsaras in Indien); in der Khmer-Kunst wird diese Bezeichnung auf Tänzerinnen angewandt. Unter den anderen, von den Khmer verehrten Hindugöttern sind noch zu nennen: Ganesha, der elefantenköpfige Gott und Sohn von Parvati; Skanda, der von Shiva geschaffene Kriegsgott; Indra, der König der Götter; Varuna, Herrscher über den Ozean; Agni, der Feuergott; Yama, der Richter der Toten und der Liebesgott Kama. Aus indischer Tradition stammten die Diener und Wärter, die niederen Götter, Halbgötter und die Mächte des Bösen. Außerdem gibt es noch die Vahana, die „Reittiere" der Götter: Brahma und Varuna sitzen auf Hamsa, einer Gans mit gestreifter Kehle; Vishnu und Lakshmi fliegen auf Garuda, dem Geier in Menschengestalt; Shiva und Uma reiten den Bullen Nandi; Skanda einen Pfau, Yama einen Büffel, Agni ein Nashorn und Indra den dreiköpfigen Elefanten Airavata. Diese Tiere gelten bereits seit alten Zeiten als heilig, ihre Eigenschaften können sich auf die Götter übertragen. So manifestiert sich Vishnu manchmal als Varaha (Eber) oder als Mensch-Löwe Narasimha. In den Tempeln von Angkor haben sich bedauerlicherweise nur wenige Statuen erhalten; die meisten davon stehen in dem restaurierten Bereich von Siem Reap oder im Nationalmuseum von Phnom Penh.

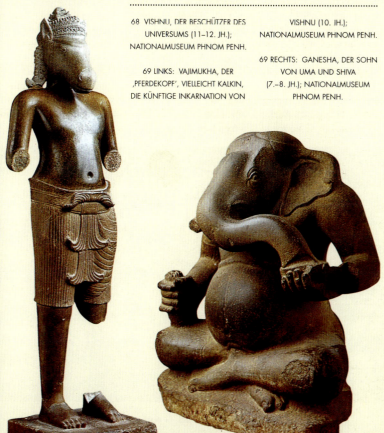

68 VISHNU, DER BESCHÜTZER DES UNIVERSUMS (11.–12. JH.); NATIONALMUSEUM PHNOM PENH.

69 LINKS: VAJIMUKHA, DER ‚PFERDEKOPF', VIELLEICHT KALKIN, DIE KÜNFTIGE INKARNATION VON VISHNU (10. JH.); NATIONALMUSEUM PHNOM PENH.

69 RECHTS: GANESHA, DER SOHN VON UMA UND SHIVA (7.–8. JH.); NATIONALMUSEUM PHNOM PENH.

ARCHÄOLOGISCHE FORSCHUNG IN ANGKOR

Auch als Angkor seine Hauptstadtfunktion verlor, sank es nicht ins Vergessen, denn der Tempel Angkor Wat wurde in ein buddhistisches Kloster umgewandelt und blieb ein Ort des Gottesdienstes. Schon die ersten portugiesischen und spanischen Missionare und Abenteurer des 16. Jahrhunderts kannten den Ort, der von dem Portugiesen Diogo do Couto ausführlich beschrieben wurde. Vermutlich war Couto aber nicht selbst nach Angkor gereist, sondern bezog sich in seinem 1614 erschienenen Bericht vor allem auf die Beschreibungen des Kapuzinermönches Antonio da Magdalena, der Angkor 1585–88 besuchte. Auch der französische Mönch Louis Chevreul erwähnt den Ort 1668 in einem Brief.

Die älteste Karte von Angkor entstand irgendwann zwischen 1623 und 1636. Sie wurde von einem japanischen Pilger angefertigt, der glaubte, Jetavana erreicht zu haben – das Kloster, in dem Buddha die meiste Zeit seines Lebens verbrachte. Diese Karte wurde 1715 kopiert und galt bis in die beiden ersten Jahrzehnte des 20. Jahrhunderts als Plan des berühmten Klosters.

1858 veröffentlichte der französische Missionar Charles-Emile Bouillevaux, der 1850 Angkor nur zwei Tage lang besichtigt hatte, einen kurzen Bericht. Im selben Jahr fuhr der französische Naturforscher Henri Mouhot nach Indochina und bereiste es bis 1861. Er starb in Laos. Nach seinem Tode wurden seine Aufzeichnungen in Englisch und Französisch veröffentlicht. Sie erschienen als „Reisen in die Königreiche von Siam, Kambodscha, Laos und andere Teile von Indochina" 1863 in Französisch und 1864 in Englisch.

Die Europäer begannen sich zunehmend für Angkor und die Khmer-Zivilisation zu interessieren. Der deutsche Ethnologe Adolf Bastian untersuchte die Verbindungen zur indischen Kultur, der schottische Fotograf John Thomson erkannte den kosmologischen Symbolismus der

Tempel und erregte damit das Interesse des Historikers James Ferguson, der die Khmer-Tempel 1867 in seine Geschichte der Weltarchitektur aufnahm. Inzwischen war Kambodscha französisches Protektorat geworden. Eine französische Expedition brach unter der Leitung des Marineoffiziers Ernest Doudart de Lagrée 1866 ins Mekongtal auf. Nach einem Aufenthalt in Angkor, das damals zu Siam, dem heutigen Thailand, gehörte, wandte sich Doudart weiter nach Süden bis Laos, wo er weitere Khmer-Bauten besuchte, die er später beschrieb. Eines der Expeditionsmitglieder, der Maler Louis Delaporte, fertigte die Zeichnungen für das zweibändige Werk über die Erforschung von Indochina an, das 1873 als Ergebnis der Expedition veröffentlicht wurde. Delaporte war von der Khmer-Kunst begeistert und brachte zahlreiche Exponate nach Paris. Einige Jahre später stellte er sie im *Musée Indochinois du Trocadéro* aus.

70–71 ANGKOR WAT IN EINER DARSTELLUNG AUS DEM EXPEDITIONSBERICHT VON LOUIS DELAPORTE (1873 VERÖFFENTLICHT).

71 OBEN: VON LOUIS DELAPORTE REKONSTRUIERTES EINGANGSTOR ZUM ANGKOR THOM.

Dieses Material und die Zeichnungen erregten 1878 auf der Weltausstellung in Paris das Interesse der damals berühmtesten Architekten. Einer von ihnen, Lucien Fournereau, reiste 1887 und 1888 nach Angkor, nahm Fotos auf, zeichnete Skizzen und Pläne, machte Gipsabdrücke und sammelte zahlreiche Objekte.

Im Jahre 1879 entzifferte der holländische Gelehrte Hendrik Kern erstmals einen Sanskrittext; seine Arbeit wurde von den Franzosen Auguste Barthe und Abel Bergaigne fortgesetzt, die 1885 einen Band mit Inschriften ab dem 5. Jahrhundert v.Chr. veröffentlichten. Ihr Landsmann Etienne Aymonier, ein Marineoffizier und Kenner der alten Khmer-Sprache, wurde beauftragt, eine erste archäologische Bestandsaufnahme in Kambodscha zu machen. Er fertigte 350 Reproduktionen von Reliefs an, die 1900–03 in drei Bänden herausgegeben wurden. Entscheidende Werke schrieben Louis Finot und vor allem Georges Coedès, der acht Bände mit Sanskrit- und alten Khmer-Texten veröffentlichte. Nun konnten die Gelehrten die wichtigsten Schritte in der Geschichte von Kambuja nachvollziehen und den Schriften Informationen über das politische, soziale und kulturelle Leben entnehmen.

Heute kennen wir etwa 1200 Inschriften, die meisten in Stein gemeißelt und in Sanskrit und altem Khmer – manchmal mit eingesetzten Stäben. Die Texte sind in einem Alphabet geschrieben, das sich von dem der Pallava-Dynastie in Südindien beziehungsweise einem nordindischen Text aus dem 9. Jahrhundert ableitet. Bei den Sanskrittexten handelt es sich um Gedichte, die von der Abstammung und den Heldentaten der Herrscher, aber auch von ihren Bauten berichten. Die Jahreszahlen folgen der indischen Shaka-Ära, die

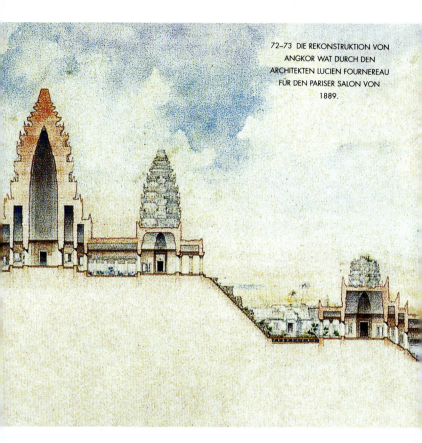

72–73 DIE REKONSTRUKTION VON ANGKOR WAT DURCH DEN ARCHITEKTEN LUCIEN FOURNEREAU FÜR DEN PARISER SALON VON 1889.

78 n. Chr. beginnt. Die Epigraphe in altem Khmer erscheinen erstmals zur Regierungszeit von Ishanavarman im frühen 7. Jahrhundert. Sie sind in Prosa verfasst und bestehen meist aus Listen von Menschen, Grundstücken und dem Eigentum der verschiedenen Tempel. Vermutlich lieferten sie Priestern und den für den Kult verantwortlichen Menschen die Grundlagen für den Betrieb der Heiligtümer.

Die *École Française d'Extrême Orient* (Französische Schule für den Fernen Osten; EFEO) wurde 1898 gegründet und markiert den Anfang der systematischen archäologischen Erforschung der Region. Der Architekt Henri Dufour und der Fotograf Charles Carpeaux arbeiteten im Bayon und bereiteten die erste Monographie über diese Stätte vor. Im Jahre 1907 gab Siam Angkor und die angrenzenden Provinzen an Kambodscha zurück, und im folgenden Jahr wurde die *Conservation des Monuments d'Angkor*, eine Organisation zur Erhaltung der Denkmäler, gegründet, mit Jean Commaille als erstem Kurator.

Der Katalog der Khmer-Monumente stammt wieder von einem Soldaten, dem Infanterieoffizier der Kolonialarmee Lunet de Lajonquière. Er stellte dankenswerterweise das archäologische Inventar der kambodschanischen Monumente zusammen; es erschien 1902–11 und listete 910 Monumente auf; hinzu kamen andere, die mit „bis." bezeichnet wurden. Henri Parmentier, der Direktor des archäologischen Dienstes der EFEO, erweiterte das Inventar, und 1922 fügte Erik Seidenfaden die Khmer-Bauwerke in den thailändischen Provinzen hinzu.

Leider geschahen in dieser Zeit auch die ersten Plünderungen der Stätten. Gerade die von André Malraux 1924 in Banteay Srei hat eine unrühmliche Bekanntheit erlangt.

Der Archäologische Park von Angkor wurde 1925 gegründet, und zwei Jahre später konnte Philippe Stern, der Kunsthistoriker des Musée Guimet in Paris, die Zeittafel der Khmer-Kunst und Zivilisation neu justieren. Dazu benutzte er die Inschriften, ohne je nach Kambodscha zu reisen. George Coedès, der Direktor des EFEO, ergänzte und verbesserte 1929 die Arbeit von Stern – auf ihn geht die heute gültige Chronologie der Khmer-Zivilisation und der Kunststile auf der Basis der Inschriften zurück. Der zweite Kurator, Henri Marchal, der den Posten von 1920–1933 innehatte, setzte erstmals die Technik der *Anastylose* zur Konservierung der Bauwerke ein, die sich bereits in Indonesien bewährt hatte. Bei dieser noch heute angewandten Technik werden die Bauten vollständig auseinander genommen, die einzelnen Teile durchnummeriert, alle Bruchstücke gesammelt und dann – nach sorgfältiger Konservierung – wieder zusammengesetzt. An die Stelle fehlender Steine werden andere eingesetzt, die sich gut einfügen aber durch besondere Markierung als neu gekennzeichnet werden. Bernard-Philippe Groslier entwickelte die Technik zur Perfektion und wandte sie 1931 erstmals am Tempel von Banteay Srei an.

Das Interesse an der Khmer-Kunst nahm so stark zu, dass die Architekten Charles und Gabriel Blanche Angkor Wat in einer sechsjährigen Arbeit für die Kolonialausstellung 1931 in Paris reproduzierten; der Bildhauer Auberlet fertigte die Skulpturen.

In der Zwischenzeit gingen die Grabungen in Angkor weiter. Unter Georges Alexandre Trouvé, dem neuen Kurator, der unglücklicherweise 1935 im Alter von 33 Jahren bei einem Unfall ums Leben kam, wurde der große Brunnen von Bayon ausgegraben – dabei kam die dort entsorgte, kolossale Buddhastatue zum Vorschein. Maurice Glaize, der die Grabungen von 1936–1945 beaufsichtigte, rekonstruierte unter anderem den Prasat von Bakong.

74–75 EINE GRUPPE FRANZÖSISCHER FORSCHER ZWISCHEN DEN RUINEN VON ANGKOR (1867).

Schon immer war die EFEO ein Sammelplatz für prominente, faszinierende Persönlichkeiten, von dem Architekt Henri Parmentier, dem Leiter des archäologischen Dienstes bis zu dem russischen Adligen Victor Goloubeff, der Angkor als Erster mit dem Flugzeug überflog und Aufnahmen der Monumente machte. Er fand 1931 heraus, dass Phnom Bakheng das erste Zentrum von Angkor war.

Der Maler George Groslier, ein Liebhaber der kambodschanischen Tänze, gründete die Kambodschanische Kunstschule, um lokale Traditionen und Handwerk zu fördern. Er legte außerdem den Grundstein für die Sammlungen des späteren Archäologischen Museums in Phnom Penh. Sein Sohn Bernard-Philippe war in den 1960er-Jahren der letzte Kurator. Er folgte auf Henri Marchal, der von 1947–53 ein weiteres Mal für das EFEO gearbeitet hatte und Jean Laur, der von 1954–59 Kurator war. Wegen des schrecklichen Genozids durch die Roten Khmer zwischen 1970 und 1975 blieb Kambodscha bis 1991 unzugänglich. Nachdem sich die Situation nach einigen Schwierigkeiten wieder normalisiert hatte, konnte sich das Land wieder um seine Kunstschätze kümmern. Angkor wurde 1992 in die Liste des Weltkulturerbes der UNESCO aufgenommen. Zur Zeit laufen mehrere Restaurationsprojekte, unterstützt durch das Ausland und unter der Kontrolle der kambodschanischen Regierung (*Autorité pour la protectione du Site et l'Aménagement de la Région d'Angkor;* meist als APSARA abgekürzt).

ARCHÄOLOGISCHE ♦ **75** ♦ FORSCHUNG IN ANGKOR

1 DIE HOCHKULTUR DER FRÜHEN EPOCHE

EINLEITUNG

Schon die frühesten Beispiele der Khmer-Architektur zeichnen sich durch die hohe Qualität des Handwerks aus, die sich nicht nur in Harmonie und Klarheit der Linien, sondern auch in der eleganten Dekoration äußert. So gehören beispielsweise die Türstürze der Bauten von Roluos – Preah Ko, Lolei und Bakong – zu den schönsten der Khmer-Kunst. Die vorgeschlagenen Tagestouren folgen der Entwicklung der beiden Grundtypen sakraler Bauten: dem Langtempel und dem Tempelberg oder Pyramidentempel. Der zweite Typus wurde, wie das Beispiel Phnom Bakheng zeigt, auf natürlichen Hügeln erbaut. Die so genannten Langtempel – Preah Ko, Lolei, Bei Prasat, Bat Chum, Leak Neang und Prasat Kravan – bestehen aus mehreren Prasat. Sie haben unterschiedliche Funktionen, sind aber nach demselben Plan erbaut. Eine bemerkenswerte Ausnahme bildet der Prasat Kravan, der einzige Tempel im gesamten Khmer-Reich, bei dem das Innere der Cella mit bemalten Figurenreliefs ausgestattet war. Sie

77 TÜRSTURZ IN PREAH KO MIT EINEM GARUDA IN DER MITTE.

geben uns eine Vorstellung davon, wie großartig die Wandgemälde einst gewesen sein müssen.
Zur gleichen Zeit entwickelten sich die Pyramiden von Baksei Chamkrong, das wegen seiner geringen Größe wie ein Prototyp wirkt, bis zu den umfangreichen Komplexen des östlichen Mebon und Pre Rup.

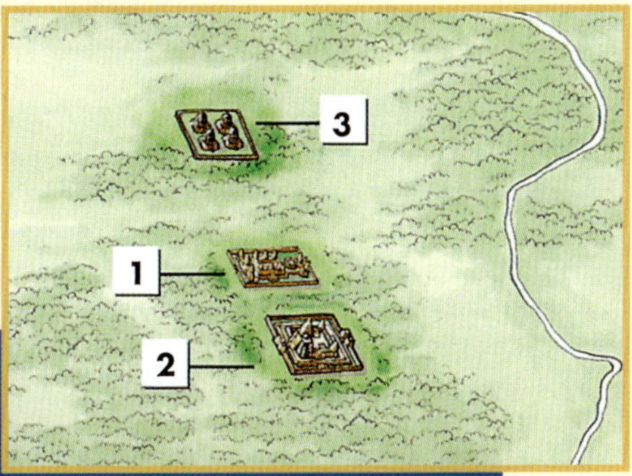

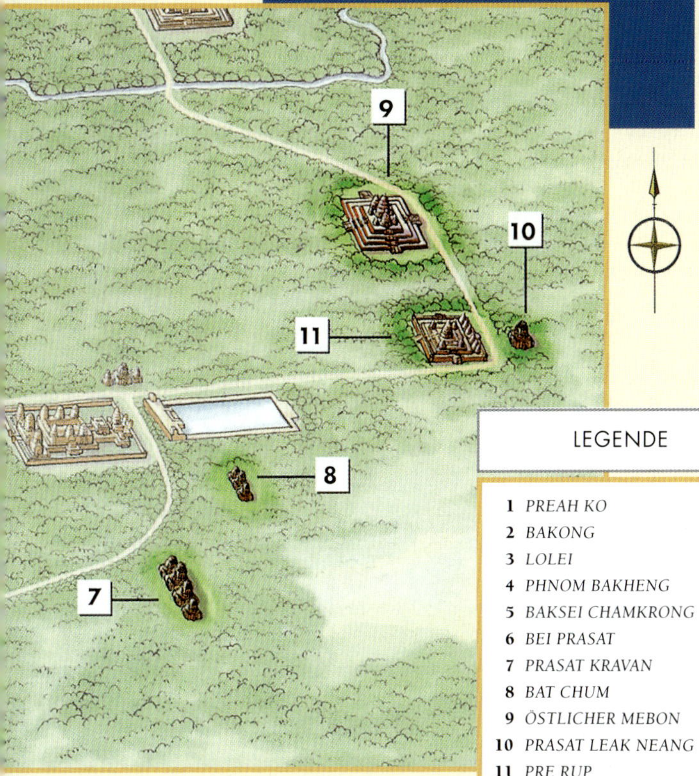

LEGENDE

1 *PREAH KO*
2 *BAKONG*
3 *LOLEI*
4 *PHNOM BAKHENG*
5 *BAKSEI CHAMKRONG*
6 *BEI PRASAT*
7 *PRASAT KRAVAN*
8 *BAT CHUM*
9 *ÖSTLICHER MEBON*
10 *PRASAT LEAK NEANG*
11 *PRE RUP*

PREAH KO

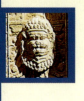

GESCHICHTE

Preah Ko, der „Tempel des Heiligen Bullen" trägt seinen Namen nach den drei Statuen von Nandi, die ihn als Tempel des Shiva ausweisen. Preah Ko liegt in Roluos, etwa zwölf Kilometer südöstlich von Angkor. Hier stand einst Hariharalaya, der „Sitz des Hari-Hara", den Jayavarman II. der Doppelgottheit Vishnu/Shiva weihte. Sein Enkel Indravarman I., der 877 den Thron bestieg, ließ hier den Indratataka („Teich von Indra") anlegen. Damit sicherte er die Wasserversorgung und legte den Grundstein für die grandiose Wasserarchitektur der Khmer. 879 ließ der König Preah Ko zu Ehren seiner Ahnen bauen – es liegt etwa 300 Meter rechts der Hauptstraße.

Preah Ko war von einem Wohnbezirk in einer Größe von etwa 330 Hektar umgeben, der wiederum von einem 400 x 500 Meter großen Wassergraben mit zwei Teichen eingeschlossen war.

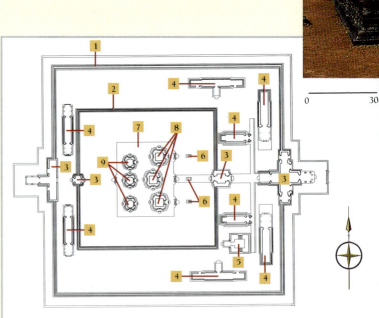

KAPITEL 1 ◆ **80** ◆ PREAH KO

LEGENDE

1 ZWEITER MAUERRING
2 ERSTER MAUERRING
3 GOPURAM
4 RECHTECKIGE BAUTEN
5 „BIBLIOTHEK"
6 NANDI-STATUEN
7 PLATTFORM FÜR DIE PRASAT
8 PRASAT DER KÖNIGE
9 PRASAT DER KÖNIGINNEN

80 OBEN: DETAIL EINES SCHEINPORTALS MIT EINER GROTESKEN MASKE.

80–81 VOR DEM PREAH KO STEHEN STATUEN DES BULLEN NANDI.

81 OBEN: SPUREN VON STUCK-DEKORATION.

81 UNTEN: SANDSTEINNISCHE MIT EINEM DVARAPALA, DEM „TORWÄCHTER".

BESICHTIGUNG

Der eigentliche Tempel wird von zwei Mauerringen mit Gopuram (Torbauten) umschlossen. In der Ostmauer des zweiten Mauerrings, der 95 x 99 Meter groß ist, ist ein kreuzförmiger Gopuram integriert, von dem sich einige Teile erhalten haben. Dahinter liegen, rechtwinklig zum Zuweg, zwei rechteckige Gebäude mit Portiken. Darauf folgen zwei ähnliche Bauten aus Lateritgestein, die sich nach Osten öffnen, parallel zum Zugangsweg. Neben dem südöstlichen Bau steht die „Bibliothek", ein Ziegelsteinbau mit sehr dicken Wänden und Fenstern mit Gittern aus Ziegelsteinen. Parallel zur Nord- und Südseite des zweiten Mauerrings ist je eine rechteckige, ähnlich aufgebaute Halle angeordnet. Zwei ähnliche Bauten – allerdings mit Vorbauten – stehen parallel zur westlichen Mauer.

Der erste Mauerring (59 x 60 Meter) ist fast vollständig verschwunden: Er umgibt eine Plattform (25 x 31 Meter), die man über drei Treppen mit wachenden Löwen auf den Wangen erreicht. Auf der Plattform stehen sechs, aus Ziegelsteinen erbaute Prasat auf einer Sandsteinterrasse. Sie blicken nach Osten und werden von vier Stufen gekrönt. Die drei vorderen Türme sind den männlichen Ahnen des Königs geweiht. Sie sind größer als die drei hinteren, die nach den Frauen der drei Könige benannt sind. Der mittlere Prasat in der vorderen Reihe – der größte von allen – barg das Bildnis von Jayavarman II. in der vergöttlichten Gestalt von Parameshvara. Der Nordturm auf der rechten Seite, enthielt das Bildnis des vergöttlichten Rudravarmans, dem Großvater mütterlicherseits von Indravarman I. und der Südturm ein Bildnis von Indravarmans Vater Prithivindravarman. Die drei Frauen der Könige – Narendradevi, Dharanindradevi und Prithvindradevi – sind ebenfalls in ihrer vergöttlichten Form dargestellt. Der Namenszusatz -*devi* bedeutet „Göttin".

Die Außenmauern waren mit Kalkmörtel verputzt, den man wie Stuck zu kunstvollen Reliefs formte. An einigen Stellen sind noch Reste zu sehen. In die Wand wurden Nischen aus Sandstein eingearbeitet. Bei den Prasat enthielten sie Statuen von Dvarapalas oder Torwächtern, auf den Türmen für die Frauen Devatas (weibliche Gottheiten). Auch die Türen wurden aus Sandstein gefertigt: Sie werden von wunderschönen, schlanken, oktogonalen Gewändesäulen gerahmt. Die Pfosten der Scheinportale sind mit Blumendekorationen verziert. Die Pilaster neben den Türen der östlichen Prasat weisen elegante Inschriften auf. Die Türstürze gehören zu den schönsten der Khmer-Kunst: Der Bogen besteht aus einer Girlande, an deren Ende sich Köpfe von Nagas und Makaras in verschiedene Richtungen bewegen. Zwischen dem Blattwerk sind Reiterfiguren dargestellt und in der Mitte eine groteske Maske von Kala, dem alles verschlingenden Dämon und dem Gott Vishnu, der auf seinem Mensch-Vogel-Reittier Garuda sitzt. Darüber zeigt ein Fries betende Menschen und vermittelt den Übergang zu dem Giebelfeld darüber.

82 LINKS: DETAIL EINES TÜRSTURZES, DARÜBER BETENDE FIGUREN.

82 RECHTS: DER NORDWEST-PRASAT.

83 OBEN: SCHEINPORTAL MIT DEVATA-WÄCHTERN IN DEN NISCHEN.

83 UNTEN: GIRLANDENGESCHMÜCKTER TÜRSTURZ MIT KRIEGERN UND MAKARAS AN DEN ENDEN.

BAKONG

GESCHICHTE

Bakong ist der offizielle Tempelberg der Stadt Hariharalaya. Er liegt 500 Meter hinter Preah Ko und wurde 881 von Indravarman I. in Auftrag gegeben. Obwohl es mehrere Vorläufer gibt, gilt Bakong als Prototyp des Tempelberges – er ist der erste Sandsteinbau und sowohl größer als auch kunstvoller als seine Vorgänger. Der äußere Mauerring wird von einem Wassergraben mit 800 Meter Seitenlänge umschlossen und umgab die Wohngebiete.

LEGENDE

1 ERSTER MAUERRING
2 GOPURAM
3 ZUGANGSWEG
4 RECHTECKIGE GEBÄUDE
5 KAPELLEN
6 PRASAT MIT LUFTLÖCHERN
7 PRASAT
8 PYRAMIDE
9 ZUGANG ZU DEN TREPPEN
10 KLEINER PRASAT
11 ZENTRALER PRASAT

BESICHTIGUNG

Wenn man auf der Straße an der Nordseite des Bakong ankommt, lohnt sich ein Spaziergang um den Komplex, um ihn durch den östlichen Gopuram im zweiten Mauerring zu betreten. Dort haben sich einige Ruinen der Lateritmauer erhalten. Über den breiten Wassergraben zwischen dem zweiten, 400 x 450 Meter großen und dem ersten Mauerring führen zwei Dämme auf einer Ost-West-Achse. Sie stehen in der Verlängerung von zwei der vier axialen Hauptstraßen von Hariharalaya. Der Weg führt durch Galerien mit gigantischen Nagas aus

84 OBEN: DETAIL EINES SCHEINPORTALS; PRASAT AN DER BASIS DER PYRAMIDE.

84–85 ZUGANGSWEG IM ERSTEN MAUERRING MIT RESTEN EINES SOCKELS FÜR EINE NANDI-STATUE.

84 UNTEN: PLATTE MIT DÄMONEN; SÜDSEITE DER LETZTEN PYRAMIDENSTUFE.

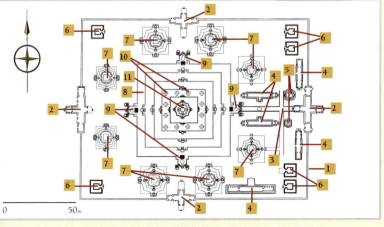

Stein, die bereits die prachtvollen Schlangen-Galerien der klassischen Khmer-Kunst vorwegnehmen. Auf einem 25 Meter breiten Streifen lagen die Wohnungen des Tempelpersonals und in der Nordostecke befindet sich ein modernes buddhistisches Kloster im traditionellen Khmer-Stil.

Der erste Mauerring aus Laterit umgibt ein 120 x 160 Meter großes Rechteck mit mehreren Gebäuden, das man durch vier kreuzförmige Gopuram betritt. Neben dem Zugangsweg durch den östlichen Gopuram stehen zwei quer zum Weg angeordnete, rechteckige Gebäude: Sie gelten als Prototyp der späteren, durchlaufenden Galerien.

Die Nordost- und Südostecke des Mauerrings wird von jeweils zwei ziemlich kleinen Prasat mit dicken Ziegelwänden auf quadratischem Grundriss eingenommen. In der Nordwest- und Südwestecke steht jeweils nur einer. Am besten sind die Türme im Südwesten erhalten. Die Lüftungsöffnungen im oberen Teil gelten für manche Forscher als Beleg, dass es sich um Krematorien gehandelt hat. Neben dem Zugangsweg blieben Reste von zwei Kapellen erhalten sowie die Fundamente des nördlichen Baus. Die beiden anderen Rechteckbauten mit Vorbauten neben dem Weg sind neuere Ergänzungen. Welchem Zweck der dreiteilige fragmenthafte Bau vor der Südmauer diente, der zur selben Zeit wie Bakong entstand, ist unbekannt.

Die acht Schreine aus Ziegelsteinen vor der Basis der Pyramidentempel sind – so die Inschrift der Gründungsstele – den acht *Murt* oder „Aspekten" von Shiva geweiht: Sonne, Mond, Wind, Erde, Wasser, Feuer, ätherischer Raum und Atman (Seele). Es ist möglich, dass die acht Bauten auf kosmische Zusammenhänge hinweisen – es gibt acht Regionen des Raumes mit den zugehörigen Gottheiten. Die Prasat folgen dem üblichen Schema: Eine Plattform mit vier Zugangstreppen, der Tempel steht auf einer Terrassenfläche. Er ist stufenförmig aufge-

baut, wobei jede Stufe etwas zurückspringt und sich die untere Fassade auf jeder Stufe darüber wiederholt. Hinzu kommen die ineinander verschachtelten Giebelfelder, alles bekrönt von einer Lotosknospe. Die inneren Wände sind mit rotem Gips verputzt, und die Holzdecken verbargen die Steine des Kraggewölbes. Besonders bemerkenswert sind die Türstürze, die Säuleneinrahmungen der frei stehenden Türen und die Scheinportale. In den Nischen stehen Dvarapalas und Devatas. An den Wänden erkennt man noch Reste von Stuck, welche die herausragenden Fähigkeiten der Khmer-Künstler belegen. Die besten Beispiele dafür haben sich auf den Prasat der Westseite erhalten.

86 DER ZENTRALE PRASAT, UMGEBEN VON ZWÖLF KLEINEREN PRASAT.

87 UNTEN: TÜRSTURZ VON EINEM DER PRASAT AN DER PYRAMIDENBASIS.

87 OBEN: EINE DER BEIDEN HALLEN NEBEN DEM ZUGANGSWEG.

88 OBEN: DER ZENTRALE PRASAT WIRD VON LÖWEN BEWACHT.

88 UNTEN LINKS: NÖRDLICHER ZUGANGSPAVILLON ZUR PYRAMIDENTREPPE.

88 UNTEN MITTE: DEVATAS IM ZENTRALEN PRASAT; SANDSTEIN.

88 UNTEN RECHTS: DETAIL EINER SÄULE IM TÜRRAHMEN; ZENTRALER PRASAT.

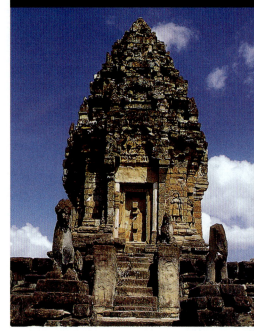

In der Mitte des Komplexes steht eine fast quadratische Pyramide aus Sandsteinblöcken. Sie misst 67 x 65 Meter an der Basis und 20 x 18 Meter an der Spitze. Die fünf Stufen haben eine Gesamthöhe von 14 Meter. Dieser künstliche Berg repräsentiert den Meru und seine fünf Ebenen. Jede Ebene wird durch mythische Wesen repräsentiert: Nagas, Garudas, Rakshasas (Dämonen), Yakshas (Baumgottheiten) und Devas, die Götter der vedischen Kosmogonie. Vier kleine rechteckige Bauten dienen als Zugang zu den axialen Treppen. Der besonders gut erhaltene nördliche Bau lohnt eine sorgfältige Betrachtung, denn diese Konstruktion ist ungewöhnlich für die Khmer-Architektur. Vor den Treppen liegt eine elegante, halbkreisförmige Schwelle, Löwen bewachen die Stufen. Für eine optimale Perspektive nehmen Höhe und Breite der Stufen mit der Treppenhöhe zu. Die Khmer-Architekten nutzten hier die perspektivische Verkürzung, die bis dahin nur bei den Dächern der Prasat angewandt wurde. Aus demselben Grund – um den perspektivischen Eindruck zu optimieren –

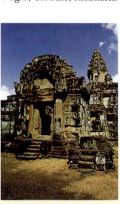

springt jede der Pyramidenstufen etwas nach Westen zurück.

An den Ecken der ersten drei Pyramidenstufen stehen Elefantenstatuen. Sie symbolisieren die mythischen Tiere, welche die Erde hochhielten. Gleichzeitig sollen sie als magische Elemente etwas von ihrer Kraft und Stabilität an den Bau weitergeben. Außerdem sind Elefanten die Reittiere von Indra, dem König der Götter und der weltlichen Herrschaft. Auf der vierten Stufe stehen zwölf Turmschreine aus Sandstein mit je drei Stockwerken. Ihre Eingänge sind nach Osten gerichtet und sie enthielten zwölf Lingam. Die Wände der fünften und letzten Stufe sind vollständig mit Reliefs verziert – das erste, grandiose Zeugnis dieser Kunstform. Leider hat sich bis auf eine Platte mit Dämonenbildnissen auf der Südseite nichts erhalten.

Der zentrale Prasat wurde 1940 von Maurice Glaize durch sorgfältige Anastylose restauriert. Es handelt sich um einen Bau des 12. Jahrhunderts mit hoher Plattform und gezacktem Umriss, drei Scheintüren und einer echten Tür und einem Dach mit vier Stufen. Er wird von einem Akroterion in Form einer Lotosknospe gekrönt: Der Bau nahm den königlichen Lingam Sri Indreshvara auf, der 881 geweiht wurde.

Der Komplex von Hariharalaya wurde von hinduistischer Symbolik inspiriert: Bakong repräsentiert den Berg Meru, der erste Wassergraben ist der kosmische Ozean, aus dem der Berg aufsteigt, das nächste trockene Land wird von den Menschen bewohnt. Es wird begrenzt von Gebirgen, den Stadtmauern und einem anderen Ozean, dem zweiten Wassergraben.

89 HINTER DEM WACHENDEN ELEFANTEN SIND ZWEI DER PRASAT AN DER PYRAMIDENBASIS ZU SEHEN.

LOLEI

BESICHTIGUNG

Lolei liegt etwa 13 Kilometer von Siem Reap entfernt. Biegen Sie kurz hinter der Abfahrt nach Bakong nach links ab und fahren Sie etwa 600 Meter weiter. Lolei wurde 889 von Yashovarman I. zum Gedenken an seinen Vater Indravarman und seine königlichen Ahnen erbaut. Der Tempelkomplex ist das erste Beispiel für Tempel, die auf künstlichen Inseln errichtet wurden – in diesem Fall in der Mitte des heute ausgetrockneten Baray Indratataka. Auf der 90 x 80 Meter großen, von Regenwasserkanälen durchzogenen Terrasse stehen vier Türme. Es ist umstritten, ob zwei weitere Türme wie in Preah Ko geplant waren. Die Prasat aus Ziegelsteinen stehen auf einem Fundament aus Sandstein, blicken nach Osten und werden von einer vierstufigen Pyramide gekrönt. Die

90 OBEN UND 91 UNTEN: DETAILS EINER VERZIERUNG; SCHEINPORTAL.

90–91 DER PRASAT IM NORDOSTEN; IM HINTERGRUND DAS MODERNE KLOSTER.

91 OBEN: NISCHEN MIT DVARAPALAS UND ÖSTLICHER TORWEG; SANDSTEIN.

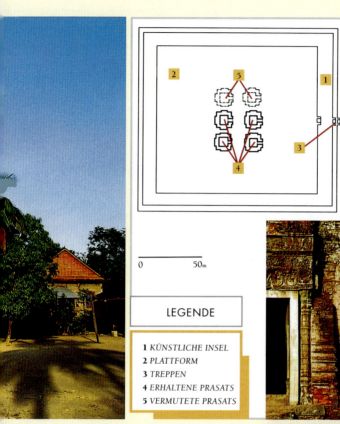

LEGENDE

1 KÜNSTLICHE INSEL
2 PLATTFORM
3 TREPPEN
4 ERHALTENE PRASATS
5 VERMUTETE PRASATS

handwerkliche Qualität der Türen ist überwältigend: Die echten Türen werden von eleganten, schlanken Säulen eingefasst. Sie tragen Inschriften, und ihre Türstürze zieren herrliche Reliefs. Die Scheinportale zeichnen sich durch feine, dekorative Elemente aus. Die Osttürme haben Nischen mit Dvarapalas, in den Nischen der Westtürme stehen Devatas mit elegant gefalteten Kleidern. Das moderne Kloster, das um das Monument errichtet wurde – links die Versammlungshalle, rechts die hölzernen Wohnbauten der Mönche – ist in gewissem Sinne das buddhistische, spirituelle Erbe der alten hinduistischen Einsiedelei, die in der Nähe des Tempels von Lolei existierte.

PHNOM BAKHENG

GESCHICHTE

Phnom Bakheng, der „feste Hügel" ist eine natürliche, 70 Meter hohe Anhöhe, auf der ein gleichnamiger Tempelberg errichtet wurde. Er bildete das Zentrum von Yashodharapura (die „Stadt, die Ruhm erweist"), der neuen Hauptstadt von Yashovarman I., der 889 gekrönt wurde. Eine Mauer mit vier Kilometern Seitenlänge und ein 200 Meter breiter Wassergraben umgaben den Komplex. Parallele Uferdeiche neben den Gräben dienten als Zugänge. Mit seinen vier axialen Eingängen war Phnom Bakheng eine der größten Städte der damaligen Welt, obwohl innerhalb der Gräben sicher auch Reisfelder und Kulturland lagen. Um seine neue Hauptstadt mit Wasser zu versorgen, ließ der König den Yashodharatataka ausheben – besser bekannt als östlicher Baray, ein über 7000 Meter langes und 1800 Meter breites Wasserbecken, das von dem Fluss Siem Reap gespeist wurde. Im Osten bildete der begradigte Fluss einen der Wassergräben. In dem Tempel wurde das königliche Lingam Yashodhareshvara („Ruhmreicher Herrscher") aufbewahrt. Er ist entweder über die originale, steile, von brüllenden Löwen gesäumte Treppe oder über den so genannten Elefanten-Weg zugänglich, der auf der linken Seite beginnt. Die Dauer des Fußmarschs zum Tempel beträgt etwa 20 Minuten.

92 OBEN: VERZIERUNG VOM ZENTRALEN PRASAT.

92–93 GESAMTANSICHT DES TEMPELS.

92 UNTEN: DIE NORDÖSTLICHE „BIBLIOTHEK".

93 OBEN LINKS: ZIEGELSTEINTURM AN DER BASIS DER PYRAMIDE.

93 OBEN RECHTS: KLEINE SANDSTEINTEMPEL AUF DEN STUFEN DER PYRAMIDE.

LEGENDE

1 INNERER MAUERRING
2 GOPURAM
3 „BIBLIOTHEKEN"
4 44 PRASAT AUS ZIEGELSTEINEN UM DIE BASIS DER PYRAMIDE
5 PYRAMIDENSTUFEN
6 PRASATS AUS SANDSTEIN, JE ZWÖLF PRO STUFE
7 PLATTFORM MIT PRASAT IN KREUZANORDNUNG
8 PRASAT IN DEN ECKEN
9 ZENTRALER PRASAT

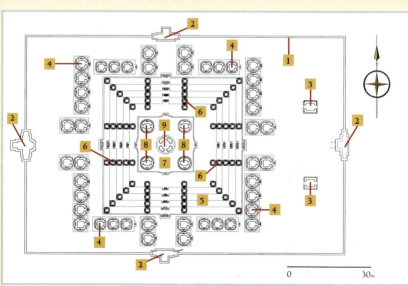

94 OBEN: KLEINER, VIERSTUFIGER TEMPEL, GEKRÖNT VON EINER LOTOSKNOSPE.

94 UNTEN LINKS: BÜSTE EINES WACHENDEN LÖWEN NEBEN DER TREPPE.

94 UNTEN RECHTS: FUNDAMENT UND LINGAM AUF DER OBERSTEN TERRASSE.

95 OBEN: LÖWEN AUF DER TREPPENWANGE UND KLEINE TEMPEL.

95 UNTEN: DIE FÜNF TERRASSEN DER PYRAMIDE.

BESICHTIGUNG

Auf die 120 x 185 Meter große Plattform, die als Sockel für die Bauten dient, führt eine Allee mit den Resten von Pfeilern zu: Nachdem Sie eine Stupa aus Ziegelsteinen und einen kleinen Pavillon mit Buddhas Fußabdruck passiert haben, stoßen Sie auf die erste Lateritmauer und dann auf eine weitere mit den Resten eines Eingangspavillons. Hinter den beiden „Bibliotheken" aus Sandstein erhebt sich die Pyramide mit fünf, nach oben hin kleiner werdenden Stufen. Sie wurden aus dem Felsen geschlagen, ihre Fronten mit Sandstein verkleidet. Vier axiale Treppen mit hohen Wangen, auf denen wachende Löwen sitzen, führen hinauf. Rund um diese Pyramide waren 44 Ziegelsteintürme angeordnet, jeder mit einem Eingang nach Osten und drei Scheinportalen. Nur die Türme auf der Ostseite öffneten sich nach Osten und Westen. Die acht Türme neben den vier Treppen hatten eine oder zwei echte Türen. Am besten ist der Turm auf der Westseite erhalten.

Wenn Sie sich der östlichen Treppe nähern, stoßen sie neben einem Fundamentstein mit vier Löchern auf den hübschen Sockel einer Statue. Vor jeder Treppe stand ein Nandi-Bulle. Vor der West- und Nordtreppe sind Reste davon erhalten, während vor der Südtreppe jüngst ein vielfarbiger Nandi rekonstruiert wurde.

Die Pyramide hat an der Basis eine Seitenlänge von 76 Meter, oben 47 Meter und ist 13 Meter hoch. Auf jeder Terrasse stehen zwölf Sandstein-Schreine, vier an den Ecken und je zwei neben den Treppen. Jeder hat einen einzigen Eingang nach Osten, vier Stufen und wird von einer Lotosknospe gekrönt.

Auf der fünften, obersten Terrasse steht eine Plattform mit 31 Meter Seitenlänge. Sie ist 1,50 Meter hoch, zeigt Reste eines Frieses und trug einst fünf Prasat. Auch sie bestanden aus Sandstein und waren in Form eines Quincunx angeordnet – vier an den Ecken, ein Prasat im Zentrum –, und alle hatten vier echte Türen. Von den Eckprasats blieben kaum Reste: Spuren zeigen sich an der östlichen Fassade und dem Lingam, denn Bakheng war Shiva geweiht.

Der zentrale Prasat ist größer und mit Stuck verziert. Der Oberbau ist verschwunden, dürfte aber so ähnlich ausgesehen haben wie die Prasat auf den Terrassen. Beachten Sie die verschlungenen Pflanzenornamente und – in den Nischen neben den West- und Nordtüren – die Devatas mit herrlich gefalteten Kleidern. Sie wurden direkt aus dem Sandstein gemeißelt und nicht aus Stuck geformt. Auf dem östlichen Strebepfeiler der Nordtür datiert eine spätere Inschrift den Tempel auf das Jahr 907. Von hier oben eröffnet sich ein schöner Blick nach Südwesten über das Wasserbecken von Angkor Wat und die Tempel.

Bakheng ist eine besonders eindrucksvoll umgesetzte Form des mythischen Berges Meru und scheint weitere magisch-esoterische Bedeutungen zu haben. In Bakheng stehen insgesamt 108 Prasat, die sich symbolisch um den zentralen Tempel drehen – 44 an der Basis, 60 auf den Terrassen und vier auf der oberen Plattform. Diese Zahl steht für die Gesamtheit des Universums und lässt sich auch aus 27, den Tag des siderischen oder Sternen-Monats, und vier, den vier Phasen des Mondes (Neu- und Vollmond, abnehmender und zunehmender Mond) multiplizieren. Weiterhin hat Shiva insgesamt 108 Namen und entsprechend viele Perlen hat auch der indische Rosenkranz (Mala).

Der zentrale Prasat ist die Quintessenz aller übrigen. Da sich in seiner Cella das Lingam befand, bezieht er sich auf Bindu, einen Fixpunkt, von dem Raum und Zeit, also das Universum ausgehen. Bindu ist die erste Manifestation des absoluten Prinzips und das Lingam ist sein Abbild. Damit erinnert dieses Symbol auch daran, dass die körperliche Welt zu ihrem Ursprung zurückkehren und wieder untergehen wird. Der zentrale Prasat, also der höchste Gipfel des Meru, ist nicht nur Anfang und Ende des Bauwerks, sondern auch ein Symbol für die göttliche Macht, die zur Erde hinabsteigt und von der Cella ausstrahlt, sowie für die Macht des Königs, dem irdischen Vertreter dieser Macht, der nach seinem Tod zum Gott wird und gen Himmel aufsteigt.

Wenn man die Verteilung der anderen Prasat untersucht, zeigt sich, dass auf jeder der fünf Terrassen zwölf kleine Türme stehen, insgesamt also 60. In der indischen Tradition hat der Tierkreis zwölf Zeichen, und es gibt zwölf Tiere im astrologischen Kreis der Chinesen – beides hat die Khmer inspiriert. Außerdem braucht der Jupiter zwölf Jahre, um die Sonne zu umrunden und den gesamten Tierkreis zu durchlaufen, für den die Sonne ein Jahr braucht. Der Jupiter-Zyklus dauert 60 Sonnenjahre, unterteilt in Zyklen von je zwölf Jahren – auch dies war Teil der Khmer-Kultur. Durch die Kombination der Zahlen zwölf und 60 bildet Bakheng mit seinen Prasat ein komplettes Jupiterjahr nach.

Die sieben Ebenen von Bakheng, die Basis, fünf Terrassen und die obere Plattform mit den Prasat, beziehen sich auf den Berg Meru und die „sieben Himmel" (Saptaloka) der hinduistischen Götter. Offenbar wurden die Türme mit ihren unterschiedlichen Größen so angeordnet, dass ein Betrachter von der Mitte einer Seite, ausgerichtet auf eine Himmelsrichtung, immer nur 33 Prasat sehen konnte – tatsächlich gibt es 33 hinduistische Hauptgottheiten. Während die Götter auf Meru leben, spiegelt seine Nachbildung mitten in einer Menschenstadt das Verlangen des Königs wieder, seiner Hauptstadt Göttlichkeit zu verleihen. Dafür sprechen auch die Inschriften. Sie vergleichen Yashovarman mit dem Meru, mit Indra, dem König der Götter, und mit Brahma Vishnu und Shiva, den Göttern der Trimurti.

96 LINKS: NISCHE MIT DEVATA UND STUCKDEKORATION; ZENTRALER PRASAT.

96 RECHTS: DEVATA AUF DEN RUINEN EINER DER PRASAT IN DEN ECKEN DES QUINCUNX.

97 DETAIL DER STUCKDEKORATION BETENDE ZWISCHEN PFLANZEN.

BAKSEI CHAMKRONG

BESICHTIGUNG

Baksei Chamkrong liegt 250 Meter vom Südtor von Angkor Thom entfernt auf der linken Straßenseite. Den Bau dürfte Harshavarman I. begonnen haben – fertig gestellt und Shiva geweiht wurde er wahrscheinlich erst 947 unter seinem Nachfolger Rajendravarman. Im Volksmund hieß der Bau „Vogel mit schützenden Flügeln", was sich auf eine Legende bezieht: Einst rettete ein Vogel einem Khmer-König das Leben, weil er ihn mit den Flügeln vor den Feinden schützte.

Baksei Chamkrong ist ein relativ kleines, knapp über 13 Meter hohes Bauwerk, eine quadratische Pyramide mit 27 Metern Seitenlänge und vier Stufen aus Lateritgestein. Der quadratische, einzelne Turm steht auf einem mit Friesen verzierten Sockel aus Sandstein. Er wurde aus Ziegelsteinen erbaut und mit Stuck verziert, nur die Türrahmen und die Scheinportale sind wie üblich aus Sandstein gefertigt. Der östliche Türsturz ist bemerkenswert: Unter einer

Reihe betender Figuren unter kleinen Bögen sitzt der Gott Indra auf seinem dreiköpfigen Elefanten Airavata über zwei Blumengirlanden, die sich um das Ende des Sturzes winden. In den Girlanden ist der elefantenköpfige Gott Ganesha zu sehen, der seinen Rüssel als Tritt benutzt. Auf den Schwellen des Torweges listen zwei hervorragend gearbeitete Inschriften die Genealogie der Khmer-Könige bis 947 auf. In den Turmecken haben sich Spuren von Devatas er-

halten. Das Dach des Prasat besteht aus drei Stufen, in denen die Fassade nachgebildet wird. Vier sehr steile axiale Treppen mit massiven Wangen führen zum Dach des Tempels. Er war früher von einer Mauer umgeben, die man im Osten durch einen Gopuram durchquerte.

....

98 OBEN: NISCHE MIT DEVATA NEBEN DEM OSTEINGANG.

98 UNTEN: IM INNERN BEFINDET SICH EINE MODERNE BUDDHASTATUE.

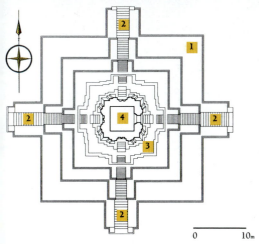

98–99 BAKSEI CHAMKRONG VON OSTEN GESEHEN.

99 OBEN LINKS: EINE TÜRINSCHRIFT IN ANTIKEM KHMER.

99 OBEN RECHTS: DETAIL VON EINEM DER DREI SCHEINPORTALE.

LEGENDE

1 *PYRAMIDE*
2 *AXIALE TREPPEN*
3 *PLATTFORM*
4 *PRASAT*

BEI PRASAT

BESICHTIGUNG

Kurz vor dem Südtor von Angkor Thom liegt zur Linken eine Gruppe von Ruinen: der im 10. Jahrhundert erbaute Bei Prasat („Drei Türme"). Als Erstes stoßen Sie auf ein Lateritfundament mit den Resten eines Ziegelsteinturmes, dann folgt ein weiteres mit einem Lingam und dem Rahmen eines Sandsteintores. Etwas weiter kommt eine Lateritplattform mit einem zentralen Turm aus Ziegelsteinen. Er hat drei gut erhaltene Stufen, die zunehmend kleiner werden. Seitlich davon stehen zwei Türme ohne Dach mit Türen aus Sandstein im Osten und Scheinportalen an den anderen Seiten. Die fünfseitigen Gewändesäulen mit Anhängern und Girlanden, der blumengeschmückte Türsturz mit Indra und dem dreiköpfigen Elefant Airavata auf dem Mittelturm sowie die Löwen auf dem Südturm sind im Bakheng-Stil des 10. Jahrhunderts gearbeitet. Der Nordturm ist wegen des unvollständigen Türsturzes interessant, weil man hier die Arbeitstechniken nachvollziehen kann.

100 BLICK AUF DIE DREI TÜRME DES SCHÖNEN PRASAT.

101 OBEN: DETAIL EINER FIGUR, DIE DIE GROSSE GÖTTIN ANBETET; NORD-PRASAT.

101 MITTE: EIN GLÄUBIGER BETET DIE GROSSE GÖTTIN AN; NORD-PRASAT.

101 UNTEN: VISHNU AUF GARUDA; NORDWAND DES ZENTRALEN PRASAT.

PRASAT KRAVAN

BESICHTIGUNG

Prasat Kravan, das „Kardamom-Heiligtum" war einst von einem Wasserbecken umgeben. Es liegt 800 Meter vor Banteay Kdei und soll aus der Zeit von Harshavarman I. stammen – möglicherweise wurde es von einem Hofbeamten erbaut. Die fünf Prasat aus Ziegelsteinen wurden sorgfältig restauriert. Sie stehen auf derselben Plattform (10,40 x 35,20 Meter) und haben, wie alle Tempel von Angkor, nach Osten gerichtete Eingänge. Das Dach des mittleren Turmes besteht aus vier zurückspringenden Stufen mit Portiken vor Scheinportalen, welche die Vertikale des Baus betonen. Neben dem Eingangstor zeichnen sich noch die Umrisse von großen Dvarapalas ab – Tempel- oder Torwächter. Von den seitlichen Türmen hat nur der südliche noch zwei Originalstufen, während bei den anderen nur jeweils eine erhalten ist. Im Innern des mittleren Prasat sind prachtvolle Basreliefs erhalten, die früher mit einem mehrfarbigen Anstrich versehen waren. Sie zeigen verschiedene Aspekte von Vishnu, dem Gott der Vorsehung und Teil des Trimurti, dem der Tempel geweiht ist. Auf der linken Wand macht Vishnu in der Gestalt des Zwerges Vamana drei Schritte – damit brach

LEGENDE

1 *MITTLERER PRASAT*
2 *PRASAT IN DER ECKE*
3 *PODESTE FÜR DIE LINGAM*
4 *BASRELIEFS*

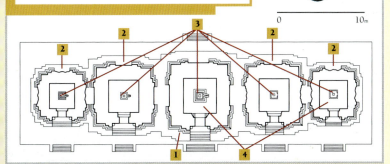

er die Macht von König Bali. Auf der gegenüber liegenden Wand ist Vishnu auf seinem Reittier Garuda zu sehen, halb Mensch und halb Raubvogel. Er trägt die Scheibe, die Muschel, den Erdball und das Keulen-Zepter. Das Bild auf der mittleren Wand zeigt ihn mit acht Armen in seiner ganzen Majestät. Er ist umgeben von Betenden, über ihm spannt sich ein Bogen, der eine große Echse einrahmt. Möglicherweise handelt es sich dabei um ein Iguana, dessen symbolische Bedeutung noch offen ist. Auf der Cellawand des nördlichen Prasat sind zwei weibliche Figuren zu sehen, jene auf der Westwand hat vier, jene auf der Nordwand zwei Arme. Obwohl es sich dabei um Porträts von Lakshmi, der Gefährtin von Vishnu handelt, stellen die Attribute in ihrer Hand – eine Scheibe, Dreizack, Treibstab für Elefanten und Lotos – sie in die Nähe von Shiva, daher könnte sie auch als Shivas Frau Devi, die Große Göttin identifiziert werden.

◆ BAT CHUM ◆

Eine ungepflasterte Straße etwa 400 Meter hinter Prasat Kravan führt nach rechts. Nachdem Sie einen

102–103 DIE FÜNF PRASAT VON OSTEN GESEHEN.

102 UNTEN LINKS VISHNU MACHT DREI SCHRITTE; SÜDWAND DES ZENTRALEN PRASAT.

102 UNTEN RECHTS DIE GROSSE GÖTTIN; WESTWAND DES NÖRDLICHEN PRASAT.

103 LINKS EINGANG IN DEN ZENTRALEN PRASAT MIT EINEM DVARAPALA IN DER NISCHE.

103 RECHTS EIN BETENDER, DETAIL DES BASRELIEFS MIT VISHNU AUF GARUDA.

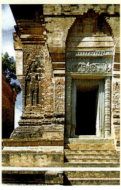

Teich passiert haben, kommen Sie zum Tempel Bat Chum, der von einer Mauer mit Wassergraben umgeben wird. Im Osten steht ein Gopuram und etwa 300 Meter entfernt lag ein heiliger Teich, der über eine gepflasterte Allee mit dem Tempel verbunden war. Auf einem gemeinsamen Sockel stehen drei Prasat aus Ziegelsteinen mit Eingängen nach Osten und Scheinportalen. Der im Jahre 960 geweihte Tempel wurde von Kavindrarimathana erbaut, dem buddhistischen Architekten von König Rajendravarman. Auf der Tür jedes Turmes preisen verschiedene Autoren den Architekten mit Inschriften in Versform. Die Gewändesäulen sind außergewöhnlich elegant. Auf dem Türsturz des mittleren Schreins ist eine Reihe Betender zu sehen. Darunter reitet Indra zwischen zwei Löwen auf einem Elefanten. Die Blumenvoluten auf dem Türsturz des nördlichen Heiligtums werden von Figuren gehalten. Auf dem Boden des mittleren Prasat haben Archäologen ein Yantra entdeckt, ein esoterisches Diagramm in sieben Teilen, die zusammen ein Muster aus 49 Quadraten mit den Buchstaben des Sanskrit-Alphabets ergeben.

DER MYTHOS

Obwohl er von den Dämonen abstammte, war Bali ein gerechter König. Die große Macht, die er seit seiner Thronbesteigung angehäuft hatte, störte die Götter. Also baten sie Vishnu, ihnen zu helfen. Vishnu stimmte zu, ließ sich als brahmanischer Zwerg wiedergebären, besuchte Bali und bat ihn um einen Gefallen: Er wollte so viel Land haben, wie er mit drei Schritten abmessen konnte. Als der überraschte und amüsierte König ihm den Wunsch gestattete, nahm Vishnu wieder seine göttliche Gestalt an. Im ersten Schritt überschritt er die Erde, im zweiten die Atmosphäre und mit dem dritten den Himmel. Die Götter bekamen ihre Welten zurück und Bali musste in die Unterwelt, wo er zum König wurde.

DER ÖSTLICHE MEBON

GESCHICHTE

Der östliche Mebon liegt etwa 1,6 Kilometer nördlich von Pre Rup. Er wurde von dem Architekten Kavindrarimathana für König Rajendravarman auf einer künstlichen, 114 x 117 Meter großen Insel im östlichen Baray erbaut. Der Shiva-Tempel, der 952 geweiht wurde, besteht aus einer dreistufigen Pyramide und war nur per Boot erreichbar. Wegen der vier Anlegestellen musste man auf vorspringende Flügel der kreuzförmigen Gopuram verzichten. Stattdessen setzte man sie in den zweiten Mauerring zurück. Sie sind über Treppen zugänglich, die von Löwenstatuen bewacht werden. In den Ecken der ersten und zweiten Terrasse stehen prachtvolle Elefanten – am besten ist die Figur im Nordwesten erhalten.

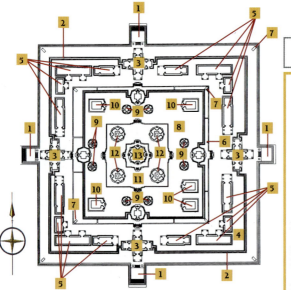

LEGENDE

1 ANLEGESTELLEN
2 ZWEITER MAUERRING
3 GOPURAM
4 ERSTE EBENE
5 RECHTECKIGE GEBÄUDE
6 ERSTER MAUERRING
7 ELEFANTEN
8 ZWEITE EBENE
9 PRASAT AUS ZIEGELSTEINEN
10 RECHTECKIGE ZIEGELBAUTEN
11 DRITTE EBENE
12 PRASAT IN DEN ECKEN
13 ZENTRALER PRASAT

104 OBEN: DETAIL VOM FLÜGEL EINES SCHEINPORTALS.

104–105 DER TEMPEL AUS DER VOGELPERSPEKTIVE.

105 OBEN: DETAIL EINES TÜRSTURZES, GÖTTER REITEN AUF EINEM ELEFANTEN.

105 UNTEN: WESTLICHER GOPURAM IM ERSTEN MAUERRING.

BESICHTIGUNG

Hinter dem östlichen Eingang reihen sich entlang der Mauer mehrere rechteckige Gebäude aus Laterit auf, deren Zweck unbekannt ist. Die Gopuram des ersten Mauerrings sind in die Mauern eingerückt. Ein Besuch des westlichen, etwas vorspringenden Gopuram lohnt sich wegen des wunderschönen Sturzes über der östlichen Tür: Eine Statue von Vishnu als Mensch-Löwe schlitzt dem Dämon Hiranyakashipu den Bauch auf. Auf der zweiten Ebene steht beiderseits jedes Gopuram ein Prasat aus Ziegelsteinen. In jedem dieser acht Bauten steht ein Lingam, das jeweils einem der acht Aspekte (Murti) von Shiva geweiht ist: Sonne, Mond, Wind, Land, Wasser, Feuer, ätherischer Raum und Seele (Atman).

Die beiden südlichen Prasat zeichnen sich durch schöne Türstürze aus: Der südöstliche Turm zeigt auf seiner Ostseite Garuda mit einer Mitra und der südwestliche Turm stellt – wieder auf der Ostseite – Indra auf dem Elefanten Airavata innerhalb einer wundervoll geschwungenen Girlande mit kleinen Figuren dar. Auf der zweiten Ebene stehen fünf rechteckige Bauten, vier davon auf den Ecken.

Auf dem östlichen Türsturz des nordöstlichen Baus sind drei Löwen zu sehen, über denen ein herrlicher Fries mit betenden Figuren schwebt.

Auf der dritten Terrasse mit 32 Metern Seitenlänge sind fünf Prasat in Quincunxform angeordnet. Bei allen weist der Eingang nach Osten und wird von Wächtern im Flachrelief flankiert. Die Türme bestehen aus vier zurückspringenden Stufen. Die Löcher in den Wänden, die für eine bessere Haftung sorgen sollten, weisen darauf hin, dass Stuck verwendet wurde. Auch hier sind die Türstürze sehr sehenswert: Auf der Ostseite des zentralen Prasat reitet Indra auf Airavata, auf der

Südseite Shiva auf Nandi, und im Westen ist sein Sohn Skanda zu sehen, der auf einem Pfau sitzende Gott des Krieges. Der südöstliche Prasat zeichnet sich durch herrlich gearbeitete Details und auf dem südlichen Türsturz durch ein Relief mit Shiva und Nandi aus. Auf der Ostseite des nordwestlichen Prasat sehen wir wieder Indra und Ganesha, der auf seinem eigenen Rüssel reitet, während auf dem südlichen Türsturz eine Figur auf einem Löwen tanzt mit einer Reihe tanzender Figuren. Im nordöstlichen Prasat dominiert Indra den östlichen Türsturz, auf dem südlichen sieht man zwei sprungbereite Löwen.

◆ PRASAT LEAK NEANG ◆

Dieser kleine Prasat aus Ziegelsteinen liegt gleich hinter Pre Rup, nach etwa 100 Meter rechts. Eine Inschrift datiert das Bauwerk auf 960. Sein einziger Schmuck ist ein Türsturz mit Indra auf dem dreiköpfigen Elefanten.

106 OBEN: DIE DRITTE TERRASSE DES SÜDÖSTLICHEN PRASAT.

106 UNTEN: EINER DER ELEFANTEN AUF DER ECKE DER ZWEITEN TERRASSE.

106–107 DIE DRITTE TERRASSE DES SÜDÖSTLICHEN PRASAT.

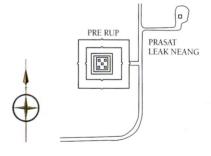

PRE RUP

GESCHICHTE

Sie erreichen Pre Rup 2 Kilometer hinter dem Srah Srang. Dieses Meisterwerk von Kavindrarimathana, dem Architekten von Rajendravarman II., gehört zu den wichtigsten Tempelbergen. Es demonstriert den Übergang zwischen der prä-angkorianischen und der Angkor-Epoche. Pre Rup wurde vermutlich am Standort der neuen Hauptstadt erbaut. Die Anlage steht auf einem künstlichen Hügel aus Laterit und wurde 961 oder Anfang 962 geweiht. Der heutige Name bedeutet, „den Leichnam umbetten" und bezieht sich auf den „Sarkophag", der vermutlich einem heute noch üblichen Grabritual zugeordnet werden kann: Die Form eines Körpers wird mehrmals aus der Asche des Verschiedenen neu geschaffen und in verschiedene Richtungen orientiert. Viel wahrscheinlicher allerdings diente der Sarkophag eigentlich als Sockel eines Nandi, einem Reittier von Shiva, dem Pre Rup geweiht war. Immerhin gibt es Vertiefungen im Stein, die auf einen Deckel hindeuten.

Der Tempel besteht aus zwei Terrassen. Auf der zweiten erhebt sich eine dreistufige Pyramide aus Laterit und eine Reihe von Mauern, von denen nur zwei erhalten blieben. Der äußere Mauerring aus Laterit misst 120 x 130 Meter und grenzt direkt an den Wassergraben.

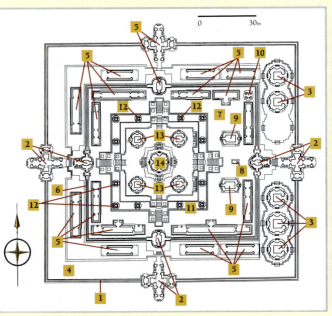

BESICHTIGUNG

Die vier axialen Eingangspavillons mit Gopuram mit zwei Annexen und Vorbauten, die später in der klassischen Epoche sehr beliebt wurden, haben einen kreuzförmigen Grundriss. Auf der Ostseite des Tempels, zwischen der ersten und zweiten Mauer, stehen fünf Türme aus Ziegelsteinen. Der sechste wurde nie vollendet – von ihm blieben nur die Fundamente.

Wahrscheinlich wurden diese Prasat später hinzugefügt. Sie öffnen sich nach Osten und haben schlanke Säulen und Türstürze mit Reliefdarstellungen. Ein schönes Beispiel ist auf dem südlichsten Turm zu sehen: Es zeigt Narasimha, eine Inkarnation von Vishnu zum Teil in Löwengestalt. Auf den anderen drei Seiten dieser ersten Terrasse stehen jeweils rechteckige Gebäude parallel zur Mauer.

Der erste Mauerring misst 80 x 90 Meter und wird von vier kleinen Gopuram durchbrochen. Hinter dem östlichen Gopuram treffen Sie auf den berühmten

108 OBEN: DEVATA MIT STUCKDEKORATION IM ZENTRALEN PRASAT.

109 OBEN: DETAIL EINES TÜRSTURZES MIT DEM DREIKÖPFIGEN ELEFANTEN AIRAVATA.

109 UNTEN: DER TEMPEL AUS DER LUFT.

LEGENDE

1 ZWEITER MAUERRING
2 GOPURAM
3 PRASAT
4 ERSTE TERRASSE
5 LANGES GEBÄUDE
6 ERSTER MAUERRING
7 ZWEITE TERRASSE
8 „SARKOPHAG"
9 „BIBLIOTHEKEN"
10 KIOSK FÜR STELE
11 PYRAMIDE
12 KLEINE PRASAT MIT LINGAM
13 PRASAT IN DEN ECKEN
14 ZENTRALER PRASAT

„Sarkophag" mit den Stümpfen von je vier Säulen an den Seiten, die vielleicht ein Holzdach trugen. Parallel zum „Sarkophag" stehen zwei nach Westen gerichtete „Bibliotheken" und entlang den Wänden neun lange, rechteckige Gebäude oder Galerien aus Laterit. Auch sie trugen einst Ziegeldächer auf hölzerner Dachkonstruktion. Aus diesen langen Bauwerken, deren Zweck noch unbekannt ist, entwickelten sich später die umlaufenden, äußeren Galerien. In der Nordostecke des Mauerrings steht ein kleiner Kiosk aus Laterit, der vielleicht eine Stele enthielt. Das Dach erinnert an die Form eines Priesterhuts – gewölbt mit quadratischem Abschluss – und endet in einer Lotosknospe. Im Innern ist ein Kraggewölbe sichtbar. Da sich in der Mitte des Kiosks ein Becken mit Abflusskanal befindet, halten es kambodschanische Forscher für einen Ort, an dem die Knochen der verbrannten Leichen gewaschen wurden. Damit könnte das zuvor erwähnte Objekt in der Tat ein Sarkophag gewesen sein. Neben dem Kiosk, an der Nordseite des ersten Mauerrings, steht eine Halle. Sie ist im Gegensatz zu den äuße-

110–111 VERMUTETER KIOSK FÜR DIE STELE.

110 UNTEN: GESAMTANSICHT DER TEMPELANLAGE.

111 DER „SARKOPHAG" VOR DER OSTFLANKE DER PYRAMIDE.

en Hallen nicht dreigeteilt, sondern besteht aus einem einzigen Raum. Bis vor einiger Zeit enthielt sie den Sockel der Stele von Pre Rup: 298 Zeilen Text machen sie zum längsten erhaltenen Textwerk in Sanskrit.

Die dreistufige Pyramide hat unten eine Seitenlänge von 46 Meter bzw. oben 34 Meter; sie ist zwölf Meter hoch. Auf der ersten Stufe stehen zwölf kleine Prasat mit Lingam und je einem einzigen Eingang im Osten. Die erste und zweite Stufe wurden aus Laterit erbaut, die dritte ist mit Sandstein verkleidet. Die Haupttreppe zur dritten Stufe auf der Ostseite wird von zwei Seitentreppen begleitet, die ins Nichts führen und nur der Dekoration dienen.

Die Türme des Quincunx sind aus Ziegelsteinen erbaut. Der zentrale Prasat steht auf einer zweistufigen Plattform, seine axialen Treppen werden von Löwen bewacht. Er erreicht mit fünf Stockwerken eine Höhe von 17 Meter. Die Cella öffnet sich nach Osten, auf den anderen Seiten sind Scheinportale angebracht. In diesem Schrein war einst das Lingam von Rajendrabhadreshvara untergebracht, in dem der Name des Königs mit Shiva Bhadreshvara verschmolz, der alten Schutzgottheit von Chenla. Der Aufbau des zentralen Prasat wiederholt sich in den kleineren Bauten der Ecken – die Seitenlänge beträgt sechs Meter statt acht Meter. In den Blendnischen stehen Wächterfiguren die einst mit Stuck aus Kalkmörtel verputzt waren. Die oktogonalen Säulen in den Portalgewänden sind elegant verziert, und die Sandsteintüren sind außerordentlich sorgfältig gearbeitet.

Wie der östliche Mebon scheint auch der Tempel von Pre Rup eine Doppelfunktion gehabt zu haben: Die Architektur weist ihn als Tempelberg, mit schützenden Lingam für das Königreich aus, da jedoch die Ecktempel Verwandten des Königs geweiht sind, dient er auch als Schrein für die Ahnen. Ganz sicher wollte König Rajendravarman ihn auch als Mausoleum nutzen. Davon ausgehend könnte der Devaraja-Tempel für den lebenden Gottkönig später auch als sein Grab gedient haben.

MEISTERWERKE DER STEINMETZKUNST

EINLEITUNG

Die Langtempel von Banteay Srei, Thommanon und sein Zwilling Chao Say Tevoda sind stets dreigeteilt: Portikus, Pavillon für die Gläubigen und Cella. Die Khmer greifen die indische Tradition auf und verwandeln sie in Bauten von ätherischer Schönheit. In Banteay Srei erreicht ihr dekoratives Genie seinen Höhepunkt. Hier kommen die Arbeiten durch die kleinen Gebäude und den Sandstein optimal zur Geltung. Jeder verfügbare Fleck ist mit Skulpturen verziert, und die plastischen Kompositionen der Giebelflächen schwingen sich zu unvergleichlichen Höhen auf. Etwas entfernt findet man bei einem Spaziergang im Dschungel heilige Figuren im Bett eines Flusses, die ein Zeugnis der Naturverehrung der alten Khmer sind. In starkem Kontrast dazu stehen die nackten Mauern des nie vollendeten Ta-Keo-Tempels, der mit seiner steilen Pyramide beinahe zyklopisch erscheint. Er zeugt von der mutigen Hingabe der Khmer-Baumeister, von denen leider bis auf Ausnahmen wie Spean Thma keine säkula-

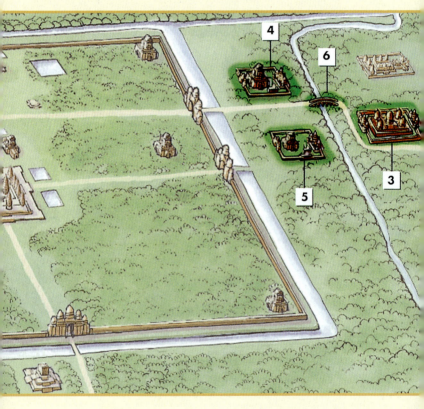

en Bauten erhalten blieben.
Nach der vollendeten Harmonie der kleinen Langtempel und der nüchternen Wucht der Tempelberge lässt ein Besuch des chaotischen und faszinierenden Ta Prohm – eine beachtliche, heilige Zitadelle – die Aufregung und Begeisterung lebendig werden, die die ersten Entdecker verspürt haben dürften.

LEGENDE

1 *BANTEAY SREI*
2 *KBAL SPEAN*
3 *THOMMANON*
4 *CHAO SAY TEVODA*
5 *SPEAN THMA*
6 *TA KEO*
7 *TA PROHM*

113 BANTEAY SREI: NISCHE MIT DVARAPALA AUF DER WAND DES HAUPTPRASAT.

BANTEAY SREI

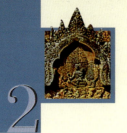

GESCHICHTE

Banteay Srei liegt 20 Kilometer nordöstlich des östlichen Baray: Nehmen Sie die Straße etwa 300 Meter südlich des östlichen Mebon und biegen Sie nach dem Ort Pradak links ab – wenn sich die Straße nach etwa 18 Kilometer gabelt, fahren Sie wieder nach links. Im Dorf Banteay Srei taucht etwa 300 Meter, nachdem Sie den Siem-Reap-Fluss überquert haben, links die Tempelanlage auf. Sie war das erste Bauwerk von Angkor, das 1931 restauriert wurde, und gehört zu den am besten erhaltenen Monumenten.
Der kleine und äußerst elegante Tempel wurde nicht von einem Herrscher, sondern von zwei Brahmanen erbaut: Yajnavaraha und sein jüngerer Bruder Vishnukumara waren reiche Landbesitzer in der damals Ishanapura genannten Region. Der moderne Name Banteay Srei („Zitadelle der Frauen") stammt von den Dorfbewohnern, die von den üppigen Devatas in den Blendnischen beeindruckt waren.
Der Komplex wurde 967 vollendet: Seine Gesamtlänge, gemessen vom äußeren, östlichen Eingangspavillon bis zum westlichen Pavillon im dritten Mauerring, beträgt 200 Meter. Die Gründungsstele aus dem Jahr 968 erzählt von den Bauherren, besonders von Yajnavahara. Er war ein ausgesprochen kultivierter Ästhet und gab diesen horizontal gelagerten Bau in reinster Hindu-Architektur in Auftrag.

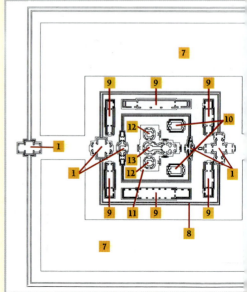

LEGENDE

1 GOPURAM
2 PROZESSIONSWEG
3 PORTIKEN
4 PAVILLONS
5 QUERPAVILLONS
6 DRITTER MAUERRING
7 TEICHE
8 ZWEITER MAUERRING
9 LANGE GEBÄUDE
10 „BIBLIOTHEKEN"
11 PLATTFORM
12 SEITLICHE PRASAT
13 ZENTRALER PRASAT

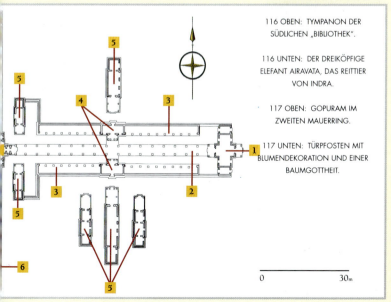

116 OBEN: TYMPANON DER SÜDLICHEN „BIBLIOTHEK".

116 UNTEN: DER DREIKÖPFIGE ELEFANT AIRAVATA, DAS REITTIER VON INDRA.

117 OBEN: GOPURAM IM ZWEITEN MAUERRING.

117 UNTEN: TÜRPFOSTEN MIT BLUMENDEKORATION UND EINER BAUMGOTTHEIT.

BESICHTIGUNG

Banteay Srei besteht aus drei konzentrischen Mauerringen, denen im Osten ein 67 Meter langer Prozessionsweg vorgelagert ist. Man betritt ihn durch einen Gopuram in Kreuzform mit zwei Portiken und zwei engen Durchgängen mit sehr hohen Schwellen. Es gibt keine Anzeichen für einen vierten Mauerring. Einige Forscher gehen allerdings von einer hölzernen Palisade aus, während andere den Bau als Propyläum interpretieren. Der Prozessionsweg führt zwischen zwei Reihen dünner Pfeiler hindurch, die auf der gesamten Länge von Arkaden flankiert werden. Sie bestehen aus einer nach außen blind geschlossenen Lateritmauer, der innen quadratische Sandsteinpfeiler vorgesetzt sind. Früher trugen die Arkaden ein Ziegeldach. Etwa auf der Hälfte der Strecke werden die Arkaden durch zwei Pavillons unterbrochen. Jeder hat zwei Fenster und einen zum Weg gerichteten Portikus. Auf der Rückseite führt ein Zugang nach außen. Im rechten Winkel schließt sich rechts nach Norden ein Bau mit einem Portikus, zweifenstrigen Kammern und einem Giebel an, der Vishnu in der Gestalt von Narashimha, einem Löwenmenschen, zeigt. Er schlitzt dem Dämon Hiranyakashipu den Bauch auf. Im Süden stehen drei ähnliche Gebäude, von denen das mittlere größer ist, während die seitlichen einen Raum zusätzlich haben. Auf dem Giebelfeld des mittleren Baus ist eine Skulptur von Shiva und seiner Gefährtin Uma auf dem Bullen Nandi zu sehen. Der Zugang setzt sich fort und erweitert sich zu einem Hof mit zwei kleinen, dreiteiligen, rechtwinklig zum Weg angeordneten Bauten.
Ein kreuzförmiger Gopuram – er trug früher ein hölzernes Dach – mit zwei Portiken und Stützpfeilern mit Inschriften öffnet sich zum dritten Mauerring aus Laterit von 95 x 100 Meter Umfang; er umgibt den Tempelteich. Rechts liegt ein Giebel auf dem Boden: Sein Relief zeigt, wie der Dämon Viradha Sita entführt. Der zweite Mauerring, ebenfalls aus

Laterit, umgibt den 42 x 38 Meter großen Hof, den man über einen anderen, kreuzförmigen Gopuram betreten kann. Er besitzt beiderseits je einen Portikus und wird von zwei Seitenräumen mit zwei Eingängen flankiert. Das Giebelfeld mit flammenden Akroterien und spiralig aufgedrehten Enden wirkt sehr elegant. Beachten Sie hier die Skulptur von Gajalakshmi im Tympanon des Portikus. Jenseits des Gopuram liegen die Überreste einer Skulptur des Bullen Nandi. Von dem westlichen Gopuram, einem einfacheren Ziegelbauwerk, blieb nicht viel erhalten. Vor der Innenseite des zweiten Mauerrings stehen sechs Gebäude aus Lateritgestein. Jedes hat drei Räume und war einst mit Dachziegeln über hölzernem Gerüst gedeckt. Der erste Mauerring, ein Quadrat aus Ziegelsteinen mit 24 Metern Seitenlänge, ist vollständig verschwunden. Der östliche Eingangspavillon aus Sandstein verjüngt sich: Der axiale Durchgang mit einem Kraggewölbe wird beiderseits von zwei Räumen mit abnehmender Höhe flankiert. Sie sind so klein, dass sie fast nutzlos sind. Auch der eigentliche Tempel ist klein, was für Bauten, die nicht vom König beauftragt wurden, aber

118 OBEN: TÜRSTURZ VON EINEM DER DREITEILIGEN GEBÄUDE INNERHALB DES ZWEITEN MAUERRINGS.

118 UNTEN: TEICH UND ZUGANG ZUM ZWEITEN MAUERRING.

119 OBEN: DIE SÜDLICHE „BIBLIOTHEK" UND GOPURAM IM ERSTEN MAUERRING.

119 UNTEN: DURCH DIESEN GOPURAM GEHT ES ZUM PROZESSIONSWEG.

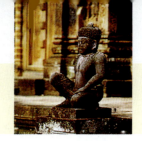

durchaus üblich war. Das östliche Giebelfeld zeigt Shiva Nataraja, den Herrn des Tanzes, das westliche seine Gefährtin in der Furcht erregenden Gestalt von Durga auf dem Löwen, der einen Dämon-Büffel tötet.

Der westliche Gopuram im ersten Mauerring ist sehr ungewöhnlich. Er hat nur einen Eingang und war daher vermutlich kein Eingangspavillon, sondern eher ein weiterer Schrein.

In der südöstlichen und nordöstlichen Ecke des ersten Mauerrings stehen „Bibliotheken" aus Sandstein mit einigen Bauteilen aus Lateritgestein. Sie sind mit Ziegelsteinen in Kragbauweise gedeckt und täuschen Dreischiffigkeit vor: Unter dem falschen Mittelschiff mit echten Fenstern setzen schräge Dächer über Tonnengewölben an. Die Giebel bestehen aus drei ineinander verschachtelten, geschweiften Flächen, was den beiden Bauten ein nach oben strebendes Aussehen verleiht. Außerdem haben sie die schönsten Tympana der Khmerkunst: Auf dem östlichen Giebel der südlichen „Bibliothek" ist Ravana, der tausendköpfige Dämon dargestellt. Er schüttelt den Kailash, auf dem sich Shiva und Uma niedergelassen haben. Die Szene auf dem westlichen Giebel zeigt Kama, den Gott der Liebe. Er schießt gerade einen Pfeil auf den in Meditation versunkenen Shiva ab, damit dieser seine faszinierende Gefährtin Uma wahrnimmt. Der östliche Giebel der „Bibliothek" im Norden zeigt eine umstrittene Szene: Ohne Zweifel sitzt Indra, der Gott des Himmel in der oberen Mitte auf seinem Elefanten Airavata. Das dichte Muster aus doppelten, schrägen Linien wird von manchen als Regen, von anderen als Pfeilhagel interpretiert. In der Mitte des Waldes sind Krishna und sein Bruder Balarama zu sehen, rechts steht Vishnu auf einem Streitwagen und links Rama oder Arjuna. Auf dem westlichen Giebelfeld tötet Krishna seinen Onkel Kamsa, den Dä-

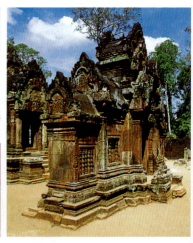

mon. Die Fülle der erzählerischen Darstellung, die dynamische, plastische Komposition und der tiefe, psychologische Ausdruck lassen manche Forscher auf eine Vorgängerkunst in Holz schließen, von der sich allerdings nichts erhalten hat.

120 OBEN: EINER DER YAKSHA-WÄCHTER NEBEN DER TREPPE ZUR TEMPELPLATTFORM.

120 UNTEN LINKS: SÜDLICHE „BIBLIOTHEK", SÜDSEITE.

120 UNTEN RECHTS: GOPURAM IM ERSTEN MAUERRING (ER IST NICHT ERHALTEN).

121 MANDAPA DES HAUPT-PRASAT, SÜDSEITE.

Die Tempelanlage besteht aus drei Prasat, die nebeneinander auf einer T-förmigen, mit Friesen geschmückten Plattform stehen. Sie ist über Treppen mit hohen Wangen zugänglich, auf denen Wächter des Heiligtums knien. Es handelt sich um prachtvolle, frei stehende Figuren mit den Gesichtern von Löwen, Affen und Geis-

tern, deren Originale heute im Nationalmuseum von Phnom Penh stehen. Der zentrale Prasat besteht aus einem Portikus, der zu einem Mandapa führt, einem pavillonartigen Vorbau mit Ziegeldach. Auf diesen folgen Antarala (Vestibül) und Garbhagriha, eine Cella mit gezacktem Grundriss. Sie hat drei Scheinpforten und

eine echte Tür. Neben dem Hauptprasat, der Tribhuvanamaheshvara (Shiva als Großer Herrscher der drei Welten) geweiht ist, stehen zwei weitere Prasat. Es handelt sich um einfache Türme mit einer Tür und drei Scheinpforten. Der nördliche ist Vishnu, der südliche Shiva geweiht.

Wie bereits erwähnt, ist der Tempel klein: Der zentrale Prasat über der knapp zwei Meter breiten Cella ist kaum zehn Meter hoch. Da die Tür nur einen Meter hoch ist, muss man sich bücken, um hineinzugelangen. Die Seitentürme sind wenig höher als acht Meter. Die Dächer der drei Heiligtümer springen in vier Stufen zurück, wobei jede Stufe den Aufbau der Fassade wiederholt. Sie werden gekrönt von Lotos und Vasen, deren Antefixe auf den Ecken die Form von Prasat im Kleinformat haben. Die gewölbten Giebel – sie leiten sich von dem indischen Kudu ab, einem Hufeisenmotiv in der Architektur – wiederholen sich ineinander geschachtelt auf den vier Stufen und sind untereinander durch eine Reihe von Bögen verbunden.

Charakteristisch für den Banteay-Srei-Komplex sind die Tympana und Giebelfelder. Es gibt drei Typen von Giebeln: dreieckig mit flammenden Akroterien und breiten, seitlichen Voluten, dazu gehört meist ein Tympanon mit Blumendekoration, dann blattförmig gelappte Giebelflächen mit speziell gewölbten Profilen und dreifach gestuften Flächen, auf denen mythische Szenen dargestellt werden, und schließlich bogenförmige Giebelfelder, die sich vom Kudu ableiten. Die Dreiecksgiebel gehen auf die ältere Holzarchitektur zurück und werden immer

....

122–123 DETAIL EINES TÜRSTURZES, EINE KALA ZWISCHEN ZWEI MAKARAS.

122 MITTE: NORDPAVILLON, RECHTWINKLIG ZUM WEG.

122 UNTEN: DETAIL AUS DEM DREILAPPIGEN ÖSTLICHEN GIEBEL DER SÜDLICHEN „BIBLIOTHEK".

123 SÜDLICHE „BIBLIOTHEK", ÖSTLICHES GIEBELFELD: RAVANA SCHÜTTELT DEN KAILASH.

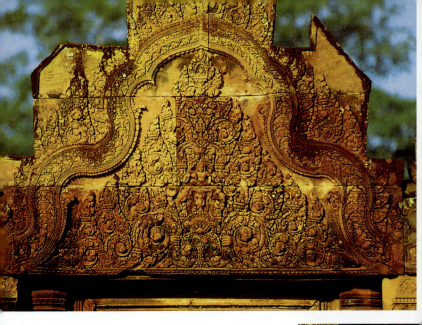

dort eingesetzt, wo hölzerne Dächer oder Dachziegel vorgesehen waren. Die gelappten Giebel kommen bei Ziegelstein- oder Sandsteindächern vor, vor allem bei den Anbauten, während der Kudu fast ausschließlich am eigentlichen Schrein verwendet wurde.

Alle drei Typen sind hier besonders kunstvoll ausgeführt. Schöne Beispiele zeigen sich vor allem an den Ecken, die meist als dreiköpfige Nagas ausgeführt sind: Sie entspringen aus dem Maul eines Löwen oder eines Makara mit sehr langem Rüssel. Auch Garudas mit ausgebreiteten Flügeln verwandeln die Ecken in dekorative Elemente.

Die gesamte Außenfläche der drei Prasat ist mit einer eleganten Blumendekoration verziert, die sich wie eine Tapisserie über die Wände erstreckt und kunstvolle Bogennischen mit zwei schlanken Säulen einrahmt, die wiederum von flammenden Bögen mit fliegenden Geistern auf den Nasen überspannt werden. Die jungen Torwächter und die Devatas mit archaischer Kleidung und Frisuren lächeln geheimnisvoll, fast als wären sie in Kontemplation versunken. Die meisten Türstürze zeigen zwei gebogene Girlanden, die in der Mitte durch eine Figur verbunden werden. An den jeweiligen Himmelsrichtungen (Kardinalpunkten) stehen die Lokapala, die jeweils eine Himmelsregion schützen: Kubera im Norden, Indra auf Airavata im Osten, der Totengott Yama auf einem Büffel im Süden und Varuna auf der heiligen Gans im Westen. Eine der vielen herrlichen Arbeiten ist das Duell zwischen Sugriva und Valin auf der östlichen Fassade des westlichen Gopuram im zweiten Mauerring, das Letzterer mit dem Tode bezahlt. Es ist von bewegendem Realismus und Pathos. Das Spiel der Baukörper, die

124 OBEN: GIEBELFELD MIT INDRA AUF DEM ELEFANTEN AIRAVATA.

125 OBEN: SEITLICHER QUADRANT EINES GIEBELFELDES MIT GARUDA IM ZENTRUM.

124–125 TÜRSTURZ UND DETAIL DES ÖSTLICHEN GIEBELFELDES DER NÖRDLICHEN „BIBLIOTHEK".

125 UNTEN: ZWEIKAMPF ZWISCHEN SUGRIVA UND VALIN AUF DER OSTFASSADE DES WESTLICHEN GOPURAM; ZWEITER MAUERRING.

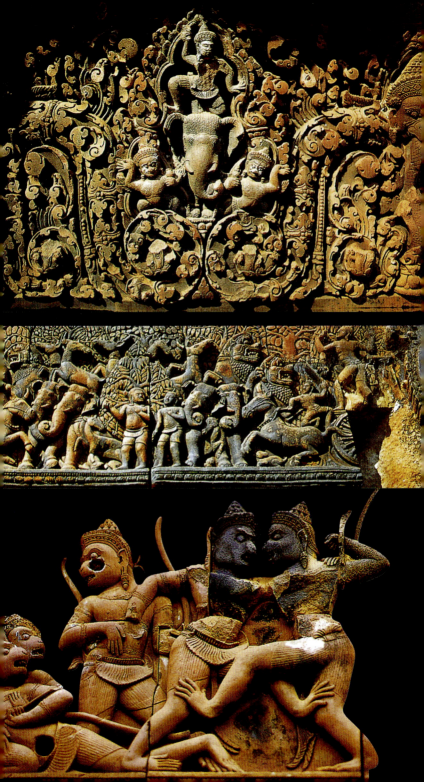

präzise Verwendung räumlicher Effekte, der hochwertige Sandstein mit seinen warmen Rosatönen, der sensibel auf jede Änderung der Belichtung reagiert und vor allem der plastische Schmuck machen Banteay Srei zu einem Meisterwerk der Khmer-Kunst.

Yajnavaraha hatte königliches Blut. Er war der Enkel von Harshavarman I., „Kaplan" (Purohita) von Rajendravarman und der Lehrer seines Sohnes Jayavarman V., der ihn Vrah Guru nannte, „den besten spirituellen Meister". Seine Familie lässt sich bis auf den Brahmanen Shivakaivalya zurückverfolgen, der 802 das von Jayavarman II. bestellte, grandiose Ritual auf dem Berg Kulen durchgeführt hatte. Zu den Aufgaben, die Shivakaivalya und seine Nachkommen erfüllen mussten, gehörten die Devaraja-Rituale, außerdem war er der Guru des Königs und Lehrer des Thronerben.

Über das Devaraja-Ritual und den Königskult in der Khmer-Kultur gibt es viele Hypothesen, denn bis heute existiert keine allgemein gültige Vorstellung. Leider haben sich keine Inschriften von Jayavarman II. erhalten – wir sind also auf die Stele von Sdok Kak Thom von 1052 angewiesen, die 25 Kilometer von Sisophon entfernt gefunden wurde. Diese Inschriften erwähnen eine „Kamrateng jagat ta raja", die nach neueren Untersuchungen eine lokale Khmer-Gottheit darstellt, eine Art *Genius loci* und in diesem Fall die Hauptgottheit unter vielen anderen, denen hier – als Ausdruck des alten Ahnenkultes in Indochina – gehuldigt wurde. Der „Kamrateng jagat ta raja" der Khmer (Herr des Universums, der König) wird in Sanskrit mit Devaraja übersetzt. Außerdem berichtet die Inschrift auf der Stele, dass der Gott dem König während der Zeremonie ein Lingam überreicht – als Beweis dafür, dass die Könige von den Göttern eingesetzt wurden. Damit wird der Devaraja-Kult zum himmlischen Gegenstück des Königskults auf der Erde. Obwohl in den meisten Tempeln Shiva als oberster Gottheit – und damit den Devaraja – gehuldigt wird, gibt es Ausnahmen. Die berühmteste ist das Vishnu geweihte Angkor Wat.

126 LINKS: DETAIL EINES GIEBELFELDES MIT EINEM FLIEGENDEN GEIST.

126 RECHTS: DETAIL EINER DEKORATIONSPLATTE AUF DER WAND DES PRASAT.

127 NISCHE MIT DEVATA, WESTWAND DES HAUPT-PRASAT.

KBAL SPEAN

BESICHTIGUNG

Sie erreichen Kbal Spean, wenn Sie bei Banteay Srei der Straße zu den Parkplätzen folgen und dort auf einem Fußweg weitergehen. Nach etwa 20 Minuten zu Fuß erreichen Sie einen der Quellflüsse des Siem Reap. Sobald Sie sich dem Ufer nähern, sehen Sie die ersten Skulpturen auf Felsen und im Wasser. Hier lebten einst Einsiedler, die während der Regierungszeit von Udayadityavarman II. (1050–66) überall Götterbildnisse und Symbole in die Felsen schlugen. Eine besonders faszinierende Skulptur ist die große Platte mit einem auf der Schlange Ananta liegenden Vishnu. Aus dem Nabel des Gottes entspringt eine Lotosblume, auf der

128 OBEN: DER VIERGESICHTIGE BRAHMA AUF DEM LOTOS.

128–129 LINKS: BRAHMA AUF EINEM LOTOS, DER AUS DEM NABEL VISHNUS ENTSPRINGT;

MITTE: RÜCKSEITE EINES LINGAM VOR VISHNU; RECHTS: SHIVA UND UMA AUF NANDI.

Brahma, der viergesichtige Gott und Schöpfer der Erde sitzt. Daneben sind Shiva und seine Gefährtin auf dem Bullen Nandi zu sehen. Davor findet man zahlreiche Lingam auf den Felsen unter Wasser. Die Stätte ist sehr eindrucksvoll, und wenn Sie durch den Wald wandern und sich an das Dämmerlicht gewöhnt haben, werden Sie auf Spuren eines Glaubens stoßen, der tief genug war, um sich an derart ungewöhnlichen und abgelegenen Orten zu manifestieren.

128 UNTEN LINKS: EIN LINGAM WIRD VON ACHT WEITEREN IN EINER MANDALA-ANORDNUNG UMGEBEN.

128 UNTEN RECHTS: BASRELIEF, MAKARA VERWANDELT SICH IN EIN KROKODIL.

129 OBEN: EINE GOTTHEIT STEIGT AUS DEM WASSER AUF; UNTEN: DREI GOTTHEITEN BADEN IM FLUSS.

TA KEO

GESCHICHTE

BESICHTIGUNG

Die direkte Route zum Ta Keo beginnt am Siegestor von Angkor Thom, führt am Thommanon vorbei und noch etwa 500 Meter weiter. Wahrscheinlich war der Tempelberg das Zentrum von Jayendranagari, der „Stadt von Indra dem Eroberer" und wurde von Jayavarman V. als neue Hauptstadt auf der Westseite des östlichen Baray errichtet. Den im Jahre 985 begonnenen Bau führte der nächste König Jayaviravarman weiter. Allerdings wurde der Tempel nie vollendet – vielleicht weil Jayaviravarman von Suryavarman I. besiegt wurde. Mit 45 Metern Höhe gehört diese rechteckige, in ihrem unfertigen Zustand beinahe zyklopisch wirkende Pyramide zu den faszinierendsten Beispielen ihrer Art.

Obwohl man sich Ta Keo von Süden nähert, beginnt man die Besichtigung besser von Osten, wo die Treppen, die immerhin noch eine Steigung von 55 Grad haben, weniger steil sind. Hier erkennt man die Reste eines Prozessionsweges zwischen kleinen Grenzsteinen. Der Tempel besteht aus zwei von Galerien umgebenen Terrassen und einer dreistufigen Pyramide mit kreuzförmig angeordneten Prasat. Die erste Ebene wird von einer 122 x 106 Meter großen Blindmauer mit axialen Gopuram, von denen sich der wichtigste im Osten befindet, umschlossen. Parallel zur Ostwand stehen zwei rechteckige Gebäude mit Vorbauten, die früher mit Dachziegeln und Holz gedeckt waren.

130 OBEN: DETAIL DES ZENTRALEN PRASAT.

130–131 DER TA-KEO-KOMPLEX AUS DER VOGELPERSPEKTIVE.

131 OBEN: GOPURAM UND GALERIE DER ZWEITEN TERRASSE VON DER ÖSTLICHEN TREPPE DER PYRAMIDE AUS BETRACHTET.

LEGENDE

1 MAUERRING
2 GOPURAM
3 ERSTE EBENE
4 RECHTECKIGE GEBÄUDE
5 GALERIE AM MAUERRING
6 ZWEITE EBENE
7 „BIBLIOTHEKEN"
8 PYRAMIDE
9 PRASAT IN DEN ECKEN
10 ZENTRALER PRASAT

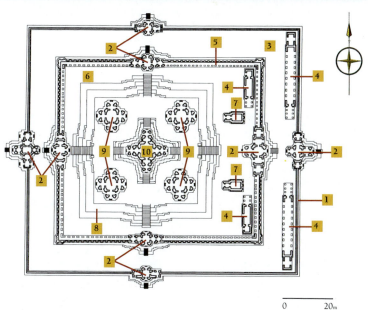

KAPITEL 2 ◆ **131** ◆ TA KEO

Die Zweite Ebene liegt 5,70 Meter hoch und weist ein neues Element auf: Eine durchgehende, 80 x 75 Meter große Galerie mit einem Kraggewölbe aus Ziegelsteinen. Sie öffnet sich mit blinden Balusterfenstern nach außen und echten Balusterfenstern nach innen.

Die Gopuram sind in die Mauerflucht integriert und in den Mauerecken beginnen die Türme Gestalt anzunehmen. Da sie von den davor stehenden, rechteckigen Gebäuden eingezwängt wird, hat die Galerie keine Türen – offenbar hatte sie nur symbolische Bedeu-

tung. Innerhalb der Ringmauer stehen zwei rechteckige Gebäude entlang der Ostmauer, zwei „Bibliotheken" flankieren den Zugangsweg. Damit für diese Gebäude genügend Platz blieb, wurde die Ostseite der Terrasse vergrößert. Die „Bibliotheken" haben be-

reits die später verbreitete und beliebte Form: Sie bestehen aus einem einzigen Raum, von außen betrachtet wirken sie aber durch seitlich vorgesetzte Halbgewölbe dreischiffig.
Die 14 Meter hohe Pyramide ist etwas zum Westen hin versetzt. Sie steht auf drei Sandsteinstufen mit ausgezeichneten Friesen, misst 60 x 58 Meter an der Basis und 45 x 46 Meter an der Spitze – damit ist sie fast quadratisch. Die Prasat sind in Quincunxform angeordnet und wurden aus Grauwacke erbaut, einem sehr harten Gestein aus Feldspat und Quarzsandstein. Die vier Ecktürme sind kreuzförmig, und ihre Cellae öffnen sich mit Portiken zu den vier Himmelsrichtungen. Mit den drei einspringenden Stufen darüber erreichen sie eine Höhe von 17 Metern, eingeschlossen die Krone, die einst ihre Spitze zierte. Der zentrale Prasat steht auf einer kreuzförmigen, sechs Meter hohen Plattform. Zwischen Cella und Portikus sind Vestibüle mit Scheinpforten an den Ecken eingerichtet.
Die Inschriften bezeichnen Ta Keo als Hemashringagiri, den „Berg mit goldenen Spitzen." Er sollte vermutlich die fünf Gipfel des mythischen Berges Meru symbolisieren.

132–133 BLICK AUF DIE SÜDWESTECKE.

132 UNTEN: GOPURAM UND GALERIE DER ZWEITEN TERRASSE; VON DER OSTTREPPE DER PYRAMIDE GESEHEN.

133 OBEN: NORDÖSTLICHE „BIBLIOTHEK" UND RECHTECKIGES GEBÄUDE IN DER ECKE.

133 MITTE: GALERIE AUF DER ZWEITEN UND TERRASSE AUF DER ERSTEN EBENE.

133 UNTEN: NORDÖSTLICHER PRASAT DER KREUZGRUPPE.

THOMMANON

BESICHTIGUNG

Um das Thommanon zu besichtigen, verlassen Sie Angkor Thom durch das Siegestor und gehen etwa 500 Meter weiter, bis Sie den Tempel zu Ihrer Linken sehen.

Wer den Bau in Auftrag gab, wann er errichtet wurde und welchem Zweck er diente, wird noch immer diskutiert. Nach dem Baustil gehört Thommanon ins späte 11. oder frühe 12. Jahrhundert, entstand also unter der Herrschaft von Dharanindravarman I. oder Suryavarman II. Der kleine, aber sehr elegante Tempel wurde in den 1960er-Jahren mit der Technik der Anastylose rekonstruiert. Von dem 40 Meter breiten und 46 Meter langen Mauerring aus Lateritgestein blieb jedoch nicht viel erhalten.

Wenn Sie von Süden ankommen, wenden Sie sich nach rechts und betreten den Tempel durch den östlichen Gopuram, dem eine Terrasse vorgebaut wurde. Der Eingangspavillon ist ein prachtvoller Kreuzbau mit zwei Seitenflügeln und einem zum Tempel gerichteten Portikus. Da die Stufen nach oben hin schmaler werden, läuft der Turm spitz zu. Die zentrale Kammer wird durch ein Krag-

LEGENDE

1 TERRASSE
2 GOPURAM
3 MAUERRING
4 „BIBLIOTHEK"
5 PORTIKUS
6 PAVILLON DER GLÄUBIGEN
7 VESTIBÜL
8 PRASAT

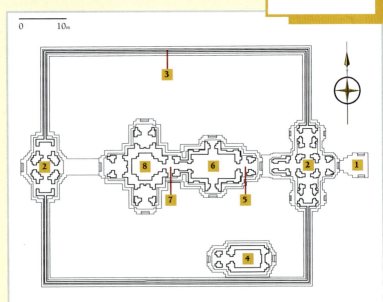

gewölbe geschlossen. Der westliche Gopuram ist kleiner und einfacher gebaut, doch auf seinen Giebelfeldern finden sich verschiedene mythische Szenen, darunter Shiva Mahayogin, der „Große Asket" auf dem oberen, südlichen Feld. Noch interessanter sind die Giebel auf der „Bibliothek" in der Südostecke. Es ist ein rechteckiger Bau mit kleinem Portikus im Westen und einer Scheinpforte im Osten. Auf dem oberen Giebelfeld über dem Eingang befindet sich eine herrliche Darstellung vom „Quirlen des Milchmeeres" – die Götter stehen rechts, die Dämonen links und Vishnu in der Mitte – auf einer Säule, die einer Lotosknospe entspringt und von Sonne- und Mondscheibe flankiert wird. Das obere Giebelfeld der Rückseite zeigt die Figuren Sita, Rama und Lakshmana aus dem Ramayana-Epos im Wald.

Der Prasat auf hoher Plattform mit reichen Friesen hat drei Portiken mit herrlich gearbeiteten Scheinpforten, der vierte Portikus im Osten bildet den Zugang zur Cella. Er ist mit dem westlichen Portikus des „Pavillons der Gläubigen" verbunden, der als Korridor dient. Der östliche Portikus des Pavillons scheint mit dem vorspringenden Flügel des östlichen Gopuram zu verschmelzen. Der Prasat wird von vier Stufen überragt, und die Steine auf dem Dach des Mandapa-Pavillons ahmen Dachziegel nach. Als Wandverzierungen dienen zierliche Blumenmotive und aus Nischen mit üppigem Baumhintergrund lächeln Devatas hervor. Im Tempelinnern wurde die Kassettendecke rekonstruiert, um ihren Originalzustand zu zeigen. Von den Türstürzen im Innern ist vor allem jener über der östlichen Tür des Prasat beeindruckend, der Vishnu auf Garuda reitend zeigt.

134 OBEN: DEVATAS AUF DEM SÜDLICHEN VORBAU DER PRASAT-CELLA.

135 OBEN: THOMMANON VON DER SÜDSEITE AUS BETRACHTET;

VON RECHTS NACH LINKS: PORTIKUS, PAVILLON DER GLÄUBIGEN, VESTIBÜL UND PRASAT-CELLA.

135 UNTEN: NISCHENDETAIL MIT DEVATA.

CHAO SAY TEVODA

BESICHTIGUNG

Sie erreichen Chao Say Tevoda, wenn Sie Angkor Thom durch das Siegestor verlassen und etwa 500 Meter weitergehen. Sie sehen den Komplex auf der rechten Seite, gegenüber dem Thommanon. Er wurde von Suryavarman II. oder einem seiner hohen Hofbeamten erbaut und war vermutlich vom Siem-Reap-Fluss aus zugänglich. Von dort aus führt ein breiter, von Stelen gesäumter Damm zu einer kreuzförmigen Plattform. Diese wiederum ist über einen Weg auf Stützen mit einer breiten, kreuzförmigen Fläche verbunden, die zum östlichen Gopuram überleitet. Der Tempel wird von einem einzigen 33 x 42 Meter großen Mauerring umgeben, von dem sich nur die Fundamente aus Laterit erhalten haben. Der östliche Gopuram ist spektakulärer als die drei übrigen. Der Kern-

LEGENDE

1 TERRASSE
2 GOPURAM
3 MAUERRING
4 „BIBLIOTHEK"
5 DAMM AUF STELZEN
6 VORBAU
7 PAVILLON DER GLÄUBIGEN
8 PORTIKUS-KORRIDOR
9 PRASAT

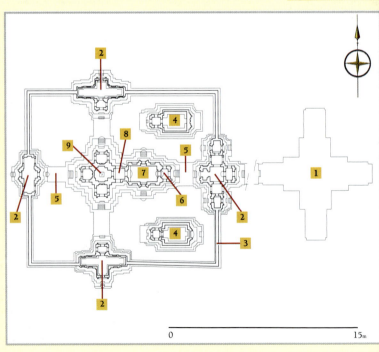

bau mit fünf Kammern wird von zwei Seiteneingängen flankiert. Auf den Giebelflächen sind Szenen aus dem epischen Ramayana-Epos dargestellt und über dem südlichen Zugang die sehenswerte Schlacht zwischen dem Affenkönig Sugriva und dem Usurpator Valin. Ein von Säulen gestützter Durchgang führt zum Tempel. Daneben stehen zwei „Bibliotheken", deren Eingangspavillons nach Westen orientiert sind. Der Tempel weist die beiden klassischen Elemente indischer Architektur auf: Die Mandapa (Pavillon) der Gläubigen und die Cella. Die Mandapa mit Vorbau hat zwei zusätzliche, über Treppen zugängliche Seiteneingänge. Im Westen grenzt sie an die Antarala, einen Portikus-Korridor, der zum Prasat überleitet. Letzterer hat einen einzigen Zugang im Osten und drei Scheinpforten mit Portiken, die durch Fenster mit Balustern belichtet werden.

Da der Bau zur Zeit restauriert wird, ist er nur teilweise zugänglich.

◆ SPEAN THMA ◆

Die „Steinbrücke", so der moderne Khmer-Name des Monuments, liegt links der Straße, die vom Siegestor zum Ta Keo führt. Sie überquert den Siem Reap, dessen Lauf heute etwas weiter rechts verläuft. Das Baumaterial stammt von Tempeln des 15. und 16. Jahrhunderts. Die Brücke wird von Pfeilern aus aufeinander getürmten Steinen gestützt, zwischen denen sich Bögen mit engen Kraggewölben spannen.

136 UND 137 OBEN: DIE OSTSEITE DES ÖSTLICHEN GOPURAM.

137 UNTEN: BRÜCKENBOGEN.

TA PROHM

GESCHICHTE

Ta Prohm, der „Tempel von Brahma dem Ahnen" liegt südlich der Südwestecke des östlichen Baray. Er wurde 1186 von Jayavarman VII. zu Ehren seiner Mutter geweiht – sie wurde als Prajnaparamita vergöttlicht, Mutter aller Buddhas, Herrin der Perfektion des Wissens. Später überließ man den Bau dem Dschungel. Besucher, die sich heute dem Tempel nähern, der von zwei Bäumen – einem Kapok und einer Heiligen Feige – vollständig überwuchert wurde, verspüren noch etwas von dem ursprünglichen Zauber, dem die ersten Entdecker von Angkor verfielen. Die Schmuckelemente sind typisch für den Bayon-Stil. Eine heute im Denkmalamt (*Angkor Conservation*) bewahrte Inschrift lässt erahnen, wie groß der Komplex einst war. Zur Regierungszeit von Jayavarman war er als „Königliches Kloster" (Rahavihara) bekannt. Im Innern des Mauerrings lebten nicht weniger als 12 640 Menschen. Zum Kloster gehörten 18 Hohepriester, 2740 Priester, 2232 Novizen, darunter 615 Tänzerinnen. 3140 Dorfbewohner sorgten für den Betrieb des Tempels. Insgesamt hielten sich zusammen mit allen Dorfbewohnern 79 365 Menschen in Ta Prohm auf. Der Tempelschatz bestand aus über 500 Kilogramm Gold, 35 Diamanten, 40 620 Perlen, 4540 Edelsteinen, 876 chinesischen Schleiern, 512 Sänften aus Seide und 523 Schirmen!

Von der gesamten, rund 60 Hektar großen Fläche, nahm Ta Prohm einen Hektar ein. Es war von einer rechteckigen Lateritmauer, die 1000 x 600 Meter misst, umgeben. Der Tempel ist sehr komplex und schwierig zu interpretieren: Nach dem Archäologen Philippe Stein gab es 39 Prasat, 566 Steinbauten und 288 Ziegelbauten, hinzu kamen 260 Götterbilder, wobei jene von Jayavarmans Mutter nicht mit eingerechnet sind.

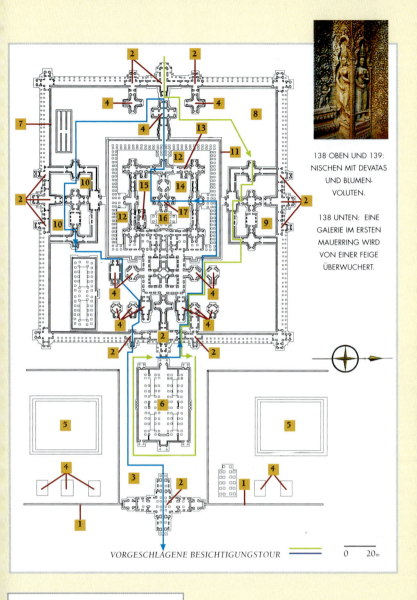

138 OBEN UND 139: NISCHEN MIT DEVATAS UND BLUMENVOLUTEN.

138 UNTEN: EINE GALERIE IM ERSTEN MAUERRING WIRD VON EINER FEIGE ÜBERWUCHERT.

VORGESCHLAGENE BESICHTIGUNGSTOUR

LEGENDE

1 *VIERTER MAUERRING*
2 *GOPURAM*
3 *HOF IM VIERTEN MAUERRING*
4 *PRASAT*
5 *TEICHE*
6 *„HALLE DER TÄNZERINNEN"*
7 *DRITTER MAUERRING*
8 *HOF IM DRITTEN MAUERRING*
9 *NÖRDLICHER KOMPLEX*
10 *SÜDLICHER KOMPLEX*
11 *ZWEITER MAUERRING*
12 *HOF IM ZWEITEN MAUERRING*
13 *ERSTER MAUERRING*
14 *HOF IM ERSTEN MAUERRING*
15 *„BIBLIOTHEK"*
16 *SÄULENHALLE*
17 *ZENTRALER PRASAT*

BESICHTIGUNG

Um diesen Komplex umfassend zu besichtigen, sollten Sie ihn im Westen betreten und im Osten wieder verlassen – sorgen Sie für einen Wagen, der Sie dort abholt. Gehen Sie an dem westlichen Gopuram vorbei, der von den Gesichtern von Lokeshvara gekrönt wird, und folgen Sie dem Weg in den Wald. Nach 350 Metern stoßen Sie auf eine kreuzförmige Terrasse, die als Brücke über die Wassergräben dient und zum Eingang im vierten Mauerring führt. Er ist aus Laterit und misst 200 x 220 Meter. Folgen Sie dem mit Sandsteinen gepflasterten Weg bis zum dritten Mauerring. Er misst 107 x 111 Meter, grenzt mit einer doppelten Kolonnade nach außen, hat Eckpavillons und dreifache, nördlichen Komplex, der für Jayamangalarthadeva, den Guru Jayavarmans VII., bestimmt war. Die herrlichen Giebelfelder des zentralen Prasat lohnen diesen Umweg: Wenden Sie sich nach rechts, betreten Sie den südlichen Gopuram, und gehen Sie sofort wieder nach links in die Galerie, bis Sie den Hof im dritten Mauerring erreichen. Dann gehen Sie durch einige kleinere Tempel, steigen Sie rechts eine hölzerne Treppe hinauf und folgen dem Weg über den dritten Mauerring hinaus. Dort treffen Sie auf einen Bau aus Sandstein, der die „Halle der Tänzerinnen" gewesen sein könnte. Ihre Mauern sind mit Scheinportalen ausgestattet, denen innen quadratische Pfeiler vorim vierten Mauerring. Gehen Sie nicht hindurch, sondern wenden Sie sich nach links, um die Szenen aus dem Leben von Buddha zu bewundern. Leider wurden sie nach dem Wiedererstarken der Brahmanen nach Jayavarmans VII. Tod beschädigt. Gehen Sie um die „Halle der Tänzerinnen" wieder bis zum Anfang des Weges. Statt jedoch um die Ecke des Gebäudes rechts herumzugehen, wo Sie hergekommen sind, treten Sie durch die erste Tür in der Lateritmauer und folgen einer dunklen Pfeilerreihe, bis sie durch den nördlichen Gopuram des ersten Mauerrings wieder ins Freie treten. Der erste Mauerring ist ein Quadrat mit 30 Metern Seitenlänge, besteht aus einer Mauer mit

axiale Gopuram. Hier haben die Wurzeln der Bäume die Gebäude buchstäblich im Würgegriff.
Wenden Sie sich an diesem Punkt nach links bis zur Nordwestecke des zweiten Mauerrings, ein Quadrat mit 50 Metern Seitenlänge. Ihre Mauer wird innen von einer doppelten Kolonnade begleitet – nun betreten Sie den gesetzt wurden. Sie tragen Tafeln mit Skulpturen tanzender Apsaras. Der Zugang ist nicht ganz einfach, daher sollten Sie vorsichtig sein, denn ein ähnliches, aber weniger unsicheres Bauwerk gibt es in Preah Khan zu sehen. Wenn Sie sich am Pavillon nach links wenden, stoßen Sie auf den beeindruckenden östliche Gopuram

140 OBEN: ÖSTLICHER GOPURAM IM FÜNFTEN MAUERRING.

140 UNTEN: TERRASSE UND ÖSTLICHER GOPURAM IM VIERTEN MAUERRING.

141 LINKS: PRASAT INNERHALB DES DRITTEN MAUERRINGS.

141 RECHTS: EIN KAPOKBAUM WUCHERT ZWISCHEN DEN PORTIKEN DER GALERIE.

Ecktürmen und vier Eingangspavillons. Nun betreten Sie einen Kreuzgang, der von den riesigen Wurzeln eines Baumes beherrscht wird. Der zentrale, kreuzförmige Prasat steht nun direkt vor Ihnen. Er ist relativ klein, folgt auf eine Säulenhalle – die man nicht betreten kann – und wird von einer zerstörten „Bibliothek" flankiert. Der Tempel ist über einen nicht zugänglichen Korridor mit der westlichen Mauer des ersten Mauerrings verbunden. Betreten Sie die schmucklose Cella, die heute sehr nüchtern wirkt. Einst war sie vielleicht mit vergoldetem Stuck überzogen oder mit Metallplatten verkleidet – darauf deuten die Löcher in den Wänden hin. Durchqueren Sie die Cella, und treten Sie auf der anderen Seite des Kreuzgangs im Süden wieder heraus. Wenn sie sich rechts halten, bemerken Sie links einen der Pfeiler mit einem herausragenden Zapfen,

dessen Funktion unbekannt ist. Treten Sie durch die Tür auf der Westseite, und folgen Sie der Passage rechts. Sie ist mit Steinen angefüllt und führt zu einem nach links abgehenden Plankenweg, der Sie vor den zweiten Mauerring führt.
Nun stehen Sie innerhalb des dritten Mauerrings. Wenden Sie sich nach links Richtung Süden, bis sie wieder auf den zweiten Mauerring stoßen. Folgen Sie der Mauer bis zur Südwestecke und betreten Sie den südlichen Komplex, der Jayakirtideva vorbehalten war, einem älteren Bruder des Königs. Gehen Sie durch den westlichen Eingang, wenden Sie sich nach rechts, und gehen Sie durch den zentralen Prasat hindurch, bis Sie auf den östlichen Gopuram stoßen. Auf der Westfassade sehen Sie die berühmte Darstellung des „Großen Abschieds", als der spätere Buddha den Palast seines Vaters auf einem

Pferd verlässt und die Götter die Hufe des Pferdes anheben, damit sie leiser klingen. Es ist nicht leicht, von hier aus weiterzugehen. Halten Sie sich links und gehen Sie eng an der Lateritmauer einer Säulenhalle entlang, die mit Schutt und Ruinen angefüllt ist. Gehen Sie weiter, bis Sie nach einem engen Durchgang zwischen zwei Prasat wieder auf den dritten Mauerring stoßen.
Nachdem Sie den dritten Mauerring durchquert haben, stehen Sie wieder vor der „Halle der Tänzerinnen". Gehen Sie daran vorbei – die Halle bleibt links liegen – bis sie den Gopuram im vierten Mauerring erreicht haben. Gehen Sie hindurch, und betrachten Sie die buddhistischen Szenen, insbesondere jene auf dem Türsturz des nach Norden weisenden Seiteneingangs: Die Erdgöttin wringt ihr Haar aus, das von den Tränen der Menschen ganz

feucht ist und verjagt den Dämon Mara, den Verführer – oder die Szene über dem nach Süden weisenden Seiteneingang mit einem beschädigten Buddha vor einem Palast.

An die kreuzförmige Terrasse schließt sich ein Damm an, der 500 Meter weit in den Wald bis zum östlichen Gopuram des fünften Mauerrings führt. Links steht das „Haus des Feuers", ein rechteckiger Steinbau mit einem Turm im Westen. Der Eingang ist im Osten, die südliche Seite, birgt ein Giebelfeld mit einer Szene mit Lokeshvara. Welche Aufgabe dieses Gebäude hatte, ist noch unklar, obwohl der auf einen Feuerkult hindeutet.

142 GOPURAM IM VIERTEN MAUERRING.

143 OBEN LINKS: VON DIEBEN ENTHAUPTETE BUDDHASTATUEN.

143 OBEN RECHTS: DEVATA IM BAYON-STIL.

143 MITTE: FRIES MIT HIMMLISCHEN TÄNZERINNEN (APSARAS).

143 UNTEN: SCHEINPORTALE IN DER „HALLE DER TÄNZERINNEN"; VIERTER MAUERRING.

3 DIE KÖNIGLICHEN GRÜNDUNGEN

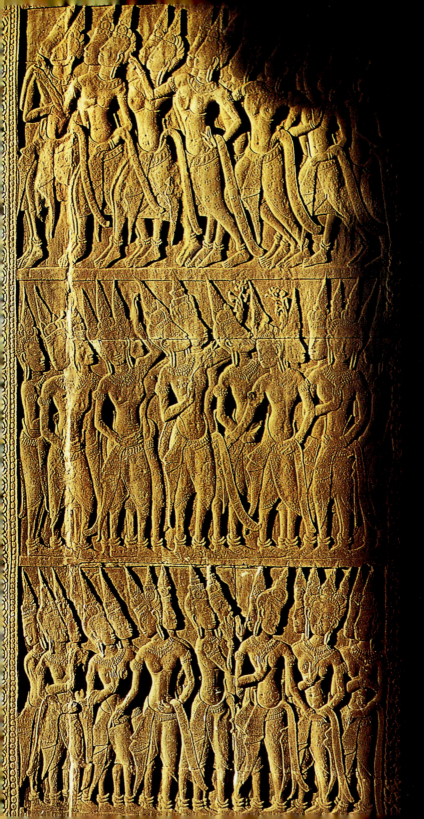

EINLEITUNG

3

Solange der König lebt, ist er Lebensspender und Wächter über die Geschicke seiner Untertanen. Nach seinem Tod wird er zu ihrem göttlichen Beschützer – diese Botschaft ist es, die durch die spektakuläre Khmer-Architektur vermittelt wird. Angkor Wat ist das bekannteste und eindrucksvollste Zeugnis dafür. Das irdische

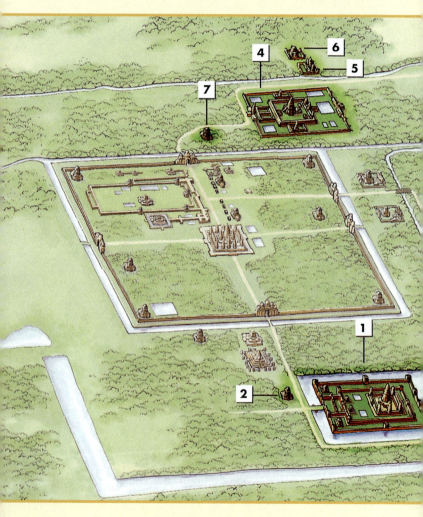

KAPITEL 3 ◆ **146** ◆ DIE KÖNIGLICHEN GRÜNDUNGEN

Paradies, das Suryavarman II. hier in Auftrag gab, fasst auf einzigartige und eindrucksvolle Weise die Langtempel und Tempelberge in einem einzigen Komplex zusammen. Die großen königlichen Gründungen unter dem Nachfolger Jayavarman VII. – die bekannteste ist Preah Khan – lassen die Vision des göttlichen Herrschers als Erlöser wieder aufleben. Dieser König buddhistischen Glaubens zeigt sogar noch mehr Hingabe und Mitgefühl für seine Untertanen. Ta Prohm Kel und die anderen Krankenhauskapellen, aber auch der faszinierende Teichkomplex von Neak Pean, der heilende Kräfte besitzen soll, sind Beispiele für diese Einstellung. Ein besseres und leichteres Verständnis für die Struktur dieser Bauten vermittelt ein Besuch der kleineren und kompakteren Anlagen von Banteay Prei und Ta Som. Die Ruinen von Prasat Prei und Krol Ko zeigen, wie die Gebäude erbaut wurden und wo ihre Schwächen lagen, während uns Krol Romeas, ein einfaches Gatter für Tiere, daran erinnert, wie viele Nebenbauten aus jener Zeit bereits verschwunden sind.

145 PROZESSION VON DEVATAS IM ECKPAVILLON VON ANGKOR WAT.

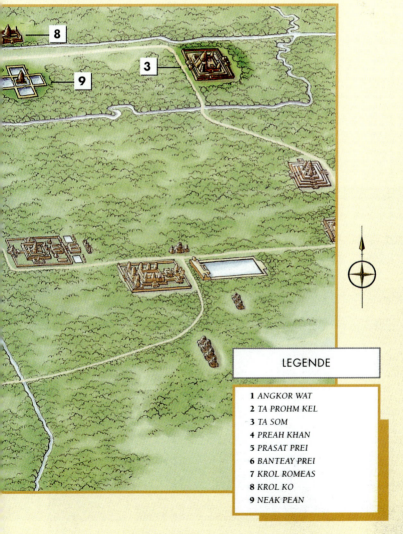

LEGENDE

1 *ANGKOR WAT*
2 *TA PROHM KEL*
3 *TA SOM*
4 *PREAH KHAN*
5 *PRASAT PREI*
6 *BANTEAY PREI*
7 *KROL ROMEAS*
8 *KROL KO*
9 *NEAK PEAN*

ANGKOR WAT

GESCHICHTE

Angkor Wat ist sicher das berühmteste Bauwerk von Angkor. Die Besichtigung beginnt am westlichen Haupteingang des Komplexes und endet am östlichen Nebeneingang – bei großem Andrang empfiehlt sich der umgekehrte Weg. Die Tempelanlage wurde zwischen 1113 und 1150 von Suryavarman II. erbaut und war früher als *Brah Bishnulok* oder *Vrah Vishnuloka*, „heiliger Wohnsitz von Vishnu" bekannt. Mit diesem Gott aus der Trimurti identifizierte sich Suryavarman selbst. In der Tat erhielt dieser große Herrscher nach dem Tod den Beinamen Paramavishnuloka, „der in das Paradies des höchsten Vishnu eingegangen ist." Der Tempel, dessen moderner Name „königliche Stadt, (die ein) Kloster (ist)" bedeutet, ist sein Mausoleum. Nach der religiösen Revolution unter Jayavarman VII. im 13. Jahrhundert suchte das Khmer-Reich die Bindung an den Buddhismus und wandelte Angkor Wat von einem Vishnu-Heiligtum in ein buddhistisches *Wat* um – das Wort stammt aus Thailand und bedeutet „Kloster".

148 OBEN: EIN WÄCHTER DER UNTERWELT.

148 UNTEN: DER TEMPEL VON WESTEN.

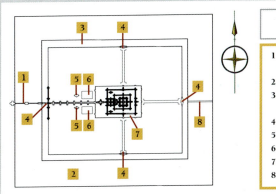

LEGENDE

1 WESTLICHER DAMM UND ANLEGESTELLE
2 WASSERGRÄBEN
3 VIERTER MAUER-RING
4 GOPURAM
5 „BIBLIOTHEKEN"
6 TEICHE
7 TEMPELPLATTFORM
8 ÖSTLICHER DAMM

0   300m

LEGENDE

1 KREUZFÖRMIGE TERRASSE
2 GOPURAM
3 DRITTE GALERIE
4 ECKPAVILLONS
5 BASRELIEFS: DIE SCHLACHT VON KURUKSHETRA
6 BASRELIEFS: MARSCHIERENDE ARMEE
7 BASRELIEFS: TOTENGERICHT
8 BASRELIEFS: QUIRLEN DES MILCHMEERES
9 BASRELIEFS: VISHNU KÄMPFT GEGEN DIE DÄMONEN
10 BASRELIEFS: KRISHNA IM ZWEIKAMPF GEGEN DEN ASURA BANA
11 BASRELIEFS: KAMPF ZWISCHEN GÖTTERN UND DÄMONEN
12 BASRELIEFS: DIE SCHLACHT VON LANKA
13 KREUZFÖRMIGER KREUZGANG
14 „BIBLIOTHEKEN"
15 HOF AUF DER ERSTEN EBENE
16 ZWEITE GALERIE
17 HOF AUF DER ZWEITEN EBENE
18 ERSTE GALERIE
19 KREUZGANG AUF DER DRITTEN EBENE
20 ECK-PRASAT
21 ZENTRALER PRASAT

BESICHTIGUNG

Der Komplex von Angkor Wat in der südöstlichen Ecke der einstigen Stadt Yashodharapura liegt in einem 1500 x 1300 Meter großen Rechteck und bedeckt eine Fläche von knapp zwei Quadratkilometern. Der eindrucksvolle Wassergraben um die Anlage wird über einen Kanal aus dem Siem Reap gespeist. Er ist rund 200 Meter breit und wird von Stufen gesäumt, die zum Wasser führen. Die Steinbauten – etwa 350 000 Kubikmeter – bedecken nur rund 100 000 Quadratmeter der riesigen Anlage, denn von den Bauten aus Holz und anderem vergänglichen Material blieb nichts erhalten. Innerhalb der äußeren Mauern lebten das Tempelpersonal, der König und sein Hofstaat, insgesamt wohl an die 20 000 Menschen. Der Komplex ist nach Westen ausgerichtet, anders als die hinduistischen Khmerbauten, die stets nach Osten wiesen. Es gibt verschiedene Theorien für diese ungewöhnliche Ausnahme: Der Tempel war Vishnu geweiht, der

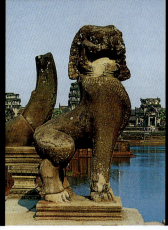
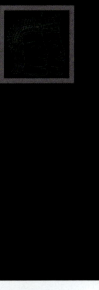

den westlichen Quadranten des Universums beherrschte. Er diente als Königsgrab, musste also nach dorthin ausgerichtet sein, denn im Westen lag das Totenreich. Der neue Komplex wurde in die bereits existierende Stadt Yashodharapura integriert, mit einer Orientierung nach Osten hätte er den alten Stadtteilen den Rücken zugekehrt, was als wenig Glück bringend galt.
Der vierte, äußerste Mauerring besteht aus Lateritgestein und misst 1025 x 815 Meter. Zwei Wege überqueren den Wassergraben: Der östliche ist ein Erddamm und dürfte der Versorgung des Komplexes gedient haben, der westliche, wichtigere Zugang ist eine 250 Meter lange und zwölf Meter breite, mit Sandsteinen gepflasterte Allee. Sie wird von einer Balustrade mit aufrechten Nagas gesäumt. Dabei handelt es sich um Schlangen mit fünf oder sieben Köpfen, die zwar auf indische Motive zurückgehen, aber gleichzeitig an die uralten Wasserdrachen erinnern, die den Regen bringen – der Regenbogen, ihr Symbol, verbindet Himmel und Erde. Daher überrascht es kaum, dass Nagas die alte, weltliche Stadt Yashodharapura mit dem neuen heiligen Haupttempel von Suryavarman verbinden. Folgt man dieser Allee, stößt man auf halbem Weg auf eine kreuzförmige Plattform. Von ihr führen Stufen zum Wasser, die auch als Anlegestelle dienen. Von hier blicken Sie auf die Front des Mauer-

150–151 TEMPEL AUF DER PLATTFORM, VON SÜDEN BETRACHTET.

150 UNTEN: SÜDWESTLICHER GOPURAM IM VIERTEN MAUERRING UND ANLEGESTELLE.

151 OBEN: GOPURAM IM VIERTEN MAUERRING MIT DEM TOR INS INNERE.

151 MITTE: WACHENDER LÖWE UND GOPURAM IM VIERTEN MAUERRING.

151 UNTEN: VIELKÖPFIGE NAGA.

rings – es handelt sich um eine Galerie aus Sandstein mit Kraggewölbe, das auf einer Blindmauer und einer Reihe quadratischer Pfeiler ruht. Der 235 Meter lange Portikus ist mit lebendigen Friesen verziert. Vor ihm, auf tieferem Niveau, war ein halbes Gewölbe angeordnet, von dem sich nur einige Pfeiler erhalten haben. Der theatralische Haupteingang liegt in der Mitte. Er ist erhöht und gleicht dem Eingang zur dritten Galerie: Drei kreuzförmige Gopuram, die durch mehrere Räume untereinander verbunden sind, werden von Ecktürmchen überragt. Der mittlere Gopuram ist größer als die seitlichen, davor liegt ein doppelter Portikus im Stil einer Säulenhalle. Beiderseits der Galeriefront liegen Durchgänge für Tiere und Wagen. Durch die anderen drei Seiten des vierten Mauerrings führen ebenfalls Gopuram, die aber einfacher gebaut sind. Wenn möglich, sollten Sie Zeit darauf verwenden, die exquisiten Reliefarbeiten zu bewundern: Skulpturen von Tänzerinnen, Reiter in den Friesen im unteren Teil der Blindmauer, die Rosenfenster unter den Stürzen und die Querbalken, die in

grotesken Masken enden. In dem rechten Gopuram steht eine Vishnustatue mit acht Armen. Einige Experten glauben, dass sie aus dem Hauptprasat stammt. Es gibt zwei weitere, allerdings weniger bedeutende Statuen des achtarmigen Vishnu.
Wenn Sie den Eingang passiert haben, blicken Sie auf die Wand mit den Devatas, weibliche Gottheiten mit

152 OBEN: SÜDLICHE „BIBLIOTHEK" INNERHALB DES VIERTEN MAUERRINGS.

152 UNTEN RECHTS: STUPA AUS SPÄTERER ZEIT AUF DER OSTSEITE DER DRITTEN GALERIE.

153 UNTEN: DETAIL VON EINEM DER GOPURAM IN DER DRITTEN GALERIE.

152 UNTEN LINKS: GOPURAM IM KREUZFÖRMIGEN KREUZGANG DER DRITTEN GALERIE.

152–153 BLICK AUF DIE NORDSEITE DER DRITTEN GALERIE.

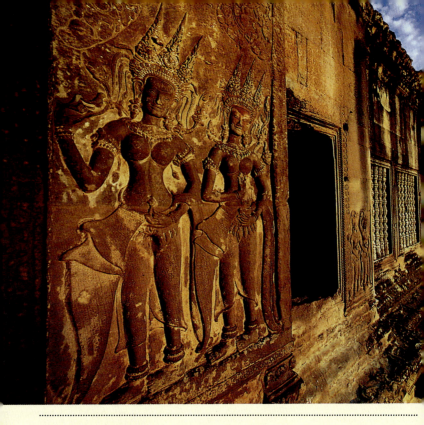

154-155 ÜBERSICHT ÜBER DIE ERSTE GALERIE MIT DEVATAS IN DEN ECKEN.

154 UNTEN LINKS: DEVATA UND BLUMENDEKORATION AUF DEN MAUERN DER ERSTEN TERRASSE.

154 UNTEN RECHTS: VERZIERUNG MIT WEIBLICHEN GOTTHEITEN ZWISCHEN BLÄTTERN.

155 DEVATA MIT SPIEGEL PFLEGT IHR HAAR.

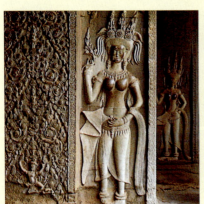

komplizierten Frisuren, die vor einem Hintergrund aus blühenden Bäumen geheimnisvoll lächeln. Es gibt über 1500 Devatas in Angkor Wat.
Innerhalb des Mauerrings folgt eine weitere, von Nagas flankierte Allee durch die heilige Stadt. Sie ist etwa zehn Meter breit, 1500 Meter lang und liegt 1,50 Meter über Bodenniveau. Alle 50 Meter führen sechs Treppen seitlich dort hinab, wo einst die Häuser standen. Etwa auf der Hälfte des Weges stehen zwei „Bibliotheken", die nördliche wird gerade restauriert. Die Bauten sind kreuzförmig, dreischiffig und auf allen vier Seiten von Portiken umgeben, die über Treppen zugänglich sind. Sie haben Kraggewölbe oder Halbgewölbe mit sehr glatten inneren Oberflächen.
Etwas weiter folgen zwei rechteckige Teiche von 50 Metern Breite, die aus späterer Zeit stammen. Von der Nordwestecke des nördlichen Teiches haben Sie einen herrlichen Blick auf die Bauwerke, die sich im Wasser spiegeln.
Neben dem Wasser steht ein buddhistisches Kloster mit Stupas aus unterschiedlichen Epochen, das zu dem älteren Baukomplex gehörte.
Die Allee führt weiter zu einer kreuzförmigen Terrasse mit zwei Ebenen. Auf der unteren Ebene liegt ein Hof mit kurzen, dicken Säulen, die als Stützen dienen.

Auf der einen Meter hohen, 258 x 332 Meter großen Plattform – man betritt sie über je drei Treppen pro Seite – liegt der eigentliche Tempel. Er hat drei Stockwerke mit jeweils umlaufenden Galerien. Die dritte Galerie steht auf einem hohen Sockel mit kunstvollen Friesen. Sie ist mit einem Kraggewölbe gedeckt, ist 187 Meter lang und 215 Meter breit. Nach innen schließt sie mit einer Blindmauer ab, nach außen ist sie arkadenartig mit Pfeilern gebaut, die ein Halbschiff stützen. Es gibt vier axiale Zugänge: Der westliche wird durch drei kreuzförmige Pavillons mit rechteckigen Verbindungsbauten betont, die über Treppen zugänglich sind. Vor dem mittleren Gopuram sind ein Portikus und ein Vestibül angeordnet. Dieselbe Konstruktion wiederholt sich symmetrisch auf der Ostseite, auf den beiden anderen Seiten steht nur ein einziger, kreuzförmiger Pavillon mit Vestibül, Portikus und Zugangstreppe. Das Motiv der kreuzförmigen Pavillons mit Treppen wiederholt sich auch an den Ecken der umlaufenden Galerie, die aufstrebende Form der Dächer bricht deren horizontale Wirkung.

Die Blindmauer der dritten Galerie wird von einer unglaublichen Reihe von Basreliefs geschmückt, die sich wie ein Manuskript in Stein auf zwei Meter hohen und 600 Meter langen Platten entfalten – hinzu kommen die unzähligen Skulpturen auf den Eckpavillons. Da einige der Partien regelrecht glänzen, wurde vermutet, dass sie später mit einem schützenden Lack oder Firnis überzogen worden sind und nicht von den Besuchern mit den Händen glatt gerieben wurden. Tatsächlich findet man an manchen Stellen Spuren roter, schwarzer und goldener Farbe. Alle Reliefs haben die mythologischen Taten von Vishnu zum Thema, mit dem sich der Bauherr Suryavarman II. identifizierte. Zahlreiche Untersuchungen befassen sich mit

der Dynamik dieser Erzählungen.
Da Angkor Wat auch als Mausoleum diente, glauben manche Forscher, man müsse die Tafeln gegen den Uhrzeigersinn lesen. Sie sollten sich also nicht rechts – der traditionelle Weg um den Tempel, sagt die Pradakshina – sondern links des Betrachters befinden. Bei ihren Grabdenkmälern ersetzen die Hindus die Pradakshina nämlich durch die Prasavya, sodass der Tempel gegen den Uhrzeigersinn umkreist wurde.
Wenn Sie den Tempel auf diese Weise umschreiten wollen, dann treten sie über sehr hohe Schwellen, die böse Geister fernhalten

sollen, in den Eingangspavillon. Wenden Sie sich nach rechts zur Westgalerie des Südflügels: Hier ist die Schlacht von Kurukshetra dargestellt. Auf diesem Schlachtfeld nördlich von Delhi fand der Kampf zwischen den Armeen der Pandavas und Kauravas statt, den Protagonisten des

156–157 UND 157 UNTEN: MAUER MIT BASRELIEFS IN DER DRITTEN GALERIE, WESTSEITE: DIE SCHLACHT VON KURUKSHETRA.

157 OBEN: GOPURAM IN DER DRITTEN GALERIE.

157 MITTE: ECKPAVILLON IM DRITTEN MAUERRING UND DER PRASAT IN DER SÜDOSTECKE DES ZWEITEN MAUERRINGS.

158 OBEN: DRITTE GALERIE, WESTSEITE, SÜDFLÜGEL: DETAILS DER SCHLACHT VON KURUKSHETRA.

158 UNTEN: DRITTE GALERIE, SÜDSEITE, OSTFLÜGEL: DETAIL DES GERICHTS ÜBER DIE TOTEN.

Mahabharata-Epos. Etwa in der Mitte ist der Held Arjuna zu sehen, der von seinem Streitwagen einen Pfeil abschießt. Den Wagen fährt der vierarmige Gott Krishna, die Inkarnation von Vishnu.

Auf dem südwestlichen Eckpavillon, der zur Zeit restauriert wird, sehen Sie Szenen mit Vishnu und andere aus dem Ramayana, einem weiteren wichtigen Epos. Es erzählt von Rama, der irdischen Inkarnation von Vishnu. Eine besonders schöne und bewegende Szene zeigt die Ostseite des Südflügels über dem Fenster: die Schlacht zwischen

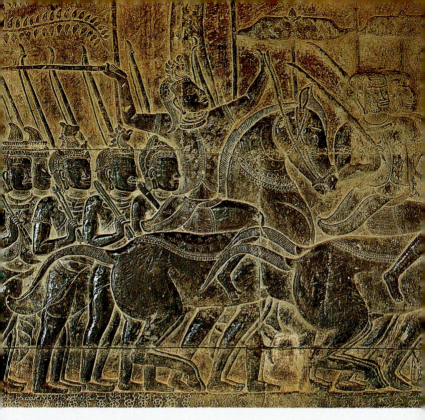

158–159 DRITTE GALERIE, SÜDSEITE, WESTFLÜGEL: DIE ARMEE AUF DEM MARSCH.

159 UNTEN: DRITTE GALERIE, SÜDSEITE, WESTFLÜGEL: SOLDATEN AUS SIAMESISCHEN PROVINZEN.

160 OBEN: DRITTE GALERIE, SÜDSEITE, OSTFLÜGEL: SCHLÄGE UND FOLTER IM GERICHT ÜBER DIE TOTEN.

160 MITTE: DRITTE GALERIE, SÜDSEITE, OSTFLÜGEL: DIE VERDAMMTEN WERDEN VON MONSTERN IN STÜCKE GERISSEN; GERICHT ÜBER DIE TOTEN.

160 UNTEN: DRITTE GALERIE, SÜDSEITE, OSTFLÜGEL: DIE WÄCHTER DER UNTERWELT; GERICHT ÜBER DIE TOTEN.

160–161 DRITTE GALERIE, SÜDSEITE, OSTFLÜGEL: DIE VERDAMMTEN WERDEN IN DIE UNTERWELT GESCHLEPPT; GERICHT ÜBER DIE TOTEN.

161 UNTEN: DRITTE GALERIE, SÜDSEITE, WESTFLÜGEL: EINE GRUPPE FRAUEN MIT EINEM KIND.

den beiden Affenkönigen Sugriva und Valin, die mit dem Tod des Letzteren und mit der Klage seiner Frau endet.

Auf dem Westflügel der südlichen Galerie sitzt Suryavarman II. bei einer königlichen Audienz. Er hat einem Volk den Krieg erklärt, und seine Armee beginnt zu marschieren. Aus der Masse der übrigen Soldaten stechen die Söldner aus anderen Provinzen durch ihr Ornat heraus, etwa ein Kontingent Thai aus Lobpuri in Thailand. In der Mitte der Platte sieht man wieder den Khmer-König hinter einer Standarte mit Vishnu auf Garuda. In einem Bereich wurde die ursprüngliche Kassettendecke restauriert.

Im östlichen Abschnitt überwacht der Totengott Yama auf seinem Büffel, wie die toten Seelen gerichtet werden – die Verdammten sind in grausigen Details dargestellt. Der Eckpavillon ist nicht verziert, aber die östliche Galerie stellt im südlichen Abschnitt detailreich das Quirlen des Milchmeeres nach den Episoden in der Mahabharata und der Bhagavata Purana dar. Das untere Register zeigt die Bewohner des Meeres, so-

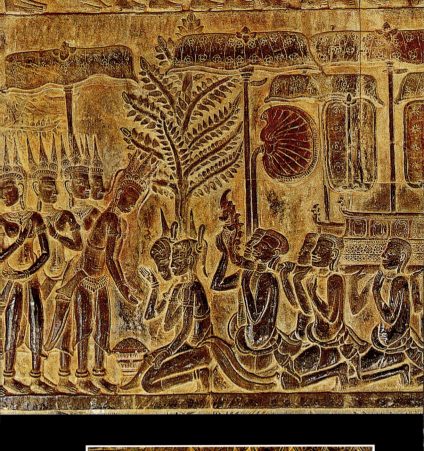

162–163 DRITTE GALERIE, SÜDSEITE, OSTFLÜGEL: DAS GERICHT ÜBER DIE TOTEN, SÄNFTE.

162 UNTEN: DRITTE GALERIE, SÜDSEITE, OSTFLÜGEL: DAS GERICHT ÜBER DIE TOTEN, PRINZESSIN AUF EINER SÄNFTE.

163 OBEN: DRITTE GALERIE, SÜDSEITE, OSTFLÜGEL: DAS GERICHT ÜBER DIE TOTEN; DIE WENIGEN AUSERWÄHLTEN KOMMEN IN DEN HIMMEL.

163 MITTE: DRITTE GALERIE, SÜDSEITE, OSTFLÜGEL: DAS GERICHT ÜBER DIE TOTEN; OPFERSZENE.

163 UNTEN: DRITTE GALERIE, SÜDSEITE, OSTFLÜGEL: DAS GERICHT ÜBER DIE TOTEN; PROZESSION ZUM HIMMEL.

wohl realistisch wie fantastisch. Im mittleren Register sind Götter und Dämonen – Erstere mit mandelförmigen, Letztere mit runden Augen – beiderseits von Vishnu angeordnet, der auf der Schildkröte Kurma reitet. Das obere Register zeigt aus den Wellen geborene Apsaras, die in der Luft tanzen. Im folgenden Relief des nördlichen Abschnitts ist Vishnus Sieg über die Dämonen zu sehen. Es entstand später, zwischen 1546 und 1564, während der Regierungszeit von Ang Chan I. Er ließ zwar die Hauptstadt nach Lovek verlegen, unterstützte aber weiterhin die religiösen Stiftungen in Angkor Wat.

Hinter dem nordöstlichen Eckpavillon, der wenig Interessantes zu bieten hat, betritt man die nördliche Galerie. Die Reliefs im Ostflügel zeigen den Kampf gegen das Böse und feiern Krishnas Sieg über den Asura Bana, der letztlich aber dank der Fürsprache von Shiva gerettet wurde. Auch diese Arbeiten stam-

164 DRITTE GALERIE, OSTSEITE, SÜDFLÜGEL OBEN: VISHNU IN DER MITTE BEIM QUIRLEN DES MILCHMEERES; UNTEN LINKS: GÖTTER UND HANUMAN BEIM QUIRLEN DES MILCHMEERES; UNTEN RECHTS: GOTT SHIVA.

165 OBEN: DRITTE GALERIE, SÜDSEITE, OSTFLÜGEL: DAS GERICHT ÜBER DIE TOTEN; YAMA AUF EINEM BÜFFEL.

165 MITTE: DRITTE GALERIE, DIE WAND MIT DEN BASRELIEFS.

165 UNTEN: DRITTE GALERIE, OSTSEITE, SÜDFLÜGEL: DIE DÄMONEN BEIM QUIRLEN DES MILCHMEERES.

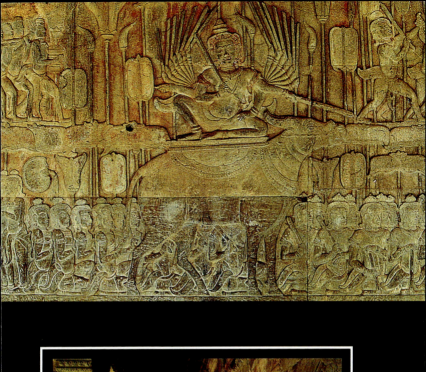
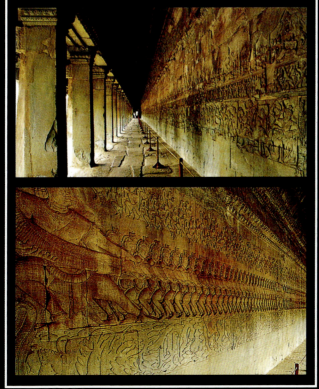

men aus der Zeit von Ang Chan I.
Der Westflügel setzt das Hauptthema der Schlacht zwischen Devas und Asuras fort: 21 bewaffnete, mit Juwelen verzierte Hindugottheiten reihen sich auf ihren Reittieren zwischen den Truppen der Menschen und der Dämonen ein.
Der Pavillon in der Nordwestecke feiert Vishnu und zeigt einige Szenen aus

dem Ramayana, während der nördliche Abschnitt der westlichen Galerie den kritischen Augenblick des Epos darstellt: Die Schlacht von Lanka, das entscheidende Treffen zwischen Rama und Ravana, dem tausendköpfigen Dämon, der Ramas Frau entführt hat. Die Affen beißen Dämonen und ihre Reittiere in einem wilden Kampf von Mann zu Mann. Jedes Relief ist durchlaufend komponiert: Das Auge des Betrachters muss die einzelnen Szenen trennen, die allerdings so angeordnet sind, dass sie jeweils ins Blickfeld fallen und die wichtigsten Elemente einer Szene mit präzisen Details zeigen. Herrliche Friese schließen die Reliefs oben ab, die Reihen von Blütenblättern, Rosetten, Girlanden und Garudas oder ge-

flügelte Löwen zeigen. In den Räumen mit Fenstern erinnert ein Flachrelief aus Pflanzen auf den Wänden an seidene, chinesische Brokattapeten mit Blumenmustern.

Wieder zurück am Eingang folgt eines der eindrucksvollsten und am besten durchdachten Bauelemente der ganzen Anlage – der Kreuzgang. Von drei Eingängen führen drei parallele Korridore zu Treppen und ihren Absätzen. Die Korridore sind mit einem Kraggewölbe gedeckt und mit ineinander verschach-

166–167 UND 167 DRITTE GALERIE, WESTSEITE, NORDFLÜGEL: DIE SCHLACHT VON LANKA UND DETAILS.

166 UNTEN: NISCHEN MIT TANZENDEN APSARAS IN DEN FRIESEN UNTER DER DECKE.

telten Giebelflächen verziert. Sie dienen als „Portale" zu den drei kreuzförmigen Eingangspavillons auf der oberen Ebene. Die Gewölbe sind mit Steinen gedeckt, die selbst feinste Details von echten Dachziegeln nachbilden. Senkrecht zu diesen drei Korridoren ist ein vierter, dreischiffiger Korridor mit vier Pfeilerreihen angeordnet. Sein Mittelschiff hat ein Kraggewölbe, die Seitenschiffe sind

mit Halbgewölben gedeckt. Zwischen den Korridoren gibt es vier kleine Innenhöfe. Da diese Höfe auf hohen Plattformen liegen und Treppen zu einem tieferen Niveau führen, waren es vermutlich Wasserbecken für die Tempelzeremonien. Die Südseite des Kreuzgangs hieß früher „Halle der tausend Buddhas", denn sie enthielt zahlreiche Statuen des Erleuchteten, von denen nur wenige übrig geblieben sind. Achten Sie gut auf die Details des Klosters: Säulenbasen mit Asketen, Friese mit Apsaras auf den Innenwänden und Asketen auf den Außenwänden, Gruppen von Devatas und geschwungene, vielköpfige Nagas als Begrenzung der Giebelflächen, um deren Härte zu brechen. Die Farbreste stammen aus dem 16. Jahrhundert.

Das Giebelfeld auf der Ecktreppe links im Kreuzgang zeigt einen herrlichen Vishnu auf Garuda. Auch die Türstürze am Schnittpunkt der vier Galerien sind sehenswert: Über dem Westeingang sieht man das Quirlen des Milchmeeres. Der nördliche zeigt Vishnus Sieg über den Asura Bana, zwischen Sonne und Mond; im Türsturz über dem Osteingang ist Vishnu auf Garuda zwischen anbetenden Gottheiten zu sehen. Im Süden liegt Vishnu auf der Schlange Ananta, während Lakshmi seine Füße massiert.

Ehe Sie zur zweiten Ebene aufsteigen, können Sie durch die Tür auf der Nordseite treten und sich die Wand mit den Blindfenstern der dritten Galerie ansehen, oder Sie besichtigen die „Bibliotheken", von deren hohen Sockeln aus man einen guten Überblick hat.

Drei Wege führen auf die dritte Ebene: Über den Kreuzgang, vom Hof aus, von den Eingangspavillons an den anderen drei Achsen der zweiten Galerie, allerdings über sehr steile Stufen, oder von den Ecktürmen aus, in diesem Fall

168 LINKS: TANZENDER SHIVA, DRITTE EBENE, GIEBELFELD DES ÖSTLICHEN VESTIBÜLS IM ZENTRALEN PRASAT.

168–169 KREUZGANG AUF DER DRITTEN EBENE.

169 UNTEN LINKS: KREUZGANG AUF DER ERSTEN EBENE.

169 UNTEN MITTE: BUDDHA IM KREUZGANG DER ERSTEN EBENE.

169 UNTEN RECHTS: BLICK AUF DIE NORDWESTLICHE „BIBLIOTHEK" IN DER ZWEITEN EBENE.

170 GOPURAM IM KREUZGANG DER ERSTEN EBENE.

171 OBEN: BLICK VON DER DRITTEN EBENE AUF DIE ECK-PRASAT DES ZWEITEN MAUERRINGS.

171 UNTEN LINKS: DEVATAS NEBEN DEN EINGÄNGEN DES ZENTRALEN PRASAT, DRITTE EBENE.

171 UNTEN RECHTS: DEVATAS AUF DER WAND DES ZENTRALEN PRASAT, DRITTE EBENE.

echte Prasat. Empfehlenswert ist der Zugang über die mittlere Treppe des kreuzförmigen Portikus. Wenn Sie ins Freie treten, blicken Sie auf zwei weitere „Bibliotheken". Sie bestehen nur aus einem einzigen Raum mit einer entzückenden Gruppe von Devatas, sind miteinander verbunden und werden über eine erhöhte Plattform betreten, die auf kurzen Säulen ruht, die wahrscheinlich aus späterer Zeit stammen. Für das gewöhnliche Volk war diese zweite Stufe nicht zugänglich. Daher hat die dunkle, einschiffige Galerie keine Fenster nach außen. Allerdings lockern Blindfenster mit kleinen Säulen den Eindruck etwas auf. Die echten Fenster nach innen werden durch vielflächige, kurze Säulchen in zehn oder zwölf Kreise geteilt, wodurch sie leicht und lebendig wirken. Bevor Sie zur dritten Ebene aufsteigen, sollten Sie den Mittelbau umschreiten, um die Devatas und einige Giebelfelder der zweiten Galerie zu bewundern. Auf der Nordseite sind Schlacht- und Triumphszenen zu sehen, auf der Südseite der Kampf zwischen Sugriva und Valin, der mit dem Tod des Letzteren endet. Besonders sehenswert sind die Reliefs auf den vier Prasat, die sich über Angkor Wat erheben, darunter der Ruhm Vishnus auf dem Südostturm und zwei Szenen mit Kriegern und Bogenschützen auf Streitwagen auf dem Nordostturm. Vom Hof der zweiten Ebene steigt der Sockel der dritten Stufe um 13 Meter an. Er ist in zwei verschwenderisch ausgestattete Terrassen untergliedert. Zwölf sehr steile Treppen in einer einzigen Flucht und mit einer Steigung von bis zu 70 Grad führen, eingefasst von vier Paar massiven Wangen, zur obersten, quadratischen Fläche der ersten Galerie hinauf. Am sichersten gelangen Sie über die Treppe im Süden hinauf, sie hat ein Geländer und Stufen aus Zement. In die Außenwand ist eine Reihe von Fenstern mit Gewändesäulen eingeschnitten. Nach innen schließt die Galerie mit dem üblichen Kraggewölbe ab, ist auf Pfeilern gelagert und wird von einer Kolonnade mit gegliedertem Halbgewölbe eingefasst.

Die kreuzförmigen Pavillons in den Ecken sind Prasat: Die Gruppe in Quincunxform stellt die fünf Gipfel des Meru dar. Diese dritte Ebene wiederholt den kreuzförmigen Kreuzgang der ersten Ebene, d.h. der zentrale Prasat ist über dreischiffige Korridore auf Säulen mit den axialen Eingangspavillons verbunden. Dadurch entstehen vier kleine Innenhöfe, die vermutlich als zeremonielle Becken dienten. Anders als bei dem Kreuzgang unten, dem ein Verbindungsbau am Kreuzungspunkt fehlte, erhebt sich hier der dominante, zentrale Prasat mit einer Höhe von 42 Meter insgesamt 65 Meter über der Ebene von Angkor. Er beherrscht alle übrigen Elemente, als hätte er sie in seine kraftvolle Spirale aus fünf Stockwerken eingesogen. Die Spitze wird von einem dreifach gewölbten Türsturz aus Lotosblütenblättern, gekrönt von einem Akroterion in der Form einer Lotosknospe, gebildet. In den Giebelfeldern der Vestibüle, die den Prasat wie Streben stützen, erscheinen unter anderem Figuren wie der Affengott Hanuman, der

zwei Feinde an den Füßen festhält und ein tanzender Shiva.
Der Prasat auf gezacktem Grundriss hat vier Vestibüle, vor denen vier Portiken angeordnet sind. Ursprünglich gab es vier echte Türen, und er enthielt eine Vishnustatue. Diese steht vermutlich jetzt in dem westlichen Gopuram der äußeren Galerie. Als der Tempel in ein buddhistisches Heiligtum umgewandelt wurde, mauerte man die Türen zu. Auf die neuen Mauerflächen setzte man Statuen eines stehenden Buddhas, der seine rechte Hand auf die Brust legt. 1908 wurde der südliche Zugang wieder geöffnet, und die Archäologen fanden im Innern der Cella einen 25 Meter tiefen Schacht unter dem Sockel der entfernten Vishnustatue. Er führte zu einer Schatzkammer aus zwei rechteckigen Lateritblöcken. In einem runden Loch des unteren Blocks fand man zwei Blätter aus Gold und vier kleinere, mit feinem Sand bedeckte Blätter mit zwei weißen Saphiren. Weitere Schätze wurden nicht gefunden.

Die vier kleineren Prasat in den Ecken gleichen dem zentralen Bau. Im Palast der Götter auf dem Meru durfte die dritte Ebene nur von den Hohepriestern und dem König betreten werden, der sich selbst als Gott sah – so ist er in der Statue des zentralen Schreins dargestellt. Gehen Sie um die äußere Galerie herum, und genießen Sie den herrlichen Blick. Auf der Westseite ist ein Buddha zu sehen, der auf Mucilinda, dem König der Schlangen sitzt.

Die fünf obersten Prasat von Angkor Wat sind nicht die einzigen Tempeltürme: Sowohl die Prasat an den Ecken der zweiten Galerie als auch die drei dominanten Bauten am Eingang zum äußeren Mauerring waren Tempel. Insgesamt gibt es also zwölf Prasat, eine Zahl mit hohem astrologischem Symbolwert, die mehrmals auftaucht: in den zwölf Treppen des zweiten Zugangsdamms, der Terrasse des eigentlichen Tempels und bei der dritten Ebene des dritten Mauerrings, der außerdem durch zwölf Eingänge betreten werden kann.

Angkor Wat ist ohne Zweifel ein architektonisches Meisterwerk. Daran ändern auch die Konstruktionsmängel der Bauwerke nichts: Es gibt beispielsweise keine echten Gewöl-

be, sodass man sich mit Kraggewölben behalf, und die Steine wurden nicht gegeneinander versetzt verbaut, um Lücken zu vermeiden. Für die Wirkung ist vor allem das Spiel der Architekten mit der Perspektive verantwortlich. So ist der Damm zwischen dem Eingangspavillon und dem eigentlichen Tempel doppelt so lang wie die Westfassade, daher kann man den Komplex als Ganzes sehen – er steht in der perspektivisch optimalen Distanz. Jede der drei Terrassen ist doppelt so hoch wie die unter ihr, während ihre Oberfläche höchstens halb so groß ist. Damit verdecken die Galerien der jeweils unteren Terrassen nicht den Blick auf die Terrassen darüber und der Betrachter hat den Eindruck, eine echte Pyramide zu sehen. Außerdem rückt jede Terrasse etwas weiter nach Osten zurück als die jeweils untere. Vom Haupteingang aus wird damit der Eindruck vermieden, der Bau neige sich nach vorn. Nach dem Besuch können Sie die Anlage durch den Gopuram im Osten der dritten Galerie wieder verlassen. Links von Ihnen steht eine Stupa, von der aus Sie verschiedene Blickwinkel auf Angkor Wat genießen können. Dieser Weg führt durch eine hübsche Grünanlage zum Ausgang in der äußeren, westlichen Mauer, wo die Wagen warten.

172 OBEN: DRITTE EBENE: VISHNU AUF DEM GIEBELFELD DES SÜDÖSTLICHEN PRASAT.

172 UNTEN: GIEBELFELD IN DER ZWEITEN GALERIE MIT BLICK AUF DAS GEWÖLBEDACH.

172-173 DIE TEMPELPLATTFORM VON OSTEN.

173 UNTEN: DER ZENTRALE PRASAT AUF DER DRITTEN EBENE.

TA PROHM KEL

BESICHTIGUNG

Etwa 400 Meter nördlich des Haupteingangs von Angkor Wat liegt Ta Prohm Kel etwas abseits, links neben der Straße. Der Bau gehört zu 102 Kapellen, die unter Jayavarman VII. zusammen mit Hospitälern erbaut wurden. Nach der Anrufung von Bhaishajyaguru, dem heilenden Buddha, und einer Grabrede auf den mitfühlenden Jayavarman führt der Sanskrittext die Hospitalordnung und eine Liste des Personals auf: In den meisten Fällen waren dies 98 Menschen, dazu ein Astrologe und zwei Geistliche – doch in den Hospitälern der Hauptstadt arbeiteten bis zu 200 Menschen. Alle Hospitäler scheinen denselben Aufbau gehabt zu haben: Ein Prasat mit Portikus oder einem Vorbau nach Osten und eine kleine „Bibliothek" südöstlich des Turmes, alles umgeben von einem Mauerring mit einem Gopuram und einem künstlichen See davor. Die Holzbauten als Wohnungen für die Kranken und das Personal sind nicht mehr erhalten. In Ta Prohm Kel findet man fast keine Reste des Mauerrings mehr vor, und der Gopuram ist ähnlich

174 OBEN: STATUE IM INNERN VON TA PROHM KEL.

174–175 TA PROHM KEL BEI ANGKOR WAT.

175 OBEN: INNERES DES PRASAT IN TA PROHM KEL.

175 UNTEN LINKS: DIE SO GENANNTE „KRANKENHAUSKAPELLE" BEI TA KEO.

175 UNTEN RECHTS: NISCHEN MIT DEVATAS IN DER „KRANKENHAUSKAPELLE".

stark zerstört wie der Prasat. Erhalten blieb nur ein Scheinportal im Norden – mit zwei Devatas an den Turmecken, von denen eine Locken und Zöpfe und die andere eine Krone über dem Haarknoten trägt. Der südwestliche Abschnitt der oberen drei Stufen ist zusammengebrochen. Die Zierformen im Bayon-Stil sind hier recht grob gehalten. Ein ähnlicher Bau, die so genannte „KrankenhausKapelle", liegt bei Ta Keo.

TA SOM

BESICHTIGUNG

Der Tempel von Ta Som liegt östlich des Baray von Jayatataka zu Füßen des Deiches. Man erreicht ihn entweder vom östlichen Mebon aus, wenn man etwa 2,5 Kilometer nach Norden oder von Neak Pean aus 1,8 Kilometer nach Osten fährt.

aus einer späteren Zeit. Die östliche der beiden Gopuram auf der Ost-West-Achse ist wegen der Wurzeln einer Heiligen Feige berühmt, die sich um das Gesicht von Lokeshvara ranken. Er ist der Bodhisattva des Mitleids, mit dem sich König Jayavarman VII. identifizierte. Man

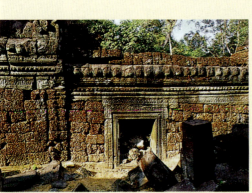

Einige Gelehrte haben Ta Som als Gaurashrigajaratna („Juwel des Glück bringenden Weißen Elefanten") identifiziert, das in der Stele von Preah Khan als Heimat von 24 Gottheiten erwähnt wird. Der Tempel ist eine kleine Anlage aus dem späten 12. Jahrhundert und leicht überschaubar. Der dritte Mauerring (240 x 200 Meter) aus Lateritgestein mit Zinnenkranz und Buddhabildnissen ist verschwunden – er stammte

betritt den Tempel von Westen. Der zweite Mauerring besteht aus Laterit, wird von einem Wassergraben umgeben und hat zwei Gopuram. Der östliche, dem eine kleine, kreuzförmige Terrasse vorgelagert ist, wird gerade restauriert. Wenn Sie sich hinter dem Gopuram rechts halten, stoßen Sie in einem Giebelfeld des ersten Mauerrings auf einen schön gearbeiteten Lokeshvara. Gehen Sie weiter in diese Richtung, und bleiben Sie auf

LEGENDE

1 GOPURAM
2 ZWEITER MAUER-
  RING
3 HOF IM ZWEITEN
  MAUERRING
4 ERSTER MAUERRING
5 HOF IM ERSTEN
  MAUERRING
6 „BIBLIOTHEKEN"
7 PFEILER MIT ZAPFEN
8 ZENTRALER PRASAT

VORGESCHLAGENE
BESICHTIGUNGSTOUR

176 OBEN: DETAIL EINER DEVATA IN EINER NISCHE.

176–177 ÖSTLICHER GOPURAM, DRITTER MAUERRING.

176 UNTEN: DAS INNERE DES ERSTEN MAUERRINGS.

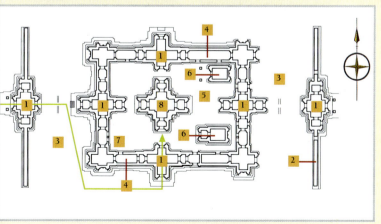

KAPITEL 3 ◆ **177** ◆ TA SOM

178 OBEN: DER ÖSTLICHE GOPURAM IM DRITTEN MAUERRING MIT DEN GESICHTERN VON LOKESHVARA.

178 UNTEN LINKS: NISCHEN MIT DEVATAS, ERSTER MAUERRING.

178 UNTEN RECHTS: DEVATA IN DER NISCHE EINER GOPURAM.

178–179 BLICK AUF DEN ERSTEN MAUERRING UND DEN PRASAT.

179 UNTEN: DEVATA PFLEGT IHR HAAR.

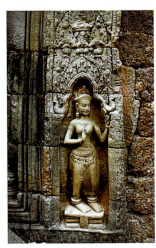

der Südseite des Tempels. Treten Sie durch den südlichen Gopuram ein, denn er bietet den leichtesten Zugang. Der erste Mauerring besteht aus einer Lateritgalerie mit Eckpavillons, Sandsteintüren und -fenstern (Letztere im typischen Stil der Zeit mit halb heruntergelassenen Vorhängen) und einem Kraggewölbe mit Fialen. Das südliche Giebelfeld des nördlichen Gopuram weist eine interessante Szene mit Lokeshvara auf, zu dessen Füßen vier Betende auf vier Lotosknospen desselben Stammes sitzen.
In der südöstlichen und nordöstlichen Ecke steht je eine „Bibliothek". Der zentrale Prasat ist über einem griechischen Kreuz erbaut. Seine Cella hat in jeder Himmelsrichtung einen Eingang, vier Vestibüle und vier Stockwerke, die in einer prachtvollen doppelten Lotosblüte enden. Im südwestlichen Abschnitt des Hofes sehen Sie einen Pfeiler mit einem Zapfen – ähnliche Beispiele finden sich auch in anderen Tempeln der Zeit – dessen Funktion unbekannt ist.

PREAH KHAN

GESCHICHTE

Früher war Preah Khan als Nagarajayashri bekannt („glückliche, siegreiche Stadt"), der moderne Name bedeutet „Heiliges Schwert" und bezieht sich auf das Nationalheiligtum des Khmer-Königreiches, von dem eine moderne Kopie im Königspalast von Phnom Penh aufbewahrt wird. Die vorgeschlagene Besichtigungstour beginnt an dem westlichen Gopuram im vierten Mauerring – er liegt etwa 1,5 Kilometer rechts, nachdem Sie das Nordtor von Angkor Thom passiert haben – und endet am Osteingang, wo sie sich von den Wagen abholen lassen können.

Preah Khan wurde ab 1184 von Jayavarman VII. erbaut und 1191 seinem Vater Dharanindravarman gewidmet, der sich als Bodhisattva Lokeshvara verstand, dem wichtigsten der 450 Gottheiten, die hier mit Schreinen vertreten sind. Preah Khan war nicht nur ein buddhistisches Heiligtum, sondern barg auch zahlreiche Schreine für Götter aus der hinduistischen Kosmologie, lokale Geister, königliche Ahnen und andere vergöttlichte Menschen.

Mit 102 Prasat und mehreren Steinbauten war Preah Khan eine richtige Stadt westlich von Jayatataka, dem neuen „Baray des Sieges", und enthielt auch andere religiöse Bauten. Die Gründungsstele preist die Geschenke von 5324 Dorfbewohnern, die täglich zehn Tonnen weißen Reis lieferten und erwähnt 97 840 Menschen, die hier lebten. Neben den königlichen Stiftungen war Preah Khan auch eine berühmte Lehranstalt und wurde nach dem Vorbild großer indischer, buddhistischer Universitäten gestaltet.

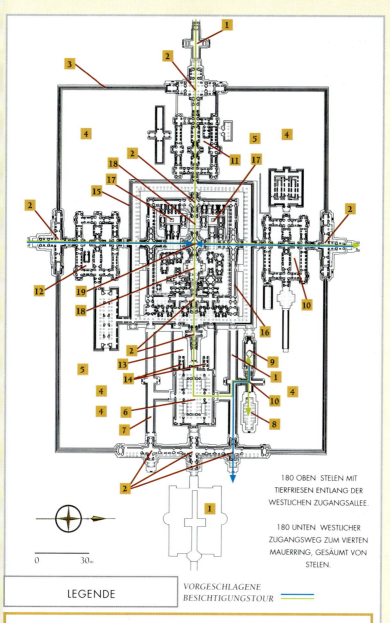

180 OBEN STELEN MIT TIERFRIESEN ENTLANG DER WESTLICHEN ZUGANGSALLEE.

180 UNTEN WESTLICHER ZUGANGSWEG ZUM VIERTEN MAUERRING, GESÄUMT VON STELEN.

LEGENDE

VORGESCHLAGENE BESICHTIGUNGSTOUR

1 KREUZFÖRMIGE PLATTFORM
2 GOPURAM
3 DRITTER MAUERRING
4 TEICHE
5 HOF IM DRITTEN MAUERRING
6 „HALLE DER TÄNZERINNEN"
7 VON NAGAS GESÄUMTER ZUGANG
8 SÄULENPAVILLON
9 LATERIT-PLATTFORM
10 SHIVATEMPEL
11 VISHNUTEMPEL
12 SÜDTEMPEL
13 GEPFLASTERTER HOF
14 KAPELLE
15 ZWEITER MAUERRING
16 ERSTER MAUERRING
17 KREUZGANG IM ERSTEN MAUERRING
18 SÄULENHALLE
19 ZENTRALER PRASAT

BESICHTIGUNG

Der Tempel bedeckt eine Fläche von 56 Hektar und wird von vier Mauerringen umschlossen. Um den äußeren, 700 x 800 Meter großen, zieht sich ein 40 Meter breiter Wassergraben. Die Allee zum Westeingang wird von einer Pfeilerreihe gesäumt, die von umgekehrten Lotosblüten gekrönt werden. Die vierseitigen Basen sind als Tierfries gestaltet – Garudakörper mit dem Kopf eines Löwen. Sie bilden Nischen, in denen Buddhas sitzen. Diesen Bildnissen wurden während der Erstarkung der Brahmanen im 13. Jahrhundert die Gesichter entfernt. Die Allee läuft in einer Art Brücke aus, die von Devas und Asuras, Göttern und Dämonen, gesäumt wird, die eine vielköpfige Naga tragen, vergleichbar mit der in Angkor Thom. Wenn Sie den Mauerring aus Lateritgestein erreicht haben, fallen an den Ecken angebrachte, spektakuläre, fünf Meter hohe Garudas mit Schlangen in den Klauen auf. Darüber erstreckt sich eine Zinnenreihe, auf denen einst Buddhas abgebildet waren. Der Eingangspavillon besteht aus drei Türmen. Die mittlere Durchfahrt für Elefanten und Streitwagen wird von fünf, die Seiteneingänge von drei Stockwerken gekrönt. Innerhalb des Mauerrings standen früher Wohnhäuser – heute hat der Dschungel die Herrschaft übernommen. Ein 185 Meter langer Pfad führt zu einer kreuzförmigen Plattform mit Nagas, über die man den Gopuram des dritten, 175 x 200 Meter großen Mauerrings betritt. Zwei kolossale kopflose Dvarapalas bewachen den Haupteingang. Die Giebelfelder sind sehr interessant: Die mittlere Fläche wird von Rama und Ravana eingenommen, der an seinen tausend Köpfen und Armen zu erkennen ist. Auf dem östlichen ist ein Boot, auf dem westlichen die Schlacht von Lanka dargestellt.

Hinter dem Gopuram führt ein kurzer Abstecher nach links zu einem Paar auf dem Boden liegender, außerordentlich interessanter Giebelfelder: Eines zeigt zahlreiche Figuren, einige davon betend. Die Szene wird von einer stehenden Gottheit dominiert, die zwei Kniende am Haar fasst. Das andere Feld zeigt Shiva, der Kama verbrennt, den Gott der Liebe. Er ist tot in den Armen seiner Frau dargestellt. Auf den Mauern dieser Umfassung befindet sich eine Reihe von Zinnen mit bärtigen

Wahrsagern in den Nischen. Wieder zurück auf dem axialen Weg, treffen Sie auf einen Kreuzgang. Er besteht aus einer Galerie mit Eingangspavillons in den vier Himmelsrichtungen und den Ecken. Dieser Komplex war Vishnu geweiht, wie das einzelne Giebelfeld kurz hinter dem kleinen Gopuram zeigt: Es stellt Krishna, eine Inkarnation von Vishnu, dar, der den Berg Govardhana aufschüttet, um seine Anhänger vor einer Flut zu schützen, die Indra entfesselt hat. Auf dem etwas entfernt liegenden Sockel mit drei Löchern standen einst Statuen von Rama, einer weiteren Inkarnation von Vishnu, seiner Frau Sita und seines Bruders Lakshmana – alles Helden aus dem epischen Gedicht Ramayana. In der Nordwestecke des Kreuzgangs steht eine kleine „Bibliothek", in der Mitte ein Prasat, mit einer langen Halle davor. Die Kammer dahinter verbindet ihn mit dem zweiten Mauerring. Diese Mauer (83 x 98 Meter) ohne Gopuram und Ecktürmen besteht aus Laterit, die doppelte Kolonnade ist nicht mehr zugänglich. Wenn Sie auf der West-Ost-Achse weitergehen, treffen Sie auf den ersten Mauerring, der fast quadratisch angelegt ist und mehrere Galerien enthält. Die westliche Galerie ist nur über den Gopuram zugänglich. Davor stehen sechs kleine Gebäude mit Cella und Vorbau. Die nördliche und südliche Galerie enthalten einen Gopuram und zwei Türen, dazu Fenster und Kolonnaden, während die östliche Galerie aus einer Blindmauer mit vorgesetzten Säulen, einem dreifachen Eingangspavillon und zwei vorspringenden Eckabschnitten besteht, zwischen denen sechs Prasat mit ostwärts gerichteten Eingängen stehen. Eine Halle mit zwölf Säulen hinter dem westlichen

182 WESTLICHER GOPURAM IM DRITTEN MAUERRING.

183 OBEN: GIGANTISCHER GARUDA AUF DER MAUER DES VIERTEN MAUERRINGS.

183 MITTE: BRÜCKE ZUM VIERTEN MAUERRING; NAGAS WERDEN VON GÖTTERN GESTÜTZT.

183 UNTEN: EINE KAPELLE IM ZWEITEN MAUERRING WIRD VON EINEM KAPOKBAUM „ERDROSSELT".

Gopuram des ersten Mauerrings führt zum zentralen Prasat. Besuchen Sie zunächst die beiden Höfe nordwestlich und südwestlich der Säulenhalle. In jedem der Höfe stehen eine Säule mit einem Zapfen und drei Gebäude mit Kraggewölben. Sie lehnen sich im Westen an die Galerie an und sehen fast wie Oratorien aus. Gegen die östliche Galerie sind vier weitere Gebäude angelehnt, zwei „Bibliotheken" und zwei „Oratorien". Besonders interessant sind die Schmuckelemente: wunderschöne Blattmuster und Voluten, zwischen denen Devatas und Asketen mit gekreuzten Beinen sitzen. Sehenswert sind auch der besonders gut erhaltene südwestliche Eckturm und – wiederum im Hof – ein stehender Buddha auf dem Giebelfeld der zweiten Kapelle. Er gehört zu den wenigen, die intakt geblieben sind. Neuere Bauspuren und vor allem die durchgängige Beschädigung der Buddhadarstellungen – entweder zerkratzt oder durch Lingam ersetzt – belegen das Erstarken des Brahmanismus nach dem Tod von Jayavarman. Preah Khan und andere buddhistische Klöster sollten in Hindutempel umgewandelt werden.

Der Prasat mit vier Portiken und einer im 16. Jahrhundert hinzugefügten Stupa (früher stand hier eine Statue von Lokeshvara Dharanindravarman) weist zahlreiche Bohrlöcher auf. Vermutlich war er ursprünglich mit Bronzeplatten verkleidet. Auch die Außenwände des Heiligtums hatten wahrscheinlich eine Bronzeverkleidung. In der Tat erwähnt die Stele von Preah Khan, dass beim Bau des Tempels 1500 Ton-

nen Bronze verbraucht wurden. Wenden Sie sich vom zentralen Tempel nach links, und betreten Sie den nördlichen Kreuzgang, der Shiva geweiht war.

Wenn Sie die Gopuram in der ersten und zweiten, nördlichen Galerie durchschritten haben, kommen Sie zu einem Sockel mit zwei Füßen – eine ungewöhnliche Huldigung Shivas. Wenden Sie sich nach rechts, um die Statue von Vishnu zu bewundern, der auf der Schlange Ananta ruht. Er ist hier in der Gestalt eines Drachens gezeigt, seine Frau Lakshmi massiert ihm die Füße. Wenden Sie sich nun nach links, und betrachten Sie den mehrarmigen, tanzenden Gott, der als Shiva Nataraja (Gott des Tanzes) identifiziert wurde. Wenn Sie der Süd-Nord-Achse weiter folgen, stoßen Sie auf den Ausgang durch den nördlichen Gopuram im dritten Mauerring, der von einem kopflosen Dvarapala bewacht wird. Von hier aus sollten Sie zurück zum Hauptprasat und dann durch den südlichen Gopuram des dritten Mauerrings in den südlichen Kreuzgang gehen. Er ist den toten Khmer-Königen geweiht. Obwohl dieser Komplex in Ruinen liegt, lohnt sich die Betrachtung von zwei wunderschönen Wächtern auf den Türpfosten: Der rechte zeigt einen aggressiven Ausdruck, während sein Gegenstück sanfter aussieht. Zu Ihrer Rechten ergibt sich ein schöner Blick auf einen Turm mit lotosförmigem, völlig intaktem Dach. Sie verlassen den Hof durch einen wild und geheimnisvoll aussehenden Gopuram mit zwei Dvarapalas, denen die Köpfe abgeschlagen wurden.

184–185 DER ZWEITE MAUERRING.

184 UNTEN: ZU ASKETEN UMGEWANDELTE BUDDHAS.

185 OBEN DAS „ORATORIUM" IM HOF DES ERSTEN MAUERRINGS.

185 MITTE: GALERIE IM HOF DES ERSTEN MAUERRINGS.

185 UNTEN: WANDDEKORATION AUF DEN „ORATORIEN" IM HOF DES ERSTEN MAUERRINGS.

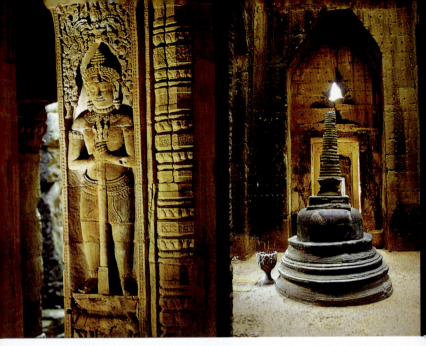

186 OBEN LINKS: DVARAPALA MIT SANFTEM AUSDRUCK.

186 OBEN RECHTS: DIE CELLA MIT EINER JÜNGEREN STUPA, ZENTRALER PRASAT.

186 UNTEN UND 187 UNTEN: FRIES MIT APSARAS IN DER HALLE DER TÄNZERINNEN.

187 OBEN LINKS: KINNARI HÄLT GIRLANDEN; GOPURAM IM ERSTEN MAUERRING.

187 MITTE LINKS: APSARAS MIT SPITZEM KOPFSCHMUCK.

187 RECHTS: FURCHT ERREGENDER DVARAPALA.

Zurück im zentralen Prasat wenden Sie sich nach Osten und durchqueren eine Säulenhalle und ein Ruinenfeld. In dem Gopuram des ersten Mauerrings zeigt ein wunderschöner Fries unter dem Dach Garudas und Kinnaris an den Ecken sowie geflügelte Frauen – halb menschlich und halb aus Girlanden und Blumen –, die den nicht mehr vorhandenen Buddhas in den Nischen Ehre erweisen. Der Gopuram im zweiten Mauerring führt auf eine mit Sandstein gepflasterte, quadratische Terrasse, die im Norden und Süden durch eine Lateritmauer abgeschlossen wird. Nach Osten steht sie mit dem vorspringenden Eingang eines Sandsteingebäudes mit zwei kleinen Seitenräumen in Verbindung. Wenn Sie sich von dem gewaltigen Baum abwenden, der den kleinen, südlichen Raum beherrscht, sehen Sie auf dem Seitenportal des Gopuram ein hübsches Relief mit tanzenden Mädchen.

Ebenso bemerkenswert sind die Friese mit tanzenden Apsaras in der so genannten „Halle der Tänzerinnen". Dabei handelt es sich um eine nach Osten zur Terrasse ausgerichtete Säulenhalle mit Scheinpforten in den Ecken. Die Halle geht auf einen kreuzförmigen Kreuzgang zurück, misst 26 x 36 Meter, hat 102 Säulen und ist mit einem Krag- und einem Halbgewölbe gedeckt. Wenn Sie den Gopuram durch den Nordeingang

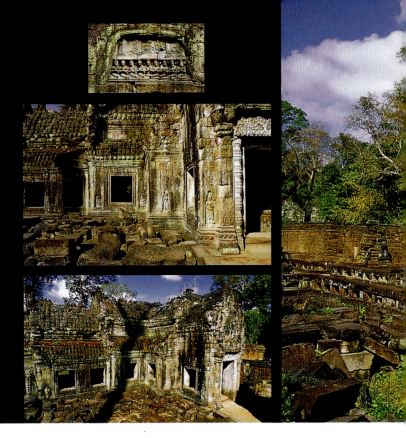

verlassen, treffen Sie auf einen von Naga-Balustraden gesäumten Weg. Der ungewöhnliche Pavillon daneben ruht auf 32 zylindrischen, dicken und 3,50 Meter hohen Säulen, die hier zum ersten Mal in der Khmer-Architektur auftauchen. Der Bau, mit Vorbauten an beiden Enden, hat zwei Geschosse. Das unterste öffnet sich mit fünf Fenstern auf jeder Fassade, das Dach ist mit Holz und Dachziegeln gedeckt. Das Obergeschoss ist nicht zugänglich, konnte aber vielleicht über eine Holztreppe betreten werden. Es gibt viele Hypothesen über die Funktion dieses Baus: Vom Kornspeicher bis zum Lagerhaus für das Heilige Schwert. In der westlichen Verlängerung dieses geheimnisvollen Baus folgt eine massive Terrasse aus Laterit mit von Löwen bewachten Treppen. Hier fanden sicher Zeremonien statt, vielleicht sogar Verbrennungen. Die Wächter am Eckvorbau des zweiten Mauerrings hinter der Terrasse sind in ausgezeichnetem Zustand.

Gehen Sie auf dem Naga-Weg weiter zu dem spektakulären östlichen Gopuram im dritten Mauerring. Er ist mit 106 Meter länger als die übrigen Gopuram und öffnet sich nach außen mit einer doppelten Kolonnade. Wenn Sie Letzteren durchquert haben, blicken Sie auf eine eindrucksvolle, 40 x 30 Meter große, von Nagas umgebene Plattform, die Treppen werden von Löwen bewacht. An diesem Punkt beginnt ein Weg. Nach etwa 150 Meter erreichen sie das wunderschön restaurierte „Haus des Feuers" – es diente vermutlich einem Feuerkult. Das Haus besteht aus Vestibül und einer rechteckigen Halle. Während die Nordwand fensterlos ist, öffnet sich die Südwand mit vier Fenstern. Die Halle ist mit einem Kraggewölbe gedeckt, die beiden Halbgewölbe auf tieferer Ebene lassen sie von draußen dreischiffig erscheinen. Die Westseite des Baus wird von einem, mit einem doppelten Lotos gekrönten Turm überragt.

Wenn Sie durch den Gopuram des vierten Mauerrings treten, sehen Sie aufgereihte Devas und Asuras sowie eine von Säulen gesäumte Allee: Auf einer der ersten links hat sich ein Buddha erhalten.

....

188 OBEN: FRIES MIT BETENDEN UNTER DEM ZERSTÖRTEN BUDDHA.

188 MITTE: TEIL DES GOPURAM IM ZWEITEN MAUERRING.

188 UNTEN: GOPURAM IM DRITTEN MAUERRING.

188–189 PAVILLON MIT ZYLINDRISCHEN SÄULEN INNERHALB DES DRITTEN MAUERRINGS.

189 UNTEN: WACHENDER LÖWE AN DER TREPPE.

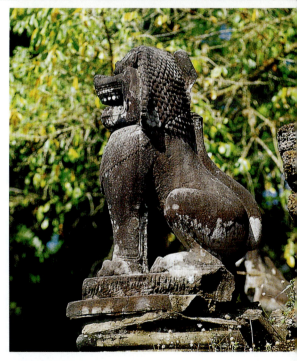

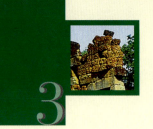

PRASAT PREI

BESICHTIGUNG

Gehen Sie um Preah Khan herum bis zum nördlichen Gopuram, und gehen Sie 750 Meter weiter, bis Sie links auf einen ungepflasterten Weg stoßen, der noch 100 Meter weiter führt – zum Prasat Prei, dem „Heiligtum im Wald". Es wurde unter Jayavarman VII. auf dem Erddamm zwischen den Ruinen eines Mauerrings aus Lateritgestein erbaut. In der Südostecke steht eine „Bibliothek" mit dem Eingang nach Westen. In der Nordostecke liegen die Reste eines Lateritfundaments. Über dem Prasat erhebt sich ein vierstöckiger Turm. Ein langer Flur nach Osten führt in die Cella, die auf den anderen Seiten kurze Flure mit Scheinpforten hat. Der Bau ist – typisch für den Bayon-Stil – sehr üppig dekoriert.

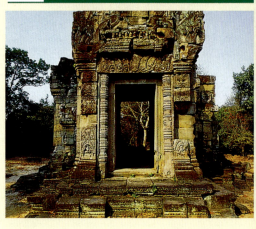

190 OBEN: DETAILS DER LATERITMAUER.

190 MITTE: DER GOPURAM IM ERSTEN MAUERRING.

190 UNTEN: TEMPEL UND DIE RESTE DER „BIBLIOTHEK".

BANTEAY PREI

BESICHTIGUNG

Gehen Sie in Preah Khan bis zum nördlichen Gopuram und biegen Sie nach 750 Meter links in einen Feldweg ein. Etwa 150 Meter nach Prasat Prei folgt Banteay Prei, die aus Sandstein erbaut. In den Fenstern sind Vorhänge nachgeahmt, und die Devatas weisen Merkmale des Bayon-Stils auf. Der zentrale Prasat ist von einer 30 Meter langen und 25 Meter breiten Galerie umgeben. Sie hat niedrige Ecktürme und in allen vier Himmelsrichtungen Gopuram, die von zweistöckigen Türmen mit Lotosknospen überragt werden. Im südwestlichen Teil des Hofes steht ein Pfeiler, dessen Funktion noch unbekannt ist.

♦ **KROL ROMEAS** ♦

In diesem, runden Mauerring aus Laterit wurden einst Haustiere gehalten.

191 MITTE OBEN: ANSICHT DES TEMPELS

„Zitadelle im Wald", die auf Jayavarman VII. zurückgeht. Nach den Ruinen des 3. Mauerrings folgt der 2. Mauerring aus Lateritgestein. Er hat eine Länge von 80 Metern, ist 60 Meter breit und von einem Wassergraben umgeben. Der östliche, kreuzförmige Gopuram im ersten Mauerring ist

191 MITTE UNTEN: GALERIE DES ERSTEN MAUERRINGS UND GOPURAM MIT DEM MOTIV DER LOTOSKNOSPE

191 UNTEN: NISCHE MIT EINER DEVATA

KROL KO

3

BESICHTIGUNG

Etwa 100 Meter westlich der Abzweigung nach Neak Pean führt ein Weg nach Norden, der nach etwa 100 Metern den Tempel erreicht. Der auf Jayavarman VII. zurückgehende Bau wird von zwei Mauerringen umgeben und trägt den modernen Namen „Park der Ochsen". Man betritt ihn von Osten durch den zweiten Mauerring aus Laterit. Links liegen unter einem Baum die Reste von Zinnen mit Buddhabildnissen in den Nischen. Etwas weiter liegt ein Giebelfeld mit Krishna Govardana auf dem Boden, gegenüber ein weiteres mit Lokeshvara. Jenseits des ersten Mauerrings mit einem Gopuram aus Laterit stoßen Sie auf eine „Bibliothek" mit Portikus. Der Eingang des Prasat weist nach Osten, und die vorspringenden Anbauten der anderen Seiten enden in Scheinportalen. Da das Dach fehlt, kann man die Konstruktion des Kraggewölbes nachvollziehen.

192 OBEN: DETAIL EINES AUF DEM BODEN LIEGENDEN GIEBELFELDES.

192 MITTE: DIE „BIBLIOTHEK" INNERHALB DES ERSTEN MAUERRINGS.

192 UNTEN: NISCHEN MIT DEVATAS UND BLINDFENSTER MIT GESENKTEN VORHÄNGEN.

NEAK PEAN

BESICHTIGUNG

Neak Pean gehört zu den wichtigsten Baudenkmälern in Angkor. Nehmen Sie 2,5 Kilometer nach dem nördlichen Gopuram von Preah Khan rechts die schwer befahrbare Straße, die nach 200 Metern den Tempel erreicht. Die Stätte bedeckt ein Quadrat von 350 Metern Seitenlänge in der Mitte des Jayataraka – diesen Baray hatte Jayavarman für Preah Khan ausheben lassen, heute ist er trocken. Früher gehörten 13 Teiche zu dem Komplex, fünf wurden restauriert. In der Mitte des quadratischen Hauptteiches mit 70 Metern Seitenlänge liegt eine runde Insel von 33 Metern Durchmesser. Der Lateritsockel besteht aus zwei ineinander verschlungenen Nagas – der moderne kambodschanische Name Neak Pean bedeutet „zusammen gerollte Schwänze". Auf einer Plattform mit Lotosmotiven, die einen Durchmesser von 14 Metern hat, steht der wieder aufgebaute kleine Prasat. Der ehemals kreuzförmige Bau wurde in runder Form neu errichtet. Zwischen den Türen sitzen Löwen auf dreiköpfigen Elefanten. Drei der vier Eingänge wurden zugemauert und Lokeshvara-Reliefs auf die Mauern gesetzt. Die Darstellungen auf den Giebelfeldern zeigen Szenen aus dem Leben Buddhas. Im Norden verlässt er den Palast seines Vaters, im Osten ist zu sehen, wie er sein Haar ab-

LEGENDE

1 ZENTRALES BECKEN
2 SEITENBECKEN
3 KAPELLEN
4 DAS PFERD BALAHA
5 INSEL
6 PRASAT

193 EINE NAGA AUF DER INSEL (OBEN) UND EINE STATUE VON LOKESHVARA AUF DEM PRASAT.

schneidet, und im Westen sitzt er unter dem Bodhibaum. Die Darstellung im Süden ist unkenntlich. Der Prasat wird von vier Stockwerken und einer Lotosknospe gekrönt.

Neben dem Tempel erhebt sich das Pferd Balaha, eine Manifestation von Lokeshvara, aus dem Wasser. An seinen Flanken halten sich der Kaufmann Simhala und seine Gefährten fest. Sie wurden aus den von Menschenfressern bewohnten Gewässern von Sri Lanka errettet, nachdem ihr Schiff untergegangen war. Damit wird symbolisch gezeigt, wie man den Ozean der Wiedergeburt dank der Gnade der Bodhisattvas überqueren kann und ins Nirvana gelangt.

Kreuzförmig um den mittleren sind vier kleinere Teiche mit 25 Metern Seitenlänge angelegt. In den Achsen stehen vier gewölbte Gebäude aus späterer Zeit, die mit Akroterien und Darstellungen von Lokeshvara verziert sind. Hier fließt das Wasser über Leitungen durch Öffnungen in verschiedenen Masken in vier Sammelbecken. Auf diese Weise konnten die Pilger das heilkräftige Wasser des großen Teiches für sich nutzen. Eines der Sammelbecken in Gestalt einer Frauenbüste liegt hinter der Ostkapelle. Hier fließt das Wasser durch eine Maske mit menschlichen Zügen – sie symbolisiert die Verbindung zum Element Erde. Die Elefantenmaske in der Nordkapelle repräsentiert das Wasser, während der Wasser speiende Löwe in der Südkapelle das Element Feuer symbolisiert. Das Pferd in der Westkapelle steht für die Luft. Das fünfte kosmische Element, der ätherische Raum, könnte mit dem zentralen Prasat assoziiert gewesen sein. Damit steht das Bauwerk im Kontext der traditionellen indischen Medizin Ayurveda. Sie verlangt die ausgeglichene Komposition aller Elemente im menschlichen Körper. Jede Störung dieses Gleichgewichts erzeugt Krankheiten. Um die „fehlenden" Elemente auszugleichen, standen den Menschen die vier Brunnen zur Verfügung.

Neak Pean war eine viel besuchte Pilgerstätte und wird in der Stele von Preah Khan sehr ausführlich beschrieben. Dort erfahren wir, dass hier einst die Bilder von 14 Göttern und nicht weniger als „tausend Lingam" aufgestellt waren. Einerseits stand der Ort damit in Konflikt mit seinem buddhistischen Charakter und Konzept, andererseits ist damit aber belegt, wie vielfältig und tolerant der Glauben im Reich der Khmer war. Neak Pean, das damals Raiyashiri

(„Glück des Königreichs") hieß, ist auch mit Lakshmi assoziiert, sowohl bei den Hindus wie den Buddhisten die Göttin königlichen Glücks.
Einige Forscher glauben, dass Neak Pean Anavatapta darstellen soll, den mythischen See im Himalaya, in dem die Götter baden und der die Quelle für die vier großen Flüsse Indiens ist. Die beiden Nagas wären also der König und die Königin des Sees, dessen Wasser genutzt wurde, den Chakravartin, den Weltherrscher, zu weihen. Jayavarman VII. schuf für sein Königreich also nicht nur einen See mit heilenden Kräften, sondern auch die Quelle für seine königliche Macht.

194 DER PRASAT AUF DER INSEL IM MITTLEREN BECKEN.

195 OBEN LINKS: KRAGGEWÖLBE DER SÜDÖSTLICHEN KAPELLE.

195 OBEN RECHTS: NORDWESTLICHE KAPELLE.

195 MITTE: DAS PFERD BALAHA VOR DEM PRASAT.

195 UNTEN: KOPF EINES MANNES IN DER ÖSTLICHEN KAPELLE (LINKS) UND LÖWENKOPF IN DER SÜDLICHEN KAPELLE (RECHTS).

DAS HERZ VON ANGKOR

EINLEITUNG

Da die zahlreichen Monumente in Angkor Thom relativ nahe beieinander liegen, bietet es sich an, sie zu Fuß zu besichtigen. Damit verschafft man sich einen relativ kompletten Überblick über die Architektur der Khmer wie auch über das Leben zu ihrer Zeit. Ein Spaziergang um die Mauern mit den monumentalen To-

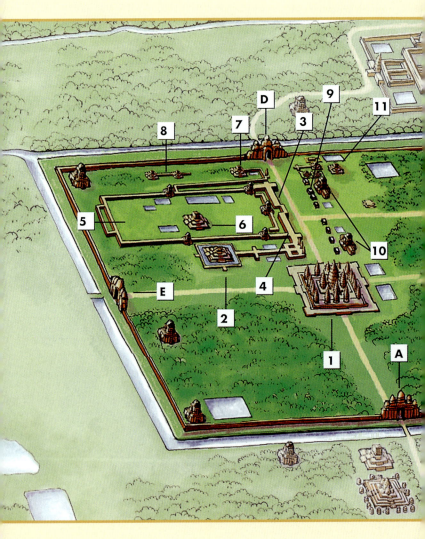

ren, neben denen göttliche Beschützer stehen, zeigt den defensiven Charakter der Komplexe. Allerdings bauten die Khmer eher auf eine symbolisch-esoterische Verteidigung als auf militärische Gewalt. Innerhalb der Palastmauern lässt sich beispielsweise das Phimeanakas, ein uralter, legendärer Ort im Spaziergang erschließen. Die Bauten um den königlichen Platz beschwören imperiale Größe – Baphuon, Terrasse des Lepra-Königs, Elefantenterrasse, die Terrasse von Tep Pranam, Prasat Suor Prat und Khleang, deren Funktion immer noch ein Rätsel ist. Der komplexe und fast schon erdrückende Bayon ist das letzte megalomanische Bauwerk, das zu Ehren eines Gottkönigs erbaut wurde. Die körperliche Präsenz dieser gigantischen Bauwerke wird durch die weiten grünen Zonen abgemildert, in denen einst Häuser und Versorgungseinrichtungen standen – jetzt sind sie eine Oase traumhafter Stille, in der das Preah Palilay mit seinen Szenen aus Buddhas Leben und die faszinierenden, verlassenen Tempel des Preah Pithu stehen.

197 AUSSENANSICHT DES OSTTORES VON ANGKOR THOM.

LEGENDE

A *SÜDTOR*
B *OSTTOR*
C *SIEGESTOR*
D *NORDTOR*
E *WESTTOR*

1 *BAYON*
2 *BAPHUON*
3 *TERRASSE DES LEPRA-KÖNIGS*
4 *ELEFANTENTERRASSE*
5 *KÖNIGSPALAST*
6 *PHIMEANAKAS*
7 *TEP PRANAM*
8 *PREAH PALILAY*
9 *PRASAT SUOR PRAT*
10 *KHLEANG*
11 *PREAH PITHU*

ANGKOR THOM

| GESCHICHTE | |

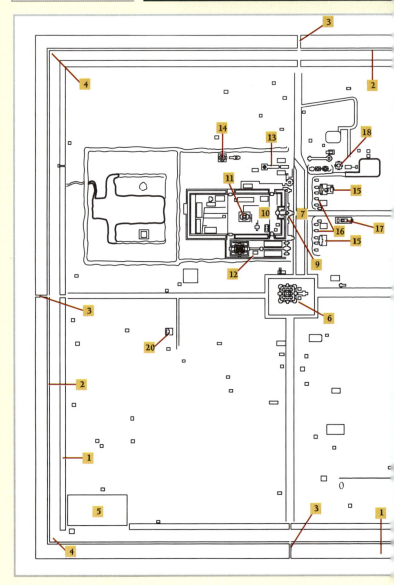

201 OBEN LINKS: OSTTOR, ANSICHT VON INNEN.

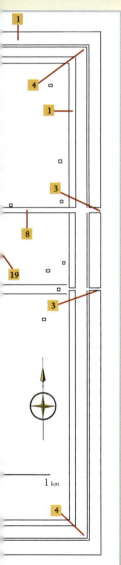

Angkor Thom („Große Hauptstadt") war Heimat von einer Million Menschen und innerhalb ihrer Mauern lebten der Königshof, die Priesterschaft, die hohen Staatsbeamten und Bürokraten. Das Volk wohnte außerhalb der Befestigungen. Die Stadt wurde über einer älteren, von Udayadityavarman II. erbauten Siedlung errichtet. Angkor Thom ist von einem mächtigen, quadratischen Mauerring aus Lateritgestein mit drei Kilometern Seitenlänge umgeben und wird begrenzt von einem 100 Meter breiten und sechs Meter tiefen Wassergraben. Innerhalb der acht Meter hohen Mauern sind 15 Meter breite Bastionen mit Brüstungen angelegt. In den vier Ecken stehen kleine Tempel, die alle Prasat Chrung genannt werden. In ihnen stehen die Stelen, deren Inschriften vom Bau der Stadt berichten. Im Abstand von etwa 100 Meter liegt innerhalb des Mauerrings ein zweiter, 40 Meter breiter Ringkanal. Auf der Straße direkt daneben fanden Truppenparaden und die rituellen Prozessionen um die Stadt statt.

200 DER OBERSTE DER DÄMONEN HÄLT VOR DEM SÜDTOR EINE NAGA HOCH.

201 OBEN RECHTS: EINER DER GÖTTER VOR DEM SÜDTOR.

LEGENDE

1 WASSERGRABEN
2 MAUERN
3 TORE
4 PRASAT CHRUNG
5 BENG THOM
6 BAYON
7 KÖNIGSPLATZ
8 SIEGESALLEE
9 TERRASSEN
10 KÖNIGSPALAST
11 PHIMEANAKAS
12 BAPHUON
13 TEP PRANAM
14 PREAH PALILAY
15 KHLEANG
16 PRASAT SUOR PRAT
17 BUDDHATERRASSE
18 PREAH PITHU
19 MANGALARTHA
20 MONUMENT 486

BESICHTIGUNG

Angkor Thom ist über fünf Straßen aus Lateritgestein zugänglich, die den äußeren Wassergraben überqueren und an fünf monumentalen Toren enden: vier in den Himmelrichtungen und ein fünftes, das Siegestor, im Osten, das einen direkten Zugang zum Königsplatz und dem Palast erlaubt. Jedes der bis zu 23 Meter hohen Tore wird von einem Turm gekrönt, dessen vier Seiten von Gesichtern des Bodhisattva Lokeshvara gebildet werden, mit dem sich Jayavarman VII. identifizierte. Auf den Seiten der Tore hält der dreiköpfige Elefant Airavata Wache. Er ist das Reittier von Indra, dem König der Götter, der auf seinem Rücken sitzt. Darüber bildet eine Reihe Betender den Rahmen für die Gesichter. Vor den Toren von Angkor Thom säumen zwei Reihen von „Giganten" den Weg: 54 Devas (Gottheiten) zur Linken und 54 Asuras (Dämonen) rechts. Sie sind herrlich gearbeitet und halten Nagas. Von den Toren führen fünf, 30 bis 40 Meter breite Alleen weiter, die von acht Meter breiten Kanälen gesäumt werden, die den Ringkanal entwässern. Die Stadt war in Padas (Wohnviertel) mit geraden und gekreuzten Straßen untergliedert, die sich am traditionellen hinduistischen Städtebau orientierten: Jedes Viertel und Haus hatte eine bestimmte Funktion.

Das südliche Tor ist das berühmteste der vier und am besten erhalten. Die üblichen Besichtigungstouren durchqueren zwar das Nordtor, um einige andere Tempel zu erreichen, beziehen es jedoch nicht mit ein – ob-

202 OBEN UND 203 UNTEN: DAS GESICHT VON LOKESHVARA UND BETENDE AUF DEM SÜDTOR, SOWIE DETAILS DARAUS.

202-203 REIHEN VON GÖTTERN UND DÄMONEN FLANKIEREN DEN WEG ZUM SÜDTOR.

202 UNTEN: DER LETZTE DÄMON IN DER REIHE VOR DEM SÜDTOR.

204 OBEN LINKS: DAS NORDTOR DES KOMPLEXES.

204 OBEN RECHTS: DIE AUSSENSEITE DES WESTTORES.

204 UNTEN: EIN DÄMON VOR DEM SIEGESTOR.

wohl der Besuch lohnt. Dabei sind weniger die meist kopflosen Reihen von Giganten sehenswert, sondern die betenden Figuren, die fast vollständig erhaltenen dreiköpfigen Elefanten und die mit Krone und Juwelen verzierten Gesichter von Lokeshvara. Das Siegestor – ebenfalls ein Zugang – wird nicht von Kanälen begleitet, und die Körper der Giganten sind nur teilweise erhalten. Das Osttor erreicht man über eine ungepflasterte Straße. Achten Sie auf der rechten Seiten auf den Gott Indra und die beiden herrlichen betenden Nymphen, ehe Sie es durchqueren und einem faszinierenden, geheimnisvollen Pfad folgen, der sich zwischen den Bäumen hindurchschlängelt. Das Westtor ist in besonders schlechtem Zustand, doch von hier führt ein herrlicher Spaziergang über die Mauern zum Beng Thom, dem Großen Teich. Er misst 400 x 350 Meter und fing die Abwässer der Stadt auf, ehe sie durch fünf gewölbte, 60 Meter lange Kanäle in den äußeren, südlichen Wassergraben abflossen. Die Vegetation hat viele Ruinen überwuchert. Vom Mangalartha sind nur wenige Reste erhalten. Es war das letzte in Angkor begonnene Bauwerk und wurde zu Ehren des Sohnes eines Lehrers von Jayavarman VII. errichtet. Man erreicht es über einen gewundenen Pfad durch den Wald, etwa 200 Meter westlich des Siegestores. Monument 486 ist ein brahmanischer Bau aus dem 10. Jahrhundert, der im 13. Jahrhundert in einen buddhistischen Tempel umgewandelt wurde. Auch zu ihm führt ein Waldweg vom Bayon in Richtung Westtor, von dem man auf halbem Wege nach links abbiegt. Nach der Plünderung von Yashodharapura durch die Champa 1177 konnte Jaya-

205 OBEN: GESICHT VON LOKESHVARA AUF DEM NORDTOR.

205 MITTE: DER INNERE ABSCHNITT DES SIEGESTORES.

205 UNTEN: EINE REIHE VON DÄMONEN VOR DEM SÜDTOR.

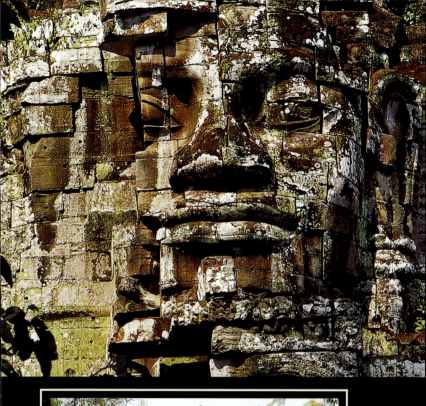
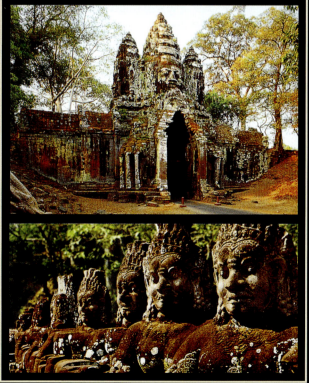

varman VII. die Feinde vertreiben und den Thron besteigen. Er nahm sich vor, eine unbesiegbare Stadt zu bauen. Die Verteidigung von Angkor Thom basierte daher nicht nur auf festen Bauwerken, sondern zusätzlich auf einem komplexen System symbolischen Abwehrzaubers, das Art und Verteilung der Bauten bestimmte. Dabei ließen sich die Baumeister von der hinduistischen Kosmologie inspirieren: Die Stadt dreht sich um den Bayon, den Tempelberg, der den Berg Meru symbolisiert. Sie liegt als Jambudvipa („Kontinent des Rosenapfels"; er umschließt Indien) zu Füßen dieses kosmischen Berges. Alles wird von sechs weiteren konzentrischen Kreisen von Kontinenten umgeben, die wiederum durch Meere getrennt sind. Auch die buddhistische Kosmologie spielte eine Rolle beim Bau, denn die Welt ist von einer Felsmauer umschlossen, jenseits der der große Urozean liegt – hier symbolisiert durch Mauerring und Wassergraben.

Jayavarmans VII. Stadt bezieht sich aber auch auf das so genannte Quirlen des Milchmeeres: Die jeweils 54 Gottheiten und Dämonen entsprechen 108 Beschützern der Stadt. Die Asuras halten als Diener königlicher Macht böse Einflüsse und Feinde von der Stadt fern. Die Nagas mit ihren sieben Köpfen sind bereit, Gift zu spritzen. Mit ihnen beginnt die Reihe der Giganten, ihre erhobenen Schwänze bilden das Ende. Diese vielköpfigen Schlangen stellen sowohl das Symbol der Urschlange Vasuki als auch das Khmer-Symbol für den Regenbogen dar, die Brücke zwischen Himmel und Erde und ein Symbol für den Pakt mit den guten Mächten des Himmels, die fruchtbaren Regen auf die Erde fallen lassen. Die Götter des Südtores korrespondieren mit den Dämonen des Nordtores und umgekehrt – das Gleiche gilt für Ost- und Westtor. Die Mächte von Licht und Dunkelheit sind als polare Kräfte unentbehrlich, weil sie die Dynamik der

Existenz gewährleisten. Das „Drehen" des kosmischen Berges Meru/Bayon wird durch Amrita bewirkt, eine Art Ambrosia, die Angkor Thom unbesiegbar machen soll. Die von Jayavarman VII. erbaute Stadt wird also durch göttliche Macht beschützt, gleichzeitig dienen diese Kräfte seiner eigenen Unsterblichkeit. Auch Indra, der perfekte Kriegsgott und König der himmlischen Götter, soll dabei helfen, die Stadt zu beschützen. Schließlich wacht Lokeshvara von den Gipfeln der Stadttore. Seine aufmerksamen und mitleidsvollen Gesichter mit den Zügen des Königs halten Ausschau in alle vier Himmelsrichtungen des Königreiches und garantieren Schutz. Hier wird hinduistische durch buddhistische Symbolik verstärkt. Damit wird sie dem einfachen Volk zugänglicher, für das bisher die innersten und obersten Bereiche der Tempel verschlossen blieben, und das die Bedeutung der esoterischen indischen Mythologie kaum verstand.

206 UNTEN: GÖTTER UND DÄMONEN BEWACHEN DIE TORE VON ANGKOR THOM.

207 KÖNIG JAYAVARMAN VII. IN EINER SKULPTUR DES 12. JAHRHUNDERTS; NATIONALMUSEUM PHNOM PENH.

BAYON

4

GESCHICHTE	BESICHTIGUNG

Da der Bayon mehrfach verändert wurde, ist er schwer zu interpretieren. Er galt lange als hinduistisches Bauwerk, wurde aber im Jahre 1925 als buddhistisches Heiligtum erkannt.

Die Mauern von Angkor Thom bilden gleichzeitig den äußersten Mauerring dieses Tempels, der sich auf drei Ebenen entfaltet. Wenn man sich dem Bayon von Osten nähert, bemerkt man zuerst eine 72 Meter lange und 27 Meter breite, von zwei Teichen flankierte Plattform. Eine von Nagas und Löwen gesäumte Plattform führt zu dem Gopuram im dritten Mauerring, einem Rechteck von 156 x 141 Meter. Er besteht aus einer Galerie mit Blindmauer auf der Innen- und

208 OBEN: DETAIL EINES RELIEFS IN DER OSTGALERIE DES DRITTEN MAUERRINGS.

208 MITTE: PRASAT MIT DEN GESICHTERN VON LOKESHVARA.

208 UNTEN: MARSCHIEREN IM TANZSCHRITT; RELIEF AUF DER MAUER DES ZWEITEN MAUERRINGS.

209 BAYON AUS DER VOGELPERSPEKTIVE.

LEGENDE

1 BECKEN
2 TERRASSE
3 GOPURAM
4 DRITTER MAUERRING
5 ECKPAVILLONS
6 ERSTE EBENE
7 „BIBLIOTHEKEN"
8 ZWEITER MAUERRING
9 HÖFE DER ZWEITEN EBENE
10 DRITTE EBENE
11 PRASAT
12 VORSPRINGENDER ABSCHNITT
13 ZENTRALER PRASAT

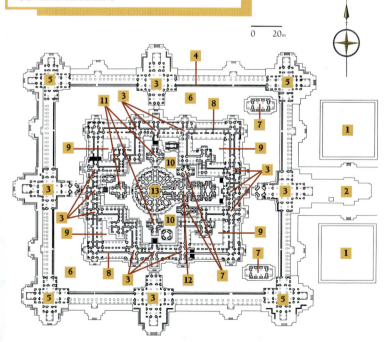

KAPITEL 4 ◆ **209** ◆ BAYON

einer doppelten Säulenreihe auf der Außenseite. Daraus haben Forscher geschlossen, dass einstmals eine Halbkolonnade vorgesetzt war.

Beachten Sie die graziösen, tanzenden Apsaras auf den Lotosblumen. Die kreuzförmigen Ecktürme und Eingangspavillons in der Galerie haben breite, vorspringende Portiken: Die vier mittleren Pfeiler in der Haupthalle sind größer als die acht daneben. Diese Säulenhallen mit einer Seitenlänge von 20 Meter waren mit Kraggewölben gedeckt. Die Quergewölbe stürzten ein, weil sich die Joche dehnten und die gesamte Konstruktion Mängel aufwies. Die Techniken, mit denen die Khmer bauten, waren dem Zimmermannshandwerk entlehnt – etwa die Staffelung von Giebelfeldern – sie erwiesen sich aber als ungeeignet, das Gewicht von Steindächern zu tragen. Auf der 4,50 Meter hohen Blindmauer reihen sich in

210–211 DIE NORDOSTECKE DES TEMPELS.

210 UNTEN MITTE: DER SÜDLICHE GOPURAM IM ZWEITEN MAUERRING.

210 UNTEN: DER VORSPRINGENDE TEIL DES ZENTRALEN PRASAT.

211 UNTEN: HOF IM DRITTEN MAUERRING.

mehreren Registern herrliche Basreliefs auf. Da einige Bereiche unvollendet blieben, kann man die Arbeitsabläufe nachvollziehen. Wenn Sie durch den Gopuram eingetreten sind, sollten Sie sich nach links wenden und durch den Südflügel der östlichen Galerie gehen: Dort tauchen zwischen den marschierenden Truppen auch chinesische Soldaten auf, Szenen aus dem Alltag wechseln ab mit der Prozession der Arche des Heiligen Feuers, die von bärtigen Brahmanen begleitet wird. Im zweiten Register wird ein Büffel geopfert, während in der südlichen Galerie des Westflügels Jayavarman VII. seinen Sieg in der Seeschlacht im Tonlé Sap über

212 OBEN: MARSCHIERENDE ARMEE; SÜDFLÜGEL DER OSTGALERIE IM DRITTEN MAUERRING.

212 UNTEN LINKS: VERSORGUNGSLINIEN; SÜDFLÜGEL DER OSTGALERIE IM DRITTEN MAUERRING.

212 UNTEN RECHTS: DIE CHAMPA VERRATEN SICH DURCH IHRE UNGEWÖHNLICHEN KOPFBEDECKUNGEN.

die Champa, die Helme in Form umgekehrter Blumenkelche tragen, feiert. Der Hintergrund ist detailreich und die Wassertiere sind äußerst lebensnah dargestellt. Zwischen den Schlachtszenen pulsiert das Leben: In den Stelzenhäusern werden Schweine in großen Kesseln gekocht oder auf Spießen über dem Feuer gebraten. Die dabei benutzten Geräte und Utensilien sind in den ländlichen Regionen Kambodschas noch heute in Gebrauch. Auf dem Marktplatz trinken die Männer Branntwein und sehen Hahnen- und Wildschweinkämpfen zu. In den oberen Registern sehen Sie das Leben im Königspalast: Die Prinzessinnen ziehen sich an, und die Edelleute spielen Schach.

Während die Armen ihre Habe auf dem Kopf tragen, lassen sich die Reichen in Sänften tragen. Die militärischen Aufzüge setzen sich im Westflügel fort. Im Südflügel der westlichen Galerie finden Sie viele unvollendete Arbeiten. Interessant sind eine Szene vom Tempelbau sowie ein Handgemenge, das vielleicht den Bürgerkrieg darstellt. Im Nordflügel finden sich Reste von Inschriften, die als „Anleitung" für die Bildhauer gedacht waren – sie wurden nie entfernt. Im nordwestlichen Eckpavillon finden sich Reste eines Buddhas auf einer Naga. Der Westflügel der Nordgalerie zeigt festliche Szenen mit Akrobaten, Ringkämpfern und Bildern eines Kampfes, die sich im Ostflügel fortset-

213 OBEN: DETAIL DER SCHLACHT IM TONLÉ SAP; DRITTER MAUERRING, OSTFLÜGEL DER SÜDGALERIE.

213 MITTE: DRITTER MAUERRING, OSTFLÜGEL DER SÜDGALERIE MIT DER SCHLACHT AM TONLÉ SAP.

213 UNTEN: DEVATA MIT EINER TAUBE.

zen – dort scheinen die Khmer vor den Champa zu fliehen. Über den zentralen Gopuram dieser Galerie wacht ein kopfloser Dvarapala. Wieder zurück zur Ostfassade des Tempels folgen im Nordflügel weitere Kriegsszenen.
In den Ecken der östlichen Hofseite, die durch eine dritte Galerie abgeschlossen wird, stehen zwei „Biblio-

theken". Außerdem erkennen Sie Fundamentreste von 16 rechteckigen Bauwerken, die vielleicht nach dem Tod von Jayavarman VII. abgerissen wurden. Sie standen zwischen der dritten und zweiten Galerie, jeweils vier senkrecht zueinander, sodass 16 kleine Höfe entstanden. Einfache Türen mit Re-

liefs führten hinein. Vielleicht handelte es sich um Heiligenhäuschen, die Bildnisse der Hauptgötter der Khmer und die Götter der von den Khmer eroberten Provinzen enthielten.
Um die 70 x 80 Meter große zweite Galerie zu betreten, müssen Sie eine 1,30 Meter hohe Stufe überwinden. Die Galerie ist dreischiffig und außen mit einem Kraggewölbe gedeckt. Das Äußere zieren außerdem ein Basrelief und eine Reihe von Säulen. Innen sind ein Schiff mit Fenstern und einem Halbgewölbe sowie ein Portikus mit Säulen angebaut. Die dreifachen Gopuram der vier axialen Eingänge und in den Ecken werden von 16 Türmen mit den vier Gesichtern von Lokeshvara gekrönt.
In den Basreliefs der dritten Galerie waren nicht nur Könige und Götter, sondern auch Szenen mit einfachen Menschen dargestellt. Sie schienen aus dem Dunkel eines Khmer-Reiches aufzutauchen, wo sie das Recht besaßen, sich Seite an Seite mit ihren Herrschern zu zeigen. Hier in der zweiten Galerie ändert sich die Szenerie grundlegend. Da nun die hinduistischen Motive do-

214–215 DIE NORDÖSTLICHE „BIBLIOTHEK" IM HOF DES DRITTEN MAUERRINGS.

214 MITTE: GOPURAM MIT DVARAPALAS UND EIN TÜRSTURZ MIT APSARAS.

214 UNTEN: GOPURAM MIT EINER NAGA-BALUSTRADE UND EINEM GARUDA.

215 OBEN: NISCHE MIT DEVATA UND DVARAPALA.

215 UNTEN: WACHENDE LÖWEN AN DER TREPPE UND NAGA-BALUSTRADEN IM DRITTEN MAUERRING.

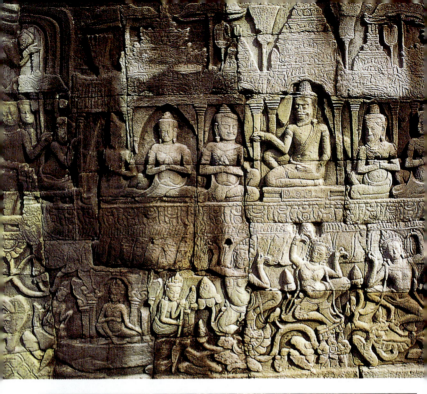

216–217 BLICK AUF EINE PLATTE MIT BASRELIEFS IN DER SÜDGALERIE DES ZWEITEN MAUERRINGS.

216 UNTEN: DIESE ELEGANTE SKULPTUR ZEIGT DIE MUSIKER, DIE DIE ARMEE BEGLEITEN.

217 OBEN: SZENEN AUS DER SCHLACHT GEGEN DIE CHAMPA.

217 MITTE: KAMPF DER EBER; DRITTER MAUERRING, OSTFLÜGEL DER SÜDGALERIE.

217 UNTEN: EINE DEVATA KÄMMT IHR HAAR UND BASRELIEFS IM ZWEITEN MAUERRING.

minieren, haben Forscher geschlossen, dass sich Jayavarman VIII. in der zweiten Hälfte des 13. Jahrhundert wieder dem Hinduismus zuwandte. Außerdem boten die Wände weniger Platz, daher stellten die Künstler eher einzelne Szenen und kurze Abschnitte dar. Ihre Besichtigung beginnt am Osteingang, wo Sie sich nach links wenden. Im Südflügel sehen Sie Shiva zwischen Einsiedlern. Im Ostflügel der südlichen Galerie – dort ist die prachtvolle Decke völlig erhalten – sehen Sie marschierende Truppen und Palastszenen neben der mythologischen Darstellung eines Jungens, der vor dem Ertrinken gerettet wird, im Westflügel sind ein bärtiger Shiva und ein vierarmiger Vishnu dargestellt. Im Südflügel der westlichen Galerie wechseln sich Vishnus Kämpfe mit Szenen vom Bau eines Tempels ab. Im Nordflügel ist das Quirlen des Milchmeeres dargestellt. Der Westflügel der nördlichen Galerie zeigt Szenen aus dem Hofleben und religiöser Verehrung, aber auch zwei Bilder der Trimurti und eines vom Kama-Mythos, nach dem der Liebesgott von Shiva getötet wird. Im Ostflügel tauchen wieder Shiva, seine Gefährtin Uma und der Bulle Nandi, sowie Vishnu mit Lakshmi auf. Zurück zur Ostfassade der Galerie: Der Ostflügel stellt zwei Mythen vor, die noch heute Teil des Khmer-Volksglaubens sind: die Befreiung eines im Felsen eingeschlossenen Mädchens und der König, der Lepra bekam, nachdem er von einer Schlange gebissen wurde.

218 TÜRME MIT DEM GESICHT VON LOKESHVARA; ERSTE GALERIE.

219 OBEN: LÄCHELNDER LOKESHVARA.

219 UNTEN: DER ZENTRALE PRASAT, GESEHEN VON DEM GOPURAM IM ZWEITEN MAUERRING (LINKS); DRITTE EBENE, DER VORSPRINGENDE ABSCHNITT DES ZENTRALEN PRASAT (RECHTS).

Höchstwahrscheinlich wurde die zweite Galerie an ein bestehendes, kreuzförmiges Gebäude angebaut, um durch die vier neuen Flügel einen rechteckigen Bau zu schaffen. Tatsächlich gibt es im Innern vier winzige, offene Höfe, die eher an Brunnen erinnern, denn die kreuzförmige Plattform auf der dritten Ebene nimmt beinahe den gesamten Raum der zweiten Ebene ein. Zwei seitliche Treppen in dem östlichen Gopuram und eine in den anderen drei der übrigen Seiten führen hinauf zur dritten, drei Meter höheren Ebene. Die Terrasse auf griechischem Kreuz wird von zahlreichen Türmen beherrscht, der größte ist der 25 Meter hohe, zentrale Prasat, der sich 43 Meter über den Boden erhebt. Der Zugang führt durch vier Räume – Portikus, Säulenhalle und ein doppeltes Vestibül – zwischen zwei „Bibliotheken" hindurch. Der zentrale Prasat wird auf der West-, Nord- und Südseite von kreuzförmigen Prasat umgeben, die mit der äußeren Galerie verbunden sind. Auf der Terrasse stehen weitere Bauten: ein quadratischer in der Südwestecke und zwei rechteckige in den Nordwest- und Nordostecken. Wenn Sie von Osten kommen, stoßen Sie direkt auf die „Bibliothek." Lassen Sie den Bau zu Ihrer Linken und gehen Sie bis zur Ecke der Balustrade, wo Sie auf einen wunderschönen Lokeshvara auf dem Giebelfeld eines Gebäudes der unteren Terrasse stoßen. Wenn Sie um den mittleren Prasat herumgehen, sehen Sie überall Lokeshvara mit den Zügen von Jayavarman VII. Nach Paul Mus standen hier ursprünglich 54 Prasat, sodass über 200 Gesichter des Mitfühlenden Gottes in alle Himmelsrichtungen des Reiches blickten und die Khmer beschützten. Obwohl Lokeshvara ein Bodhisattva ist, steht er hier auch als Symbol für den Buddharaja, den Buddha-König. In der Tat feiert der Komplex von Bayon sowohl die funktionelle Rolle des Königs als personifizierten Lokeshvara, als nachdenklichen und sich sorgenden Wächter über seine Untertanen, als auch die Essenz von Buddha, und seine Emanationen, die Bodhisattvas.

Der zentrale Prasat wurde einschneidend umgebaut. Er steht auf kreuzförmigem Grundriss. Daran wurden vier radiale Kapellen angebaut, sodass er nun aus acht Heiligtümern mit Portiken besteht– der östliche ist länger und springt vor. Vermutlich beherbergten die Kapellen Bildnisse der vergöttlichten Mitglieder der Königsfamilie. Zwischen die acht rechteckigen wurden acht dreieckige Kapellen eingebaut. Die beiden Dreiecke neben dem vorspringenden Portikus sind kleiner und als solche fast nicht zu erkennen. Neben der Sonnensymbolik mit den acht Raumrichtungen und der Mondsymbolik mit 16 Einheiten nach der Hinduphilosophie, hat sich der massive Prasat durch die Umbauten in eine runde Stupa verwandelt – das erste buddhistische Monument, das in Indien als Grabhügel über den verbrannten Resten des historischen Buddha errichtet wurde. Außerdem sollen die acht Kapellen an das Rad des Gesetzes erinnern, das acht Speichen besitzt – der achtfache Pfad der Rechtschaffenheit in Anschauung, Absicht, Reden, Handeln, Lebenserwerb, Streben, Achtsamkeit und Sichversenken – und Buddha symbolisiert.

Man kann die dunkle Cella – eine echte Höhle von fünf Metern Durchmesser im Zentrum des Prasat – von Osten oder Westen betreten. Sie wird von dem Pradakshinapatha (dem Weg der Pradakshina) umgeben, auf dem die Gläubigen das heilige Objekt als Zeichen von Respekt und Verehrung umrundeten. Hier war es eine

3,60 Meter hohe Buddhastatue, die auf der Schlange Mucilinda saß. Sie hob ihre sieben Köpfe wie einen Baldachin, um den Erleuchteten zu beschatten. Auch der Buddha trug die Gesichtszüge des Königs. Während der Restauration des Brahmanismus nach dem Tod von Jayavarman VII. wurde die Statue entfernt und zerbrochen. Nachdem man sie 1933 wiederentdeckt hatte, stellte man sie auf einer Terrasse östlich des südlichen Khleangs wieder auf.

Die erste Form des Buddhismus, die sich im Reich der Khmer durchsetzte – Hinayana oder „Kleines Gefährt" – wurde von missionierenden Mönchen verbreitet, die den indischen Händlern folgten. Der korrekte Name wäre Theravada oder Lehre der Älteren. Sie wurde von den Hütern von Buddhas originaler und knapper Lehre gelehrt und setzte auf Achtsamkeit und mönchisches Leben, nicht so sehr auf metaphysische Spekulationen und Mystizismen. Diese beiden Elemente spielten eine zentrale Rolle in der Lehre der Mahayana (oder „Großes Gefährt"), die schon seit dem 7./8. Jahrhundert in Kambuja verbreitet war und von seinen Vertretern als Buddhas wahre Lehre angesehen wurde. Der Begriff „Groß" berücksichtigt die esoterischen Aspekte, die nach der Überzeugung der Mahayana-Anhänger den anderen fehlten. Das Vajrayana (oder „Diamantene Gefährt") ist eine esoterische Form des Buddhismus mit komplizierten Ritualen, die im 12. und 13. Jahrhundert an Bedeutung gewann und in Form einiger Inschriften und prachtvoller Bronzen überliefert ist.

Als Jayavarman VII. den Thron bestieg, machte er den Mahayana-Buddhismus zur Staatsreligion. Der neue König ließ sich von dem Mitgefühl von Bodhisattva Lokeshvara, dem Herrn der Welt, inspirieren und rief sich selbst als dessen Inkarnation aus. Trotz seiner Erleuchtung strebt ein Bodhisattva Befreiung und Erleuchtung nicht für sich selbst an, sondern weist anderen den Weg. Damit hält er sich an die Kardinaltugenden des Mahayana-Buddhismus: Güte und Mitleid. Jayarajadevi, die Lieblingsfrau von Jayavarman wurde als die Göttin Prajna verehrt, nach einer anderen Version auch als Tara, Herrin des Mitleids. Auch andere Mitglieder der königlichen Familie gingen nach ihrem Tod in das buddhistische Pantheon ein.

Obwohl sich Jayavarman als mitleidender Herrscher verstand, mussten seine Untertanen wegen seiner Bauwut und dem Streben nach Unsterblichkeit schreckliche Opfer bringen. Daher überlebte der Mahayana-Buddhismus das Khmer-Reich nicht: Als der König starb, lag das Reich am Boden, denn er hatte es für seine Obsessionen ausgebeutet. Das „Große Gefährt" wurde zugunsten der Theravada aufgegeben, dessen sehr einfache Rituale bis heute von einigen Mönchen und Teilen der Bevölkerung praktiziert werden.

220 ZIERLICHE DARSTELLUNG TANZENDER APSARAS AUF DEN SÄULEN EINES GOPURAM IN BAYON.

221 DIE GÖTTIN TARA ALS JAYARAJADEVI, DIE FRAU VON JAYAVARMAN VII.; MUSÉE GUIMET, PARIS.

BAPHUON

GESCHICHTE

Baphuon liegt 200 Meter nordwestlich des Bayon. Es wurde um 1060 vollendet und bildete das Zentrum der Hauptstadt von Udayadityavarman II. Dieser außergewöhnlich große Tempelberg brach schließlich zusammen, weil die technischen Leistungen der Khmer nicht mit ihren architektonischen Ansprüchen Schritt hielten: Das enorme Gewicht der Galerien, Gopuram und Ecktürme auf den Terrassen von Baphuon wurde zu groß, obwohl die Baumeister die Steinblöcke verklammerten. Zur Zeit wird der Komplex im Rahmen eines groß angelegten, mehrjährigen Projektes restauriert.

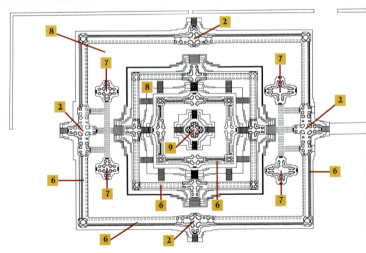

Baphuon ist von einem rechteckigen, 425 x 1125 Meter großen Mauerring aus Sandstein umgeben – ein ungewöhnliches Material für diesen Zweck. Die Pyramide hat fünf Stufen und ist 24 Meter hoch. Sie misst an ihrer Basis 130 x 103 Meter und am Gipfel 42 x 36 Meter. Wenn man die krönenden Prasat mitberücksichtigt, dürfte der Tempel 50 Meter hoch gewesen sein. Ein 200 Meter langer, von drei Reihen kurzer, runder Säulen getragener Zugang führt zum Tempel. Daneben dehnen sich vier Teiche aus. Der zweite Teich links mit seinen Treppenstufen aus Sandsteinen wurde restauriert.

LEGENDE

1 ÄUSSERER MAUERRING
2 GOPURAM
3 ZUGANGSDAMM
4 KREUZFÖRMIGER PAVILLON
5 TEICH
6 UMLAUFENDE GALERIE
7 „BIBLIOTHEKEN"
8 PYRAMIDE
9 ZENTRALER PRASAT

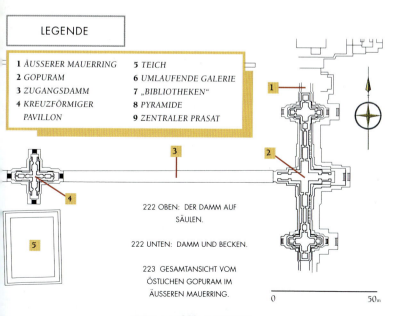

222 OBEN: DER DAMM AUF SÄULEN.

222 UNTEN: DAMM UND BECKEN.

223 GESAMTANSICHT VOM ÖSTLICHEN GOPURAM IM ÄUSSEREN MAUERRING.

224 OBEN: RELIEFLEISTEN DER ERSTEN EBENE UND EINE GOPURAM.

224 UNTEN: SCHMUCKPLATTEN AUF DER ZWEITEN EBENE.

225 OBEN: FLÜGEL DES KREUZFÖRMIGEN PAVILLONS.

225 UNTEN LINKS: FENSTER IM KREUZFÖRMIGEN PAVILLON.

225 UNTEN MITTE: FENSTER IM MAUERRING ZUM KÖNIGSPALAST.

225 UNTEN RECHTS: BLINDFENSTER IM GOPURAM DER ERSTEN EBENE.

BESICHTIGUNG

Etwa nach der Hälfte des Zugangs trifft man auf einen kreuzförmigen Pavillon. Der Gopuram auf der ersten Stufe wird von einer Galerie mit Eckpavillons umgeben und wurde vollständig restauriert. Es handelt sich um einen äußerst interessanten, dreiteiligen Bau: Von der zentralen, quadratischen Halle zweigen Seitenflügel ab, deren beide Räume sich stufenartig verschmälern. Ein doppelter Korridor führt nach außen, ein einfacher nach innen. Während die Seitenkammern mit Kraggewölben gedeckt sind, sitzt auf der mittleren Kammer ein kleineres Stockwerk („Priesterkapelle" oder „Kreuzgangsbogen"), das von einem Lotos-Akroterion gekrönt wird. Die Galerie, zu der sich der Gopuram öffnet, hat Blindfenster in den Außen- und echte Fenster in den Innenmauern, die alle mit Balustern verdeckt sind. Das Dach bestand wohl aus einem mit Dachziegeln gedeckten Holzgerüst.

Auf der ersten Ebene des Baphuon stehen die Reste von vier „Bibliotheken", zwei auf der Ost- und zwei auf der Westseite. Wahrscheinlich waren die paarigen Bauten über einen erhöhten Weg miteinander verbunden. Die zweite Ebene ist als doppelte Plattform ausgeführt und trug eine schmale Sandsteingalerie mit Kraggewölbe aus vier Reihen von Steinblöcken, sie endete mit zwei gegenüber stehenden Blöcken. Auf beiden Seiten gibt es echte Fenster. Die herrlichen und zu Recht berühmten Basreliefs können wegen der Restaurierungsarbeiten zur Zeit leider nicht besichtigt werden.

Auch die dritte Ebene war in eine doppelte Plattform gegliedert, die mit einer Galerie endete. Zwischen der zweiten und dritten Ebene finden sich Reste von Ecktreppen, die wahrscheinlich zu Ecktürmen führten. Sie sind nicht mehr benutzbar. In der Mitte stand ein einziger, kreuzförmiger Prasat, dessen Aufbau noch ungeklärt ist.

Es lohnt sich, das Gelände durch den Pavillon in der Mitte des erhöhten Zugangs zu verlassen, denn zur Zeit dürfen Besucher nicht über diesen Punkt hinausgehen. Benutzen Sie die Treppen rechts, und gehen Sie nach links um den Bau herum. Links sehen Sie die Stuckarbeiten auf der Basis. Wenn Sie an der Westseite des Baphuon angekommen sind, stehen Sie vor den Resten eines kolossalen Buddhas, der im 16. Jahrhundert von Mönchen aus Material angefertigt wurde, das sie in den Tempelruinen fanden. Gehen Sie wieder zurück bis zur Nordwestecke des Baphuon, denn von dort aus können Sie die Gopuram des Palastes betreten und in andere Bereiche gelangen.

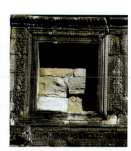

KAPITEL 4 ♦ **225** ♦ BAPHUON

DIE TERRASSE DES LEPRA-KÖNIGS

BESICHTIGUNG

Dieses Monument erhebt sich nördlich der Elefantenterrasse. In seinem jetzigen Zustand geht es nicht auf Jayavarman VII., sondern auf seinen Nachfolger Jayavarman VIII. zurück. Die zum Königsplatz gerichtete Front der Terrasse ist 25 Meter lang und zeigt auf sechs Meter hohen Mauern bis zu sieben Register mit Figuren von Gottheiten, fünf-, sieben- und neunköpfige Nagas und Meerestieren. Die Götter werden in ihren Palästen mit Gefährtinnen und Beratern dargestellt, manche von ihnen erschreckend und grausam. Wenn man von der Südwestecke kommt, liegt hinter dieser ersten eine zweite Mauer, die bei Ausgrabungen der EFEO (*École Française d'Extrême Orient*) entdeckt wurde. Sie zeigt ebenfalls die bereits erwähnten Basreliefs. Dafür gibt es mehrere Erklärungen. Manche Forscher, wie Philippe Stern, glauben, dass die neue Mauer erforderlich war, weil die alte einstürzte. Dafür sprechen unvollendete Teile und Steinblöcke, die in der neuen Mauer wieder verwendet wurden. Andere Experten, vor allem Georges Coedès, glauben, dass diese Mauer bewusst versteckt lag, weil sie die Welt der Erdgeister und die Götter der Unterwelt unter dem Meru darstellen sollte. Die zweite Theorie ist sicher faszinierender. Sie erhält Gewicht durch die Tatsache, dass auf der Terrasse des Lepra-Königs die verstorbenen Mitglieder des Königshauses verbrannt wurden. Betreten Sie die Terrasse über eine Treppe in der Nordwestecke. Umgeben von vier anderen Statuen steht hier die Statue des so genannten Lepra-Königs. Sie soll Yama, den Gott der Toten darstellen. Das Original aus dem 14.–15. Jahrhundert steht im Nationalmuseum von Phnom Penh. In Wirklichkeit beruhen die sichtbaren Anzeichen von Lepra auf Flechtenbewuchs dieser geheimnisvollen, nackten Fi-

LEGENDE

1 ELEFANTENTERRASSE
2 ÄUSSERE MAUER
3 INNERE MAUER
4 KORRIDOR
5 STATUE DES LEPRA-KÖNIGS

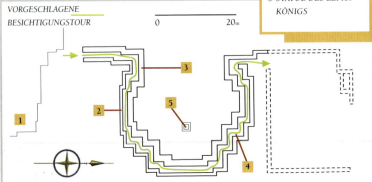

VORGESCHLAGENE BESICHTIGUNGSTOUR

gur ohne Geschlechtsmerkmale. Nach einem verbreiteten Volksglauben der Khmer war Jayavarman VII. leprös, daher ließ er zahlreiche Krankenhäuser erbauen. Neben Jayavarman litten auch andere Khmer-Könige unter dieser schrecklichen Krankheit – zumindest sagen dies die Volkserzählungen.

226 DIE TERRASSE DES LEPRA-KÖNIGS, AUSSENMAUER.

227 OBEN: GÖTTER DER UNTERWELT AUF DER INNEREN MAUER.

227 UNTEN: STATUE DES LEPRA-KÖNIGS; NATIONALMUSEUM PHNOM PENH.

ELEFANTEN-TERRASSE

4

| BESICHTIGUNG | |

Die Elefantenterrasse liegt etwas hinter dem Bayon und grenzt an den Gopuram des Baphuon an. Sie überblickt den so genannten Königsplatz, den Jayavarman VII. als theatralischen Schauplatz für Paraden und Zeremonien anlegen ließ. Auf der Ostseite des Platzes mündet die Allee vom Siegestor zwischen zwei Reihen mit sechs Türmen. Die Terrasse ist über 300 Meter lang und liegt direkt vor dem Königspalast. Sie war eine Art Balkon für die Residenz des Königs, obwohl sie teilweise Mauern und Eingang verdeckt. Über zwei Treppen an den Enden und drei in der Mitte – sie werden von dreiköpfigen Elefanten und sitzenden Löwen bewacht – gelangt man auf die von Nagas eingefasste Terrasse. Auf den bis zu vier Meter hohen Mauern steht eine lange Reihe von überraschend

228 OBEN: PROZESSION DER ELEFANTEN AUF DER OSTMAUER.

228–229 SÜDRAMPE DER DREIZÜGIGEN MITTLEREN TREPPE.

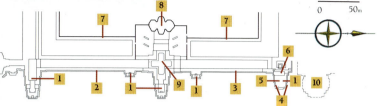

LEGENDE

1. *VORSPRINGENDE FLÜGEL MIT TREPPEN*
2. *MAUER MIT ELEFANTEN*
3. *MAUER MIT GARUDAS UND LÖWENTIERFRIESEN*
4. *ZIRKUSSPIELE*
5. *FÜNFKÖPFIGES PFERD*
6. *PLATTFORM MIT LOTOSKNOSPEN*
7. *WAND DES KÖNIGSPALASTES*
8. *ÖSTLICHER GOPURAM DES KÖNIGSPALASTES*
9. *KREUZFÖRMIGE PLATTFORM DER HAMSAS*
10. *TERRASSE DES LEPRA-KÖNIGS*

229 OBEN: DER MITTLERE, VORSPRINGENDE ABSCHNITT.

229 UNTEN: ELEFANTENTREIBER; OSTMAUER.

realistisch gearbeiteten Elefantenstatuen. Neben der mittleren Treppe sind Garudas und Figuren mit Löwenköpfen zu sehen, die Arme und Beine heben: Die vier schönsten sehen Sie rechts, wenn Sie die Treppe links neben der Haupttreppe benutzen.

KAPITEL 4 ◆ **229** ◆ ELEFANTENTERRASSE

Über die Terrasse erhebt sich eine zweite Plattform, die mit Kinnaris (geflügelte, weibliche Figuren), betenden Geistern auf Lotosblüten (wahrscheinlich Yakshas) und Hamsas verziert ist, den heiligen Gänsen und Reittieren von Brahma. Früher stand auf dieser Plattform ein hölzerner Pavillon mit einem Dach aus farbigen Dachziegeln, von denen in der Nähe einige Überreste entdeckt wurden. Etwas weiter folgt die kreuzförmige Terrasse vor dem Gopuram zum Königspalast, die ebenfalls von Hamsas gestützt wird.

Die Elefantenterrasse ist das Endprodukt mehrerer Umbauten – am Nordende können Sie noch Spuren davon erkennen: Hier wurde sie nochmals vergrößert, und die Treppen sind anders angeordnet. Im Osten liegen zwei, im Norden eine sehr steile Treppe. Auf den Nord- und Südseiten der Mauer sind äußerst lebendige Zirkusszenen dargestellt – Akrobaten, Ringkämpfer und Wagenrennen – auf dem oberen Register findet ein Polospiel nach indischem Vorbild statt. Hinter diesem Komplex brachten Archäologen eine andere Mauer ans Licht. Da sie vergraben war, blieben die Skulpturen ausgezeichnet erhalten. Wenn Sie die Treppe zu diesen Funden herabsteigen, stoßen Sie zwischen Kriegern und Tänzerinnen auf ein majestätisches, fünfköpfiges Pferd. In der Nordostecke hält ein Elefant mit seinem Rüssel zwei Gestalten mit dem Kopf nach unten hoch. Steigen Sie die Treppe wieder hinauf und wenden Sie sich dem Königspalast zu. Sie blicken auf eine Balustrade mit Nagas mit verzierten Körpern und eine Mauer, die von dreiköpfigen Elefanten eingerahmt wird, dazu ein Schwarm göttlicher Gestalten um Rahu, den Gott der Finsternis. Über seinem Sockel erhebt sich eine Plattform in der Gestalt einer Lotosblüte.

230 OBEN: ZIRKUSSZENEN; NÖRDLICHE STÜTZMAUER.

230 UNTEN: EIN FÜNFKÖPFIGES PFERD; HINTER DER NORDMAUER.

231 OBEN: DETAIL EINES GOTTES VOR DER LOTOSKNOSPEN-PLATTFORM.

231 UNTEN LINKS: DIE LOTOSKNOSPEN-PLATTFORM.

231 UNTEN RECHTS: LÖWEN UND GARUDAS ALS ATLANTEN AUF DEN SEITEN DER NÖRDLICHEN TREPPENWANGEN.

DER KÖNIGSPALAST

BESICHTIGUNG

Der Baubeginn lässt sich wahrscheinlich Rajendravarman im 10. Jahrhundert. zuschreiben. Suryavarman I. baute den Palast aus und Jayavarman VII. ließ ihn im 12./13. Jahrhundert vollständig neu errichten. Die 14 Hektar große Anlage wird von einer Lateritmauer umgeben. Sie ist fünf Meter hoch, in Nord-Südrichtung 246 Meter und in Ost-West-Richtung 585 Meter lang. Das Ganze wird von einem Wassergraben und einer weiteren Mauer umgeben, die aus einer späteren Zeit stammt. Die Besichtigung gleicht einem angenehmen Spaziergang auf der Suche nach idyllischen Plätzen zwischen grüner Vegetation. Treten Sie durch den östlichen Gopuram von der Elefantenterrasse ein, und verlassen Sie den Palast durch den zweiten Gopuram auf der Südseite, wo Sie sich dem Baphuon zuwenden können, oder gehen Sie durch den zweiten Gopuram auf der Nordseite weiter zum Preah Palilay und Tep Pranam. Zum Königspalast gehören fünf Gopuram, einer im Norden und je zwei auf Süd- und Nordseite. Der Haupteingang liegt im Osten, entsprechend wurde der Gopuram hier repräsentativ und in harmonischen Proportionen gestaltet. Er überblickt eine Terrasse mit Löwen und Garudas auf den Stützwänden. Von der eleganten Dekoration sind nur noch einige Türstürze mit

LEGENDE

1 *WASSERGRABEN*
2 *MAUERRING*
3 *GOPURAM*
4 *ELEFANTENTERRASSE*
5 *PHIMEANAKAS*
6 *TEICHE*
7 *BAD DER MÄNNER*
8 *TERRASSE*
9 *PRASAT*

gewundenen Blumenmotiven erhalten. Im westlichen Vestibül des Gopuram hat sich auf dem Pfosten des linken und teilweise auch des rechten Fensters eine berühmte Inschrift erhalten: Sie enthält den Treueeid der königlichen Würdenträger, den sie Suryavarman I. schwören mussten.

Der Palast war viergeteilt, doch von dem eigentlichen Bau blieb nichts erhalten, da auch die Wohnungen des Königs aus Holz bestanden. Es waren Pavillons auf hohen Steinsockeln mit axialen Treppen und Balustraden. Die Dächer hatten mehrere hintereinander gestaffelte Giebel, sodass sie

232 OBEN: ZWEI TEICHE – DER HINTERE IST ALS BAD DER MÄNNER BEKANNT.

232 UNTEN: NÖRDLICHER GOPURAM DES KÖNIGSPALASTES.

232–233 ÖSTLICHER GOPURAM DES KÖNIGSPALASTES.

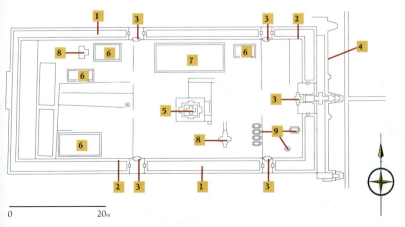

spitz zuzulaufen schienen. Sie waren mit vielfarbigen Ziegeln gedeckt, von denen einige während der Ausgrabungen gefunden wurden. Wenn Sie sich innerhalb des Mauerrings nach links, Richtung Süden, wenden, sehen sie ein Gebäude mit Resten eines Kraggewölbes und Blindfenstern mit schlanken Säulen, einen weiteren Bau aus Laterit und Sandstein, vier kleine Türme und eine kreuzförmige Terrasse mit Säulen an der Basis, vermutlich der Unterbau eines vergänglichen Bauwerks aus dem 14. Jahrhundert An diesem Punkt blicken Sie rechts auf den Phimeanakas – lassen Sie ihn links liegen und gehen Sie weiter Richtung Norden bis zu den Teichen. Der erste Teich, Srah Srei oder „Bad der Frauen", misst 30 x 50 Meter und ist von Stufen aus Sandstein umgeben. Sehenswerter ist jedoch der zweite Teich. Der Srah Pros, bekannt als „Bad der Männer" misst 125 x 45 Meter und wird von terrassierten Wänden mit Reliefs von Garudas, Nagas, Fischen und anderen Wassertieren eingefasst, die sich in der Südwestecke hervorragend erhalten haben. Jenseits des „Bades" gehen Sie weiter nach Westen und treffen auf einen weiteren Teich, dessen Terrasse teilweise von Vegetation überwuchert ist. Hier sehen Sie Elefanten und Pferde, sowie ein schönes Fries mit Hamsas. Diese heiligen Gänse waren ein Symbol für die Seele und entstanden erst im

14. Jahrhundert. Die beiden nun folgenden Teiche sind weniger interessant. Kehren Sie hier um und gehen Sie bis zum Gopuram, der in den Bereich des Preah Palilay führt. Wenn Sie die Richtung Ihres Besuches umkehren – beginnend mit den Teichen – verlassen Sie das Gelände durch den südlichen Gopuram vor dem Baphuon.

234 UND 235 DIE MIT SKULPTUREN VERZIERTEN TREPPEN DES „BADS DER MÄNNER" UND EINIGE DETAILS.

NEBEN DEN FANTASIE-MONSTERN FINDEN SIE AUCH REALE TIERE IN ÄUSSERST LEBENDIGER DARSTELLUNG.

PHIMEANAKAS

BESICHTIGUNG

Sie erreichen dieses Heiligtum, wenn Sie die mittlere Treppe der Elefantenterrasse hinaufsteigen, an dem Gopuram des Königspalastes vorbei und dann noch 250 Meter weiter nach Osten gehen. Es ist noch nicht geklärt, ob Rajendravarman II. oder Suryavarman I. den Bau errichten ließ. Der rechtwinklige Tempel misst an der Basis 36 x 28 Meter, oben 30 x 23 Meter und ist zwölf Meter hoch. Er steht auf einer dreistufigen Pyramide aus Lateritgestein und wird von einem einzigen Prasat gekrönt, der teilweise aus wiederverwendeten Blöcken errichtet wurde. Die vier axialen Treppen sind extrem steil, die im Westen ist am besten erhalten. Auf den Treppenwangen sind wachende Löwen und an den Ecken der Terrasse Reste von Elefanten zu erkennen.

Die Galerie um die oberste Ebene der Pyramide wird von echten und Blindfenstern durchbrochen. Es handelt sich um das erste vollständig aus Sandstein errichtete Gebäude – auch das Dach mit drei Reihen von Kragsteinen und einem Deckstein wurde daraus errichtet. Die glockenförmigen, äußeren Gewölbedächer ahmen Dachziegel nach. Da die Galerie nur einen Meter breit und 1,67 Meter hoch ist, diente sie wohl keinem praktischen Zweck. An den Ecken der Ost- und Westseite befinden sich Scheinportale. Auf dieser dritten Ebene steht auch eine schlecht erhaltene, fünfstöckige Pyramide, über die vier axiale Treppen zu den Ruinen eines Pavillons führen. Wahrscheinlich wurden sowohl die obere Galerie als auch die kleine Pyramide mit dem Pavillon erst nach dem 11. Jahrhundert ergänzt.

Der Name Phimeanakas ist eine Verballhornung der Sanskrit-Worte Vimana und Akasha („Palast der Götter" und „Himmel"). Laut dem chinesischen Gesandten Zhou Daguan war der Tempel aus Gold. Vermutlich hatte man seine Kuppel mit Gold überzogen.

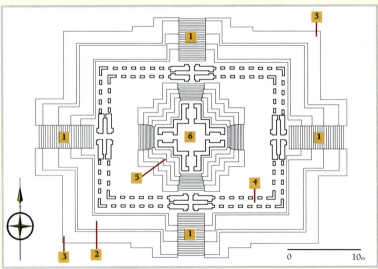

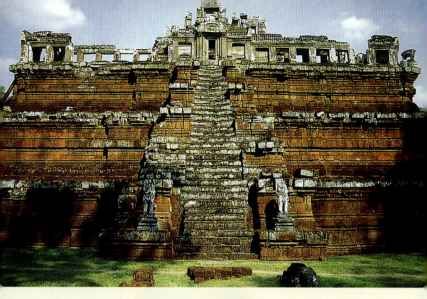

LEGENDE

1 *AXIALE TREPPEN*
2 *PYRAMIDE*
3 *ELEFANTEN*
4 *UMLAUFENDE GALERIE*
5 *FUNDAMENT DES PRASAT*
6 *PRASAT*

236 ÖSTLICHER GOPURAM DES KÖNIGSPALASTES.

237 OBEN: DIE OSTSEITE DES TEMPELS.

237 UNTEN: EINER DER BEIDEN SÜDLICHEN GOPURAM DES KÖNIGSPALASTES.

Zhou Daguan siedelte die Legende der Vereinigung zwischen dem König und einer Nagini, einem Mädchen mit Schlangenkörper, die in der indischen Kultur weit verbreitet ist, hier im Phimeanakas an: Jede Nacht, bevor der König zu seinen Frauen und Konkubinen ging, musste er die Nagini besuchen – geschah das nicht, drohte dem Königreich ein Unglück. Erschien sie nicht, nahte der Tod des Königs. Wie viele königliche Familien in Indien, die sich bei ihrer Abstammung auf die Vereinigung eines Prinzen mit einer Nagini beriefen, glaubten auch die Khmer daran. Die erste Dynastie der Funan-Herrscher führte ihre Herkunft auf den indischen Brahmanen Kaundinya und die Nagini Soma zurück – sie war die Tochter des Königs der Naga. In der Khmer-Kultur wird er zum Drachenkönig des Landes. Um seine Macht zu bewahren und die Fruchtbarkeit des Königreiches zu erhalten, musste ihn der König besänftigen – symbolisch durch die Vereinigung mit seiner Tochter, der vielköpfigen Schlange Nagini. Damit verdanken wir Zhou auch das Wissen um die große Bedeutung des weiblichen Elements für die Legitimation des Königtums.

TEP PRANAM

BESICHTIGUNG

Zum Tep Pranam gelangen Sie, wenn Sie sich von der Terrasse des Lepra-Königs nach links wenden. Die Stätte zeichnet sich weniger durch künstlerische Qualität aus, sondern ist ein Ort der Andacht. Wahrscheinlich stand hier früher ein von Yashovarman I. am Ende des 9. Jahrhundert gegründetes Kloster, von dem sich allerdings kaum Reste erhalten haben. Zu sehen ist ein neuer Bau aus dem 12. und 16. Jahrhundert.

Ein 75 Meter langer Weg aus Lateritgestein führt zu einer eleganten Terrasse mit einer kreuzförmigen Plattform von 30 Meter Seitenlänge. Die schönen Basen sind mit Sandsteinreliefs verziert, in den Ecken und entlang der Achsen stehen buddhistische Stelen. Vier stolze sitzende Löwen im Bayon-Stil bewachen den Osteingang, seitlich davon liegt eine Naga-Balustrade.

Rechts stehen mehrere moderne Stupas. Die Buddhastatue, die immer noch angebetet wird, wurde aus wieder verwendeten Steinen erbaut. Der Kopf stammt aus einer viel späteren Epoche. Der Erleuchtete hat die Bhumisparshamudra-Position eingenommen: Die Beine sind gekreuzt und seine rechte Hand berührt die Erde. Er ruft sie an, um seinen Sieg über Mara, den Gott der Liebe und des Todes und damit seine vollständige Erleuchtung zu bezeugen. Der Holzpavillon, in dem die Statue steht, wurde in altem Stil errichtet. Davor hat man leider eine hässliche Veranda mit Metallverkleidung erbaut. Etwas weiter steht in einem anderen modernen Gebäude in schlechtem Zustand eine große Buddhastatue.

238 OBEN UND 239 OBEN: BUDDHA UNTER DEM ZENTRALEN PAVILLON UND DETAIL.

238 UNTEN: EINER DER WACHENDEN LÖWEN.

238–239 SCHWELLE DER TERRASSE, BEWACHT VON LÖWEN UND NAGAS.

PREAH PALILAY

BESICHTIGUNG

Dieses idyllische, buddhistische Heiligtum erreichen Sie, wenn Sie sich nach der Elefantenterrasse nach links wenden, den Tep Pranam passieren und dann einige hundert Meter weiter gehen. Sie können auch den Königspalast durch den zweiten Gopuram im Norden verlassen. Vermutlich entstand der Preah Palilay zwischen dem späten 13. und frühen 14. Jahrhundert, denn die Buddhastatuen wurden nicht während der Restauration der Brahmanen im frühen 13. Jahrhundert beschädigt. Der Tempel ist vor allem wegen seiner intakten buddhistischen Ikonographie sehenswert. Zum Tempel führt ein 33 Meter langer Zugang über eine doppelt kreuzförmige Terrasse, die mit Hamsas, den heiligen Gänsen, verziert und von einer Balustrade mit herrlichen Nagas umgeben ist. Über die östliche Treppe wachen Löwenskulpturen. Bevor Sie den Tempel erreichen, kommen Sie an einer großen, modernen Buddhastatue aus Sandstein vorbei, die durch ein elegantes Holzdach geschützt wird. Der eigentliche Tempel ist von einer einzelnen Lateritmauer mit 50 Meter Seitenlänge umgeben, die im Osten von einem kreuzförmigen Gopuram durchbrochen wird. Von den Dvarapalas blieben nur die Füße erhalten. Die herrlich gearbeiteten Türstürze und Giebelfelder erzählen Episoden aus Buddhas Leben. Auf dem Giebelfeld an der Ostseite des Mittelbaus empfängt Buddha auf einem Hocker sitzend die Ehrungen betender Figuren, auf dem Türsturz liegt er im Zustand des Parinirvana. Auf dem rechten Giebelfeld im Norden empfängt der Erleuchtete Opfergaben von den Tieren des Parilliyaka-Waldes, nach dem der Tempel vielleicht benannt ist. Auf dem linken Giebelfeld nach Süden sitzt Buddha auf einen Thron unter dem Baum der Erleuchtung. Im unteren Feld des Nordgiebels besänftigt Buddha den Elefanten Nalagiri, denn sein neidischer Cousin Devadatta hatte ihn vergiftet,

damit er Buddha angreifen solle. Auf der Westseite des Gopuram bringen im mittleren Giebelfeld einige Frauen ihre Kinder zu Buddha, damit er sie segnet. Darunter ist eine Reihe Elefanten zu sehen. Auf dem Giebel rechts zeigen zwei übereinander stehende Felder, wie Schüler ihren Meister verehren, während Buddha auf dem linken Feld eine Schale Reis von der Schäferin Sujata bekommt.

Das Heiligtum besteht aus einer Terrasse, auf der ein spitz zulaufender, 19 Meter hoher Prasat steht – er wird von Bäumen regelrecht belagert. Der Türsturz im Korridor ist eine prachtvolle Arbeit: Er zeigt eine Makara mit weit offenem Maul, die Indra auf Airavata stützt.

240 OBEN UND UNTEN RECHTS: WESTSEITE DES GOPURAM, SÜDLICHES GIEBELFELD: BUDDHA UNTER DEM BAUM DER ERLEUCHTUNG UND DETAIL.

LEGENDE

1 *TERRASSE*
2 *ALLEE*
3 *GOPURAM*
4 *MAUERRING*
5 *PYRAMIDE*
6 *PRASAT*

240 UNTEN: OSTSEITE DES PRASAT.

241 WESTSEITE DES GOPURAM, SÜDGIEBEL.

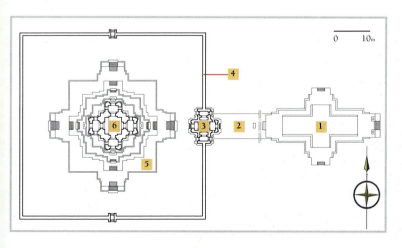

KAPITEL 4 ◆ **241** ◆ PREAH PALILAY

PRASAT SUOR PRAT

BESICHTIGUNG

Von den zwölf Türmen von Suor Prat stehen zehn auf der Ostseite des Königsplatzes in zwei Fünfergruppen mit den Eingängen zum Platz – getrennt durch die Allee, die zum Siegestor führt. Die anderen beiden stehen etwas zurückgesetzt und blicken sich an, das heißt ihre Eingänge sind zur Allee ausgerichtet. Eine lange und zehn Meter breite Terrasse aus Lateritgestein verbindet die Prasat und weitet sich vor jedem Eingang zu einem Vorbau. Die Form von Nagas gekrönt. Jeder Prasat hat einen Eingangsvorbau und eine rechteckige, durch große Fenster auf drei Seiten belichtete Halle. Nach einem Volksglauben liefen Akrobaten auf gespannten Seilen zwischen den Türmen hin und her, daher der moderne Name „Turm der Seiltänzer". Zhou Daguan merkte allerdings an, dass man streitende Prozessparteien in die Türme sperrte. Die Partei, die im Unrecht war, wurde angeblich nach einigen Tagen

Türme wurden unter der Herrschaft von Indravarman II. in der ersten Hälfte des 13. Jahrhundert aus Lateritgestein erbaut. Sie haben Türstürze und Giebelfelder aus Sandstein und werden von zwei Stockwerken mit Antefixen in der krank. Da die Türme von Suor Prat auf den Königsplatz gerichtet sind, halten sie manche auch für Tribünen, von denen hohe Hofbeamte und Botschafter den Paraden zusehen konnten. Die wirkliche Funktion wird aber noch immer diskutiert.

242 OBEN: INSCHRIFT IN ALTEM KHMER.

242 MITTE UND UNTEN: DIE PRASAT SUOR PRAT.

243 OBEN: DER NÖRDLICHE KHLEANG.

243 UNTEN: WESTSEITE DES NÖRDLICHEN KHLEANG.

KHLEANG

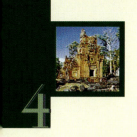

BESICHTIGUNG

Die beiden großen Zwillingsbauten hinter den Türmen von Suor Prat überblicken den Königsplatz von Angkor Thom. Welche Funktion sie hatten, wird noch diskutiert – dass sie Lagerhäuser waren, wie der moderne Name nahe legt, dürfte sicher ausgeschlossen sein. Vielleicht waren die Khleang Residenzen für hoch gestellte Besucher. Neben den beiden Gebäuden liegen zwei 90 x 48 Meter große Teiche parallel zur Allee, die zum Siegestor führt. Der nördliche Khleang wurde zwischen dem Ende des 10. und dem frühen 11. Jahrhundert erbaut, vielleicht unter Jayaviravarman. Der ungewöhnliche Bau ist 60 Meter lang und nur 4,70 Meter breit. Seine Sandsteinwände sind hingegen 1,50 Meter dick. Davor erstreckt sich eine zum Platz orientierte, kreuzförmige Terrasse. Die hohe Plattform unter dem Bau ist mit Friesen verziert, die Girlanden und Diamantenmotive zeigen. Man betritt

LEGENDE

1 KÖNIGSPALAST
2 TERRASSE ZU DEN VORSPRINGENDEN ANBAUTEN
3 PRASAT SUOR PRAT
4 TEICHE
5 SIEGESALLEE
6 TERRASSE
7 NÖRDLICHER KHLEANG
8 HOF MIT PRASAT
9 MAUERRING MIT ZWEI „BIBLIOTHEKEN" UND EINEM PRASAT
10 SÜDLICHER KHLEANG
11 TERRASSE DES BUDDHAS
12 DETAIL EINES PRASAT SUOR PRAT

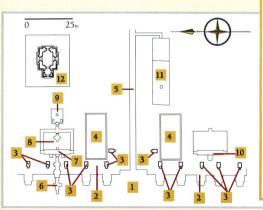

ihn von Westen durch ein Vestibül mit vier Fenstern und gelangt in eine quadratische Halle. Von hier gehen zwei Flügel ab, die ebenfalls durch große Fenster belichtet werden und in zwei Hallen enden, die sich mit zwei Türen nach Osten öffnen. Ein verziertes Gesims auf der Außenwand spricht für ein Scheinstockwerk, das mit Dachziegeln auf einem Holzgerüst gedeckt war. Die Stürze über den östlichen und westlichen Türen der zentralen Halle sind üppig mit Blumenvoluten verziert. Von der Ostseite dieser Halle führt ein weiterer Korridor in einen Hof mit einem kleinen Tempel – beachten Sie die Antefixe, kleine Nachbildungen des Baus, der sich nach Westen öffnet und kunstvolle Scheinpforten besitzt.

Etwas weiter folgt eine Lateritmauer mit einem Gopuram, dessen Westseite schlecht erhalten ist. Innerhalb des Mauerrings liegen zwei „Bibliotheken" und in der Mitte ein kleines Heiligtum in der Form eines griechischen Kreuzes auf einer üppig verzierten Plattform. Es hat drei Scheintüren, axiale Treppen und besitzt Medaillons mit Tänzern.

Der südliche Khleang entstand kurz nach dem nördlichen. Er ist mit 45 x 4,20 Meter kleiner und etwas anders aufgebaut: Die Plattform ist nur wenig verziert und der eigentliche Bau besteht aus einer langen Galeriehalle ohne die quadratische Mittelhalle. Sie endet mit zwei Kammern mit Scheinpforten. Die erhaltenen Dekorationen sind bis auf die eleganten Säulen neben der östlichen Tür der Kammer, die im Süden angebaut wurde, kaum sehenswert. Ein zweiter Eingangspavillon vor der Ostfassade führt zu einer Allee, die vielleicht

von Stelen gesäumt war. Hinter dem südlichen Teich erstreckt sich parallel zur Allee und hinter einem Mauerring eine 128 Meter lange und 35 Meter breite Lateritterrasse, die mit Löwen und Elefanten verziert ist. Dort wird in einem hässlichen modernen Pavillon die große Buddhastatue aus Sandstein gezeigt, die 1933 im Brunnen des zentralen Turms von Bayon gefunden wurde. Sie ist das beste Beispiel für einen Buddha im Khmer-Stil. Er sitzt auf dem König der Schlangen, der Naga Mucilinda. Sie kroch unter den Wurzeln des Baumes hervor, unter dem der Erleuchtete meditierte, und wollte ihn vor einem Sturm schützen. Das Tier symbolisiert den uralten Glauben an die Erdgeister, der von Buddhas Lehre überwunden wurde, gleichzeitig aber auch, wie die buddhistische Lehre die bedrohlichen Urenergien ins Spirituelle transformierte. Mucilinda hat sich dreimal zusammengerollt und bildet den Thron für den Erleuchteten. Ihre vielen Köpfe formen einen Schutzschirm. Diese schirmartig aufgespannten Köpfe erinnern an den Baum der Erleuchtung und Weisheit (Bodhi), und die drei Windungen stehen sowohl für die dreifache Welt der Erde, Atmosphäre und Himmel, in denen Buddha triumphiert, als auch für Buddha, seine Lehre und seine Glaubensgemeinschaft.

244 INNERES DES NÖRDLICHEN KHLEANG.

244–245 DER SÜDLICHE KHLEANG HINTER EINEM PRASAT SUOR PRAT.

PREAH PITHU

BESICHTIGUNG

Der Tempelkomplex von Preah Pithu, östlich der Nordostecke des Königspalastes gelegen, ist eine äußerst faszinierende, abgelegene Stätte. Sie besteht aus fünf großenteils zerstörten Heiligtümern, die von Wassergräben und Teichen umgeben sind. Die kreuzförmige Terrasse mit dem klassischen Nagamotiv, die von axialen Treppen durchbrochenen Sockel mit wachenden Löwen, Scheinpforten, Göttern in den Nischen sowie die Details der Schmuckformen zeichnen sich durch große Eleganz aus. Wer bereit ist, die viel begangenen, üblichen Besichtigungswege zu verlassen, findet hier immer neuen Anlass zum Staunen. Vor dem ersten Tempel 481 T liegt eine spektakuläre, kreuzförmige Doppelterrasse, die von eleganten, zylindrischen Säulchen gestützt wird. Lassen Sie sich von den zahllosen, interessanten Fragmenten hinter dem westlichen Gopuram überraschen. Der eigentliche Tempel steht auf einer kreuzförmigen, dreistufigen Pyramide mit axialen Treppen und Reliefschmuck. Die Cella öffnet sich mit vier Vestibülen in alle vier Himmelsrichtungen, leider ist der Turm eingestürzt – wie die meisten Tempel von Preah Pithu. Hübsche Devatas in Blumenkleidern fallen zwischen einer Reihe tanzender Figuren auf. Die 16-seitigen Säulen sind besonders faszinierend.
Wenn Sie durch den östlichen Gopuram weitergehen, stoßen Sie auf Tempel 482 U mit einfacheren Eingängen. Dieses Gebäude ist ähnlich aufgebaut, aber kleiner. Auch hier ist der Turm nur teilweise erhalten. Das nördliche Giebelfeld zeigt das Quirlen des Milchmeeres und auf dem südlichen sind Vishnu und Krischna auf dem Monster Kala zu sehen. Im westlichen Feld ist die Trimurti, die göttliche Dreieinigkeit, dargestellt: Brahma, Vishnu und in der Mitte ein tanzender Shiva. Die Wände sind äußerst elegant mit einem Pflanzenhintergrund dekoriert, vor dem sich Devatas und Apsaras abzeichnen.
Etwa 50 Meter östlich von Tempel 482 U steht jenseits

246 OBEN: VIELKÖPFIGE NAGAS UM TEMPEL 484 V.

246 UNTEN UND 246–247 BALUSTRADE MIT NAGAS AUF DER TERRASSE VOR TEMPEL 481 T UND DEM PYRAMIDENTEMPEL.

247 OBEN: TEMPEL 482 U, SÜDOSTSEITE.

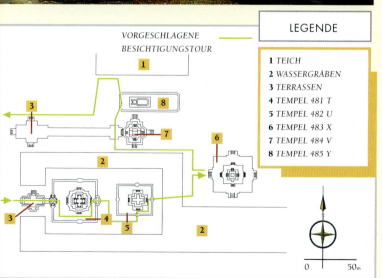

VORGESCHLAGENE BESICHTIGUNGSTOUR

LEGENDE

1 *TEICH*
2 *WASSERGRÄBEN*
3 *TERRASSEN*
4 *TEMPEL 481 T*
5 *TEMPEL 482 U*
6 *TEMPEL 483 X*
7 *TEMPEL 484 V*
8 *TEMPEL 485 Y*

KAPITEL 4 ◆ **247** ◆ PREAH PITHU

eines ehemaligen Wassergrabens der Tempel 483 X. Er wird nicht von einer Mauer umgeben. Eine quadratische Terrasse von 40 Meter Seitenlänge mit ausgeprägten Reliefleisten bildet das Fundament für zwei sehr viel kleinere Tempel. Sie sind über vier axiale Treppen zugänglich. In der Cella des kreuzförmigen Prasat mit vorgesetzten Vestibülen sehen Sie ein Doppelfries mit Buddha und dem Erleuchteten auf dem östlichen Türsturz. Diese buddhistischen Darstellungen in einem eigentlich hinduistischen Kontext wie Preah Pithu haben Claude Jaques veranlasst, den Bau in das 14. Jahrhundert zu datieren.

Östlich von Tempel 483 X, zwischen Ruinen und Semas – typisch buddhistischen Stelen, mit denen heilige Bereiche umgeben waren – befindet sich eine von üppiger Vegetation überwucherte Treppe mit zwei Elefanten.
Wenn Sie sich nach Westen wenden, stoßen Sie auf Tempel 484 V, ebenfalls

248–249 TEMPEL 483 X, NORDWESTECKE.

248 UNTEN: SOCKEL MIT EINEM DVARAPALA.

249 OBEN: ZYLINDRISCHE SÄULEN AUF DER TERRASSE VOR TEMPEL 481 T.

249 UNTEN: TEMPEL 484 V, SÜDSEITE.

ohne Mauerring, aber mit einem 70 Meter langen Damm, der zu einer 35 x 55 Meter großen, kreuzförmigen Terrasse führt. Der Tempel besteht aus der üblichen Cella mit vier Vestibülen. Er steht auf einer niedrigen, kreuzförmigen Pyramide mit drei Stufen aus Sandstein mit elegantem Reliefschmuck und verlängertem Ostflügel. Neben dem östlichen Eingang zu Ihrer Linken steht eine sehenswerte Stele mit Varuna, dem Meeresgott, auf seinem Reittier, der heiligen Gans. In der Umgebung liegen herrliche Fragmente vielköpfiger Nagas herum.

Direkt im Norden liegt, etwa 15 Meter entfernt, auf einer Erdterrasse Tempel 485 Y. Sein Aufbau unterscheidet sich völlig von dem der bisherigen Tempel. Es handelt sich um einen rechteckigen Pavillon mit einem Eingang im Westen, einem Vestibül mit zwei Seitentüren und einer Cella mit nach Westen weisendem Scheinportal. Dieser Aufbau – Mandapa, Antarala und Garbhagriha – entspricht dem typischen Hindutempel. Auf der Westseite des Pavillons zeigt das Relief im Norden Vishnu auf Garuda im Kampf gegen den vielköpfigen und vielarmigen Dämonen Bana. Das nach Süden weisende Relief nimmt das Motiv von Vishnus drei Schritten auf: Er setzt gerade seinen Fuß auf einen Lotos, der von der Großen Göttin gehalten wird. Unter ihnen ist eine Palastszene zu sehen, die mit der von Prasat Kravan vergleichbar ist. Nach 50 Metern in nördlicher Richtung erreichen Sie in einem abgelegenen, wilden Teil des Geländes einen 100 x 75 Meter großen Teich. Gehen Sie zurück, und benutzen Sie den Damm von Tempel 484 V, um wieder zurück zum Königsplatz zu gelangen.

DAS ERBE DER KHMER

EINLEITUNG

5

Die im Folgenden vorgestellten Sehenswürdigkeiten liegen zwar abseits der berühmten und viel besuchten Stätten, aber noch innerhalb des Archäologischen Parks. Sie ordnen sich um zwei Komplexe an: Banteay Samré und Banteay Kdei. Obwohl beide zu den „Zitadellen" gehören, unterscheiden sie sich in Aufbau und Bauzeit. Ersterer ist kompakt und intim, wobei großer Wert auf jedes Detail gelegt wurde. Er weist Giebelfelder von hoher Qualität auf – fast ein Vorläufer von Angkor Wat – während Letzterer einen ausgedehnten Komplex darstellt. Es handelt sich um eine königliche Gründung, deren tägliches Leben durch Zeremonien und Rituale bestimmt war. Wenn Sie Banteay Samré besuchen, lohnt sich der Weg zum wilden Phnom Bok , während bei Banteay Kdei ein Abstecher zum romantischen Wasserbecken

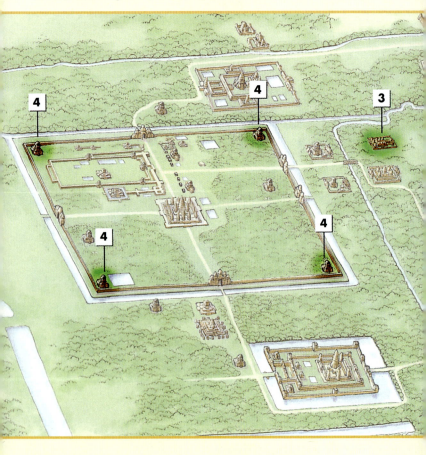

Srah Srang oder ein kleiner Umweg nach Kutishvara für jene lohnt, die den gesamten Archäologischen Park sehen möchten.

Wenn Sie keine Zeit mehr haben, um noch alle Bauwerke zu besuchen, sollten Sie die beiden Spaziergänge zum Prasat Chrung und Ta Nei machen. Sie liegen in einsamen Waldgebieten und erlauben dem Besucher Augenblicke der Meditation und engeren Kontakt mit der Natur. Insbesondere die Vegetation bildet einen üppigen Hintergrund, der alle Erinnerungen an die menschliche Gegenwart zu tilgen scheint.

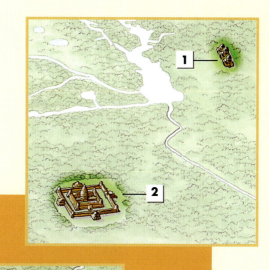

251 DETAIL EINES GIEBELFELDES MIT LÄCHELNDEM BUDDHA; BANTEAY KDEI.

LEGENDE

1 *PHNOM BOK*
2 *BANTEAY SAMRÉ*
3 *TA NEI*
4 *PRASAT CHRUNG*
5 *BANTEAY KDEI*
6 *KUTISHVARA*
7 *SRAH SANG*

KAPITEL 5 ♦ **253** ♦ DAS ERBE DER KHMER

BANTEAY SAMRÉ

◆ PHNOM BOK ◆

Etwa vier Kilometer hinter Banteay Samré liegt das Dorf Tcherey, von wo ein ziemlich schwieriger Weg zum Gipfel des 253 Meter hohen Berges führt. Phnom Bok wurde wahrscheinlich zur selben Zeit wie Bakheng erbaut und von Yashovarman I. der Trimurti geweiht. Es wird von einem Mauerring umgeben und besteht aus drei Prasat aus Lateritgestein auf einer gemeinsamen, von der Witterung inzwischen zerstörten Plattform. Dazu gehören vier weitere Gebäude, zwei aus Ziegelsteinen und zwei aus Sandstein. Das Wasserbecken östlich der Türme diente wohl als Reservoir. Die wichtigste Sehenswürdigkeit ist ein Lingam auf einem vier Meter hohen Lateritsockel von 1,20 Meter Durchmesser – leider ist er zerbrochen.

GESCHICHTE

Nach Meinung einiger Forscher wurde Banteay Samré von Suryavarman II. oder einem seiner Hofbeamten erbaut, andere vermuten als Bauherrn eher seinen Nachfolger Yashovarman II. Der Tempel liegt am Ende des östlichen Baray in einem abgeschlossenen Bereich. Etwa 300 Meter vor dem östlichen Mebon nehmen Sie die nach Osten führende Straße, fahren durch das Dorf Pradak hindurch und dann noch zwei Kilometer weiter. Banteay Samré ist nach Angkor Wat das wichtigste Beispiel für den Tempelbau aus jener Zeit. Auch hier wurde Perfektion angestrebt, der Bau ist aber eher breit gelagert als hoch aufsteigend konzipiert. Der Name des Ortes, „Zitadelle der Samré", deutet auf die Samré hin, die einst in der Region um Phnom Kulen lebten.

254 OBEN: DIE PLINTHE EINER SÄULE MIT EINEM BETENDEN ASKETEN IN DER NISCHE.

254 UNTEN: DETAIL DER VERZIERUNG; EINE KALA IN DER MITTE.

255 OBEN: DER TEMPEL AUS DER VOGELPERSPEKTIVE

255 UNTEN: DETAIL EINER SCHEINPFORTE

LEGENDE

1 GOPURAM
2 ZWEITER MAUERRING
3 ERSTER MAUERRING
4 PLATTFORM
5 „BIBLIOTHEK"
6 MANDAPA
7 PRASAT

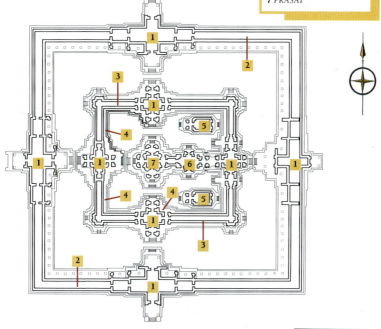

KAPITEL 5 ◆ **255** ◆ BANTEAY SAMRÉ

BESICHTIGUNG

Wenn Sie von Norden kommen, umrunden Sie den Tempel, um den Komplex von Osten zu betreten. Bewundern Sie die 140 Meter lange, auf zwei Ebenen angelegte Prozessionsallee. Sie war vielleicht mit Holz gedeckt, wird von Schlangenbalustraden gesäumt und endet an einer von sitzenden Löwen flankierten Treppe. Auf einer Lateritterrasse steht der Sockel des östlichen Gopuram, der sich in den äußeren Mauerring öffnet. Dieser ist 83 x 77 Meter groß und hat axiale Zugänge mit je einem kreuzförmigen Gopuram mit verlängerten Flügeln und zwei zusätzlichen Seitenkammern. Der Mauerring aus Lateritgestein ist als Galerie gestaltet und war ursprünglich mit Holz oder Dachziegeln gedeckt. Sie ist nach außen solide gebaut, ins Innere weisen Fenster mit kleinen Säulen. Nach innen ist der Galerie eine Kolonnade auf hohem Sockel vorgelagert, die einst einen Portikus aus vergänglichem Material trug. Auf der Ostseite fehlen Galerie und Portikus. Wenn Sie der Galerie des zweiten Mauerrings rechts um den Tempel folgen, stoßen Sie auf einige bemerkenswerte Giebelfelder. Auf dem südlichen Gopuram sind an der Außenseite des zweiten Mauerrings Szenen aus dem Ramayana zu sehen, während der Giebel auf dem Gopuram im ersten Mauerring

256 OBEN LINKS: DETAIL EINER VIELKÖPFIGEN NAGA.

256 OBEN RECHTS: TREPPE DER TERRASSE IN RICHTUNG DES ÖSTLICHEN GOPURAM.

ziemlich verfallen ist – man erkennt Ravana auf einem von Löwen gezogenen Streitwagen. Auf den Giebeln des westlichen Gopuram im zweiten Mauerring sind andere Szenen aus dem Ramayana zu sehen. Von außen blicken Sie auf eine andere, kreuzförmige Terrasse und eine Verbindungsallee. Auf dem inneren Feld sind zwei herrliche, tanzende Shivas dargestellt. Am Eingang zum ersten Mauerring zeigt das mittlere Giebelfeld Reliefs von Göttern auf ihren Reit-

256 UNTEN: DIE ÖSTLICHE PROZESSIONSALLEE UND LÖWEN NEBEN DER TREPPE.

257 OBEN: DIE SÜDWESTECKE DES ERSTEN MAUERRINGS.

257 UNTEN: SÜDLICHER GOPURAM IM ZWEITEN MAUERRING.

tieren, darunter ein merkwürdiges dreiköpfiges Tier. Links auf dem Giebel ist eine prachtvolle Darstellung des Kampfes zwischen einem Dämon und mehreren Affen zu sehen.

Wenn Sie die Treppe herab und die steile Verbindungstreppe wieder heraufgestiegen sind, erreichen Sie den Osteingang. Gehen Sie durch den ersten Mauerring, der aus einer 44 x 38 Meter großen Galerie aus Lateritgestein besteht. Der axiale Gopuram ist aus Sandstein gebaut und mit Kraggewölben gedeckt. Auf der Außenseite werden die Ecken durch Überhänge mit Treppen und Scheinportale mit Giebelfeldern betont. Die Galerien mit intakten Dächern haben eine Blindmauer und nach innen eine von Fenstern mit Säulen durchbrochene Mauer – aber keine Durchgänge. Wie die anderen Gebäude innerhalb des Mauerrings stehen sie auf hohem Sockel und werden von einer durchgehenden Plattform mit Nagas begleitet, sodass man den Tempel umrunden konnte.

Während der Monsunzeit erhebt sich der Tempel wie verzaubert aus dem Wasser, das in einem Lateritbecken innerhalb der Mauerringe gesammelt wird. In den Nordost- und Südostecken, die über Gehwege auf Stelzen mit dem Tempel verbunden sind, stehen zwei „Bibliotheken" mit Portikus, Kraggewölbe und vorgetäuschter Dreischiffigkeit. Im Giebelfeld über dem Eingang der südlichen „Bibliothek" ist eine hübsche Anbetung zu sehen, während beim nördlichen Bau Vishnu auf der Schlange Ananta ruht.

Besonders bemerkenswert sind die Verzierungen der Scheinportale und die Treppen, die von außergewöhnlich gearbeiteten, vielköpfigen Schlangen flankiert werden.

Um die Giebelfelder im ersten Mauerring zu sehen, müssen Sie sich seitlich davon hinstellen – es gibt nicht mehr Platz. Folgende Arbeiten sind sehenswert: Auf dem Hauptportikus des östlichen Gopuram eine Schlacht zwischen Göttern und Dämonen, ein Relief auf dem linken Portikus

zeigt Krishna Govardana, über dem mittleren Portikus des Südeingangs ist ein Prinz auf einem Pferd zu sehen, das Giebelfeld über dem Hauptportikus des westlichen Gopuram stellt Sonne und Mond dar, auf dem Feld dahinter ist Skanda auf einem Pfau zu sehen. Auf dem mittleren Giebelfeld des Nordeingangs – hier gehen Sie hinaus – blicken Sie auf die Frauengemächer mit einer Harfenspielerin, und dahinter ist Shiva mit Uma zu sehen.

Obwohl keine Inschriften gefunden wurden, war der Tempel wohl Shiva geweiht. Er besteht aus Sandstein und entspricht den typisch indischen Vorbildern: Ardhamandapas (Portikus), Mandapa oder Pavillon, Antarala (Vestibül) und Garbhagriha oder Cella. Der Pavillon ist ein rechteckiger Bau mit Kraggewölbe. Fenster mit Säulen neben den seitlichen Zugängen lassen ihn leichter erscheinen. Der Portikus der Mandapa verschmilzt fast mit dem des Gopuram, was dem Tempel ein lang gestrecktes Aussehen verleiht. Der Prasat mit drei Scheinportalen und doppelten Giebelfeldern hat einen sehr hohen Fußboden – höher als die Giebelfelder der Portiken – und vier weitere, unregelmäßige Etagen, die mit einer runden Lotoskrone 21 Meter über dem Boden enden.

258 OBEN: DETAIL AUS DEM GIEBELFELD DES WESTLICHEN GOPURAM; ERSTER MAUERRING, INNENSEITE.

258 UNTEN: FENSTERSÄULEN IM ZWEITEN MAUERRING.

259 OBEN: INNERES DES ERSTEN MAUERRINGS, UMLAUFENDE PLATTFORM MIT NAGAS.

259 UNTEN: WESTLICHER GOPURAM IM ERSTEN MAUERRING.

TA NEI

BESICHTIGUNG

Der Ta Nei Tempel aus dem 12. Jahrhundert liegt an der Nordwestecke des östlichen Baray, 150 Meter vom westlichen Deich entfernt. Sie müssen etwa 1,5 Kilometer weit durch den Wald gehen, Fahrten mit dem Auto sind nicht erlaubt. Bis auf einige Giebelfelder hat der Tempel keine Besonderheiten zu bieten, aber der abgelegene und wilde Standort ist faszinierend. Vor kurzem wurde eine Station eingerichtet, um den Einfluss des Klimas auf die Steine zu untersuchen. Der Weg zum Ta Nei beginnt hinter der Südostecke von Ta Keo. Von Südwesten

LEGENDE

1 DRITTER MAUERRING
2 GOPURAM
3 TEICHE
4 ZWEITER MAUERRING
5 ERSTER MAUERRING
6 „BIBLIOTHEK"
7 TURM
8 VERBINDUNGS-
    KAMMER
9 ZENTRALER PRASAT

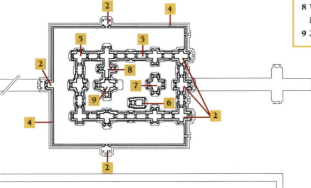

kommend, stößt man an dem beinahe vollständig zerstörten, westlichen Gopuram im dritten Mauerring auf den Tempel. Gehen Sie bis zur Ostseite um den Tempel herum, der im Norden und Süden von zwei langen Wassergräben eingefasst wird. Dort endet ein Weg, der von dem östlichen Gopuram im dritten Mauerring kommt.

Der zweite Mauerring misst 55 x 47 Meter und hat auf jeder Seite einen Eingang – nur im Osten gibt es fünf – einen dreiteiligen Gopuram und zwei Seiteneingänge. Die beiden Nord- und Südpavillons des mittleren Gopuram sind mit dem Nord- und Südflügel des ersten Mauerrings verbunden, der sich daher den dreiteiligen Gopuram mit dem zweiten Mauerring teilt. Dieser innere Abschnitt des Heiligtums wurde mehrmals bis auf ein Rechteck von 27 x 46 Meter vergrößert und reicht nun fast bis zur Westflanke des zweiten Mauerrings. Damit wurde der alte, westliche Gopuram – er maß 27 x 35 Meter – zum zentralen Prasat mit vier Vestibülen. Der ehemalige Flügel der westlichen Galerie wurde zum Verbindungsbau mit zwei Seiteneingängen. Hinter dem Prasat, innerhalb des ersten Mauerrings, stehen ein isolierter Turm und eine „Bibliothek".

Folgende Reliefs, die offenbar nicht unter den fanatischen Brahmanen nach dem Tod von Jayavarman VII. zu leiden hatten, lohnen eine nähere Betrachtung: Eine segnende Figur in einem Kanu auf dem nördlichen Vestibül des Prasat, der untere Teil eines Lokeshvara in der Mittelhalle der Südfassade, ein Krieger in der Halle an der Südwestecke der Nordfassade, ein Reiter mit Schwert auf der Südfassade des nordwestlichen Gopuram, der mit der Seitenhalle des Prasat verbunden ist und eine Figur auf der Nordfassade des südwestlichen Gopuram, die Kinder zu segnen scheint. In dem westlichen Gopuram liegt ein Giebelfeld auf dem Boden, das zwei Opfernde über dem Kopf von Kala zeigt. Ein Buddha und andere Darstellungen des Erleuchteten sind auf einem zerstörten Giebelfeld im Pavillon an der Südwestecke zu sehen.

◆ PRASAT CHRUNG ◆

Hinter dem Südtor von Angkor Thom beginnt rechts ein schmaler Pfad, der zu den Befestigungswällen führt. Folgen Sie dem Weg mit dem Geländer durch faszinierende Vegetation, und Sie erreichen nach etwa 1,5 Kilometern einen der Prasat Chrung (Ecktempel) von Angkor Thom. Dieser wird von einem Mauerring mit einem einzigen Eingang im Westen umgeben. Er besteht aus einfachen Sandsteinpfosten mit einem Giebelfeld, das an den Enden vielköpfige Nagas zeigt. Eine gepflasterte Allee führt auf eine erhöhte Plattform zu, die mit einem kreuzförmigen Prasat auf einem verzierten Sockel verbunden ist. Dieser Pyramidentempel hat eine Cella und vier Vestibüle – nach Osten und Westen sind echte, in den anderen Himmelsrichtungen Scheinportale eingebaut. Der Sockel vor dem östlichen Korridor ist etwas nach Osten verlängert. Früher stand hier ein kleiner Schrein mit der Gründungsstele, die jetzt im Denkmalamt (*Angkor Conservation*) aufbewahrt wird. Das Dach der Cella mit einem krönenden Lotos ist gut erhalten. Auf den Türstürzen ist Lokeshvara dargestellt. Einige wurden allerdings während der brahmanischen Restauration zerstört und zu Lingam umgewandelt. Einen weiteren Prasat Chrung erreichen sie durch das Westtor.

260 OBEN: DIE ÜBERRESTE EINES EINGANGS IM ZWEITEN MAUERRING.

260 UNTEN: ERSTER MAUERRING UND PRASAT.

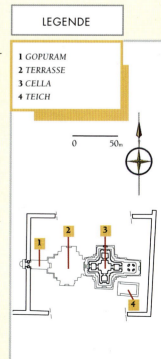

LEGENDE

1 GOPURAM
2 TERRASSE
3 CELLA
4 TEICH

0 50m

BANTEAY KDEI

GESCHICHTE

Der Name Banteay Kdei („Zitadelle der Zellen") bezieht sich auf die hier vermuteten Wohnstätten von Mönchen. Das Bauwerk wurde 1181 von Jayavarman VII. wahrscheinlich über den Ruinen eines buddhistischen Tempels errichtet, der von dem berühmten Architekt Kavindrarimathana zur Zeit von Rajendravarman stammte. Obwohl die Gründungsstele nicht gefunden wurde, hat Jayavarman den Bau wohl Buddha geweiht. Damit schloss er seine Huldigung an die buddhistische Triade Buddha, Prajnaparamita und Lokeshvara ab. In den letzten beiden Tempeln ehrte Jayavarman seine Mutter und seinen Vater. Nach anderer Lehrmeinung wurde Banteay Kdei zu Ehren des königlichen Lehrers erbaut.

262 OBEN: APSARAS AUS DER „HALLE DER TÄNZERINNEN".

262 MITTE: DETAIL DER TEPPICHARTIGEN DEKORATION.

262 UNTEN: DETAIL DES ÖSTLICHEN GOPURAM IM VIERTEN MAUERRING.

263 DER TEMPEL AUS DER VOGELPERSPEKTIVE.

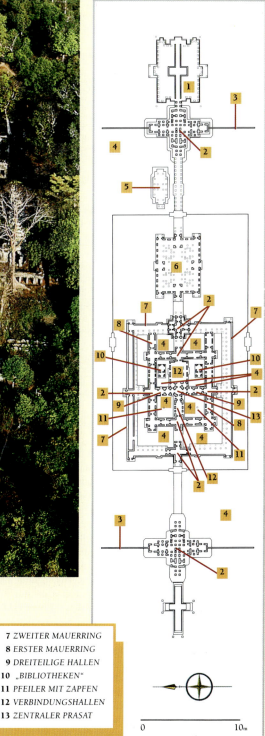

LEGENDE

1 TERRASSE
2 GOPURAM
3 DRITTER MAUERRING
4 HOF
5 GEBÄUDE MIT SÄULEN
6 „HALLE DER TÄNZERINNEN"
7 ZWEITER MAUERRING
8 ERSTER MAUERRING
9 DREITEILIGE HALLEN
10 „BIBLIOTHEKEN"
11 PFEILER MIT ZAPFEN
12 VERBINDUNGSHALLEN
13 ZENTRALER PRASAT

BESICHTIGUNG

Der Komplex wird von vier Mauerringen umgeben. Der äußere misst 700 x 500 Meter und umgibt die Wohnbezirke. Er wurde später im klassischen Bayon-Stil mit vier axialen Gopuram erbaut, über denen Gesichtertürme mit den Zügen von Lokeshvara und Garudas in den Ecken wachen. Man betritt den Komplex von Osten her und folgt einem 200 Meter langen Weg, der an den Ruinen von zwei Gebäuden aus Laterit und Sandstein vorbeiführt. Er endet an der üblichen kreuzförmigen Terrasse mit Naga-Balustraden vor dem dritten Mauerring, eine 320 x 300 Meter große, von einem Wassergraben umgebene Lateritmauer. Eine zweite Terrasse leitet zu einem herrlichen, spektakulären Gopuram mit Anbauten und Portiken über einem kreuzförmigen Grundriss. Auf den östlichen Türstürzen sind Rama, sein unzerbrechlicher Bogen und Sita dargestellt, in der Mitte der Haupthalle ein sitzender Buddha. Jenseits des Gopuram folgt eine von Nagas gesäumte Allee, rechts steht ein Gebäude mit Pfeilern, das wahrscheinlich mit vergänglichem Material gedeckt war, dann folgt die so genannte „Halle der Tänzerinnen". Der Name bezieht sich auf die Reliefs im Innern, die tanzende Apsaras zeigen.

....

264–265 KREUZFÖRMIGE TERRASSE UND GOPURAM IM DRITTEN MAUERRING.

265 OBEN: BALUSTRADE MIT GARUDA AUF EINER VIELKÖPFIGEN NAGA.

265 MITTE: EIN NEUERER BUDDHA IN DER CELLA DES HAUPTPRASAT.

265 UNTEN: ÖSTLICHER GOPURAM IM VIERTEN MAUERRING.

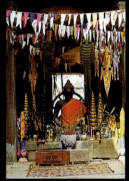

Dabei handelt es sich um ein beinahe quadratisches Gebäude mit 21 x 26 Meter großem Mauerring und drei Eingängen mit Portiken auf der Ost- und Westseite sowie einem Eingang auf der Nord- und Südseite. Torwächter und Devatas in Nischen der üppig dekorierten Wände wachen über die Tore. Die kreuzförmig angeordneten Pfeiler teilen das Innere in vier kleine Kreuzgänge. Die Spuren roter Farbe stammen von Oxidationen und nicht von Malereien.

Der östliche Gopuram im zweiten, 50 x 63 Meter großen Mauerring, ist über einem ungewöhnlichen, doppelten griechischen Kreuz erbaut, der westliche ist viel einfacher. Auf jeder Seite der „Halle der Tänzerinnen" führen vier weitere Tore durch die Mauer, in der Nord- und Südmauer je eines mit Portikus. Nach innen öffnet sich die Mauer mit einer doppelten Kolonnade, die zweite Säulenreihe ist niedriger, bis auf die der Nordmauer, wo die Säulen in eine Lateritmauer eingebaut wurden. Die Galerie ist mit einem Kraggewölbe zwischen Mauer und

erster Säulenreihe und einem halben Kraggewölbe zwischen den beiden Säulenreihen gedeckt. Die spitzen Akroterien auf den Dächern sind gut erhalten. An der Ostflanke des zweiten Mauerrings schließt sich an den Gopuram und zwei Flügel der Eckpavillons der erste, 31 x 36 Meter große Mauerring an. Er umgibt acht kleinere Prasat, vier in den Ecken und vier auf den Achsen, die als Gopuram fungieren und über lange Hallen miteinander verbunden sind. Wenn Sie den östlichen Gopuram passiert haben, betreten Sie einen Pavillon, der über drei kleine Räume mit dem zentralen Prasat in Verbindung steht.

266–267 WESTSEITE DES ZWEITEN UND PRASAT IM ERSTEN MAUERRING.

266 UNTEN: GOPURAM MIT SEITENFLÜGEL.

267 OBEN: VON NAGAS GESÄUMTE ALLEE IM HOF INNERHALB DES DRITTEN MAUERRINGS.

267 MITTE: GALERIE MIT HALBGEWÖLBEN INNERHALB DES ZWEITEN MAUERRINGS.

267 UNTEN: GEBÄUDE MIT SÄULEN IM HOF INNERHALB DES DRITTEN MAUERRINGS.

In den seitlichen Höfen stehen zwei „Bibliotheken". Der zentrale Prasat ist 17,50 Meter hoch und wird von fünf Stufen gekrönt, die in einer großen Lotosblume enden. Eine dreifache Flucht von Räumen stellt die Verbindung zum nördlichen und südlichen Gopuram her, während eine lange Halle zwischen Prasat und westlichem Gopuram zwei kleine Höfe abtrennt, deren Säulen mit Zapfen enden. Vom rechten Hof bietet sich ein herrlicher Blick über den zentralen Turm.

Jenseits des westlichen Gopuram liegt ein weiter Hof. Wenn Sie die Anlage nicht im Westen verlassen wollen – der Weg ist ziemlich unbequem – sollten Sie wieder zurückgehen, lassen Sie den Tempel links liegen, und folgen Sie dem Wassergraben.

Die Schmuckelemente sind typisch für die Epoche: Hastig gebaute Fenster mit Imitaten halb heruntergelassener Gardinen, Devatas in üppiger Blumendekoration, Nischen mit Spuren von Buddhas, die von den Brahmanen nach dem Tod von Jayavarman VII. beschädigt wurden.

◆ KUTISHVARA ◆

Gehen Sie hinter dem Nord-Gopuram von Banteay Kdei 200 Meter weiter, und wenden Sie sich dann nach links. Wenn Sie ein Reisfeld durchquert haben, stoßen Sie auf eine Erdaufschüttung mit den Ruinen von drei Türmen aus Ziegelsteinen mit nach Osten gerichteten Sandsteintüren. Der interessanteste Teil der Türme ist ein hübsches, auf dem Boden liegendes Giebelfeld. Es zeigt ein Relief des vierköpfigen Gottes Brahma, von dem hier jedoch nur drei Köpfe sichtbar sind.

268–269 HOF INNERHALB DES ERSTEN MAUERRINGS.

268 UNTEN: VERBINDUNGSRÄUME ZUR CELLA DES HAUPTPRASAT.

269 OBEN: NISCHEN MIT DEVATAS UND ANDEREN FIGUREN ZWISCHEN DEN PFLANZEN.

269 UNTEN LINKS: VERBINDUNGSHALLE ZWISCHEN DEN PRASAT.

269 UNTEN RECHTS: „HALLE DER TÄNZERINNEN" MIT DARSTELLUNGEN VON APSARAS.

SRAH SRANG

5

BESICHTIGUNG

Dieser Baray östlich von Banteay Kdei soll im 10. Jahrhundert von Kavindrarimathana, dem Architekten von Rajendravarman, erbaut worden sein – er gehörte zu einem verschwundenen buddhistischen Kloster. In seiner heutigen Form (350 x 700 Meter) mit der Sandsteineinfassung geht er auf Jayavarman VII. zurück. Einige Ruinen mitten im See deuten auf eine Insel mit einem Pavillon aus vergänglichem Material hin.

Die prachtvolle Landungsstelle auf der Westseite des Baray wurde sorgfältig restauriert und lässt ahnen, wie die zahlreichen Anleger in Angkor ausgesehen haben. Auch sie wurde von Jayavarman VII. erbaut: eine Lateritterrasse, auf der einst ein Pavillon aus vergänglichem Material stand, und ein kreuzförmiges Bauwerk mit drei Stufen auf Wasserniveau. Eine Treppe mit wachenden Löwen verband die beiden Baueinheiten. Alles war von einer herrlichen Naga-Balustrade umgeben – an den Enden eine dreiköpfige Kobra, auf der Garudas mit ausgebreiteten Flügeln standen. Drei andere Schlangenköpfe wurden zwischen den Flügeln und dem stilisierten Schwanz des Vogels zerschmettert. Der Baray von Srah Srang ist wunderschön und in den sanften Farben der untergehenden Sonne ein idealer Platz für Meditation.

270 OBEN: DETAIL DER MITTLEREN TREPPE, LÖWE.

270–271: SONNENUNTERGANG AN DER LANDESTELLE VON SRAH SRANG.

271 OBEN: RESTE EINER NAGA IM TEICH.

271 UNTEN: RÜCKSEITE EINER VIELKÖPFIGEN NAGA, BALUSTRADE.

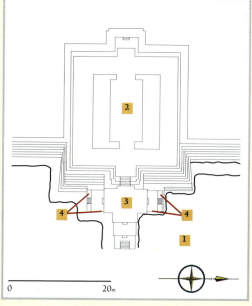

LEGENDE

1 BECKEN
2 TERRASSE
3 LANDUNGSSTELLE
4 BALUSTRADEN

KAPITEL 5 ◆ **271** ◆ SRAH SRANG

SEHENSWÜRDIGKEITEN AUSSERHALB DES ARCHÄOLOGISCHEN PARKS

EINLEITUNG

Obwohl sie sicher nicht mit den Ehrfurcht gebietenden, großen Meisterwerken von Angkor mithalten können, haben die nun vorgestellten Ruinen einige interessante Details zu bieten, nachdem man den Archäologischen Park besichtigt hat. Der Wat Preah Indra Kaorsey in Siem Reap liegt innerhalb eines religiösen Komplexes. Er zeigt, wie das Leben der Khmer in einem Tempel und seinem Umfeld ausgesehen haben muss. Eine Bootsfahrt auf dem westlichen Baray zum westlichen Mebon vermittelt eine Idee davon, wie weitläufig die Wasserreservoire jener Zeit angelegt waren, während ein Halt im nahen Ak Yum jene befriedigt, die alle Aspekte der Khmer-Architektur kennen lernen möchten. Ein Ausflug in das nüchterne Phnom Krom am Tonlé Sap verdeutlicht das Leben an den Ufern dieses weiten Sees. Es läuft vielfach noch genauso ab, wie die Basreliefs von Bayon er-

272–273 STATUE VON VISHNU ANANTASHAYIN AUS DEM WESTLICHEN MEBON.

zählen. Schließlich bleibt noch der lange, beschwerliche Weg, den man bis Chao Srei Vibol zurücklegen muss. Er führt über Land durch dörfliche Siedlungen, die zur großen Zeit der Khmer auch nicht anders ausgesehen haben.

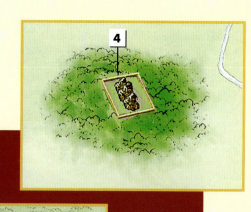

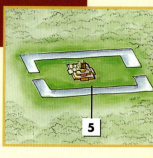

LEGENDE

1 *WESTLICHER BARAY*
2 *WESTLICHER MEBON*
3 *AK YUM*
4 *PHNOM KROM*
5 *CHAO SREI VIBOL*

WESTLICHER BARAY

Die Städte der Khmer wurden auf der weiten Schwemmebene erbaut, deren Flüsse in den Tonlé Sap südlich von Angkor entwässern. Da das Bodenniveau leicht von Nordnordost nach Südsüdwest abfällt, legten die Khmer eine Serie von Seen und Kanälen an, mit deren Wasser sie das Ackerland bewässerten. Die Nervenknoten dieses komplexen Systems waren die Barays. Diese großen Reservoirs sammelten das Regenwasser und das Wasser der Flüsse. Nachdem sie den Boden geglättet und die Umrisse des Beckens festgelegt hatten, wurden die Uferdämme angelegt. Die Erde dafür holten die Khmer aus zwei Kanälen beiderseits des Teiches. Daher wurde jeder Teich von zwei Kanälen begleitet: Der innere enthielt sehr viel Wasser, der äußere diente als Drainage und sammelte das Oberflächenwasser. Es gab einen kontinuierlichen Zufluss in den Baray, weil seine Wasseroberfläche auch bei maximaler Füllung stets etwas niedriger lag als das Niveau der Zuflüsse – dafür sorgten Deiche und Dämme im Vorfeld. Ähnliche Deiche und Dämme wurden auch unterhalb des Baray angelegt. Auf diese Weise ließ sich ein kontinuierlicher Wasserstrom auf die Reisfelder gewährleisten.

Dieses System funktionierte kostengünstiger und war wirkungsvoller als tief ausgegrabene Teiche. Mit Hilfe der landwirtschaftlichen Überschüsse finanzierten die Khmer eine effiziente Bürokratie und Armee, Arbeiten für das Gemeinwohl, Bauwerke und religiöse Stiftungen, die von der Steuer befreit waren.

Das Bewässerungsnetz spielt auch eine wichtige Rolle bei der Stadtplanung: Die Grenzen der Stadt wurden durch breite Wassergräben mit Dämmen markiert, während ein rechtwinkliges Kanalnetz die Stadt in sozial und beruflich determinierte Viertel teilte. Man bezog sauberes Wasser aus teilweise unterirdischen Kanälen, und es gab ein Kanalsystem für Schmutzwasser. Wie in Indien schnitten sich die Straßen im rechten Winkel, wobei die Haupt- oder „Königsstraße" jeweils in Ost-West-Richtung verlief. Am Schnittpunkt mit der axialen Straße in Nord-Süd-Richtung lag der Haupttempel – als symbolisches Zentrum des Universums. Er symbolisierte den kosmischen Berg und verknüpfte sowohl die vier Himmelsrichtungen als auch die Welt der Menschen mit jener der Götter. Wenn die Götter zufrieden waren, schenkten sie den Menschen Regen, und der König verteilte das Wasser in seinem Reich. Als sichtbarer Beweis für diese Beziehung lagen rings um die Tempel Gräben und Teiche, die deutlich unterstrichen, dass die Menschen ihr Wasser den göttlichen Tugenden des Königs verdankten.

Nur eine starke und gut organisierte Zentralmacht konnte das reibungslose Funktionieren dieses Bewässerungssystems garantieren, denn die Baray verschlammten rasch und mussten regelmäßig gesäubert werden. Da die Menschen durch den Reisanbau seit alters her an gemeinschaftliche Arbeit gewöhnt waren, akzeptierten sie vermutlich ohne Widerspruch die von ihnen geforderte Arbeit. Allerdings führten die exzessive Bautätigkeit und die regelmäßigen Kriege während der letzten Phase des Khmer-Königreiches zu einer Ausbeutung der natürlichen Ressourcen, und das Charisma des Herrschers nahm Schaden. Nach dem 12. Jahrhundert nahm insbesondere außerhalb von Angkor die Zahl der Kanäle, Dämme und Brücken zu und wurde durch Überschwemmungen und Einstürze wieder vernichtet. Das am höchsten entwickelte Bewässerungssystem in Indochina begann zu versagen.

Der Indratataka (Teich von Indra) in Lolei wurde 877 von Indravarman I. angelegt. Dieser 889 fertig gestellte Baray ist 3800 Meter lang und 800 Meter breit. Er liegt senkrecht zur Fließrichtung der Flüsse und dem natürlichen Gefälle. Das Wasser des Reservoirs stammte aus dem Roluos und bewässerte Reisfelder und die Tempelkomplexe von Preah Ko, Bakong, Prei Monti und ihrer Umgebung. Vermutlich stand Indravarmans Palast in der Umgebung von Prei Monti. Heute ist das Becken ausgetrocknet.

Der Yashodharatataka, bekannt als Östlicher Baray, wurde von Indravarman I. begonnen und 890 von Yashovarman I. vollendet. Dieses, 7000 x 1800 Meter große Becken wurde vom Siem Reap gefüllt. Der Fluss bildete – teilweise in einen Kanal verwandelt – den östlichen Wassergraben der neuen Hauptstadt Yashodharapura. Auch er ist heute leer. Der kolossale westliche Baray, 8000 mal 2200 Meter groß, wurde vom O Klok versorgt. Er stammt aus der Zeit von Suryavarman I., wurde aber erst von Udayadityavarman II. vollendet – er ist noch zu drei Vierteln gefüllt.

Der Jayatataka, der Baray des Sieges, 3500 x 900 Meter groß, ist das Werk von Jayavarman II. Er lieferte das Wasser für ein System von Kanälen, das die Bedürfnisse der neuen Stadt Angkor Thom befriedigen musste. Auch hier nutzte man das natürliche Gefälle: Das Wasser floss von Nordosten nach Südwesten, wo der Beng Thom das Schmutzwasser aufnahm und über einen Kanal in den äußeren Wassergraben ableitete. Alle Wassergräben, Kanäle und die Zu- und Abflüsse waren mit Lateritgestein verkleidet – eines der perfektesten Wasserversorgungssysteme in Indochina.

◆ WAT PREAH INDRA KAORSEY ◆

Dieses Bauwerk liegt außerhalb des Archäologischen Parks in Siem Reap, im südlichen Bereich neben dem Fluss, östlich des Denkmalamtes (*Angkor Conservation*). Die Reste eines Mauerrings mit einem Gopuram liegen innerhalb eines modernen Klosters. Er umgibt zwei Prasat: Der eine hat fünf, der andere vier Stufen – daneben stehen der Sockel eines dritten Turmes und moderne Stupas. Sehenswert ist vor allem ein Fries auf dem Türsturz des Hauptprasat, welches das Quirlen des Milchmeeres zeigt. Man erkennt deutlich den vierköpfigen Brahma und Shiva auf seinem Bullen, dahinter die Schlange, Vishnu auf der Schildkröte und eine Reihe Götter und Dämonen – eine schöne Arbeit, obwohl Indra fehlt.

LEGENDE

1 ALTER LAUF DES O KLOK
2 VERMUTETER WASSERGRABEN VON YASHODHARAPURA
3 SICHTBARER WASSERGRABEN VON YASHODHARAPURA
4 WASSERSTAND WÄHREND DER TROCKENZEIT
5 WASSERSTAND WÄHREND DES MONSUNS
6 WESTLICHER MEBON
7 VERMUTETE SIEDLUNGEN DES 7.–8. JH.
8 AK YUM
9 MODERNER LANDUNGSSTEG AM ZUFLUSS

276 BLICK AUF DEN WESTLICHEN BARAY

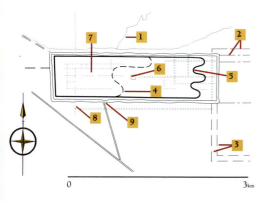

WESTLICHER MEBON

BESICHTIGUNG

Der westliche Mebon liegt auf einer künstlichen Insel im kolossalen westlichen Baray, zu erreichen mit einem Motorboot vom Damm aus. Von dem wahrscheinlich von Udayadityavarman II. erbauten Bauwerk blieb leider nur wenig erhalten. Es handelte sich nicht um ein Heiligtum im eigentlichen Sinne, sondern um einen Mauerring mit 70 Meter Seitenlänge auf einer künstlichen Erhebung, zehn Meter über dem Baray. Die Mauer endete mit einem breiten Gesims, das wie ein Kraggewölbe wirkte, und einer Traufleiste in Form von Lotosblüten. Auf jeder Seite führten drei kleine Tortürme durch die Mauer – dazwischen waren je fünf Fenster angeordnet. Heute ist nur noch ein Teil der Ostseite sichtbar. Die Giebelfelder der Türme und vor allem die Platten mit lebendigen, realistischen Darstellungen von Tieren, zeugen von der ehemals prachtvollen Dekoration. Im Zentrum des Mauerrings erhob sich eine Sandsteinterrasse und darauf ein Pavillon aus vergänglichem Material. Sie war über einen 43 Meter langen Damm mit der Ostseite der Außenmauer verbunden. In der Mitte der Terrasse zogen sich steinerne Treppen schraubenförmig um einen 2,70 Meter tie-

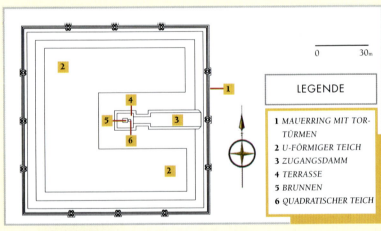

LEGENDE

1 MAUERRING MIT TOR-TÜRMEN
2 U-FÖRMIGER TEICH
3 ZUGANGSDAMM
4 TERRASSE
5 BRUNNEN
6 QUADRATISCHER TEICH

278 OBEN: AKROTERION IN DER FORM EINER LOTOSKNOSPE AUF EINEM TORTURM.

278 UNTEN: MAUERRING UND TORTÜRME; OSTSEITE.

279 VISHNU ANANTASHAYIN, DETAIL; NATIONALMUSEUM PHNOM PENH.

fen Brunnen in der Form eines umgekehrten Lingam. Östlich davor lag ein quadratischer Teich und das Brunnenwasser floss unterirdisch über ein Bronzerohr zu. Wahrscheinlich diente der Brunnen dazu, den Wasserstand im Becken zu kontrollieren. Der gesamte Komplex war von einem U-förmigen Teich umgeben. Hier fanden Archäologen die Kolossalstatue eines bronzenen Vishnu Anantashayin („Vishnu auf Ananta liegend"), die heute im Nationalmuseum von Phnom Penh ausgestellt ist. Erhalten blieben nur Kopf, zwei rechte Arme und der obere Teil der Büste – daraus konnte man auf eine Gesamtlänge von sechs Metern schließen.

AK YUM

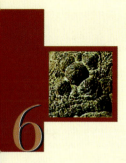

BESICHTIGUNG

Wenden Sie sich am Ufer des westlichen Baray nach links und gehen Sie etwa 400 Meter weit nach Westen, bis Sie auf der linken Seite die Ruinen eines Tempels erreichen. Ak Yum („Schlafender Vogel") gehört zu einem Komplex prä-angkorianischer Tempel, die zum Teil unter dem Deich begraben liegen. Es handelt sich um den ältesten, bekannten Tempelberg, der sich aber nur schwer erschließt. Er bestand aus einem erhöhten Sockel mit Ecktürmen und sechs weiteren Türmen auf der ersten Terrasse. Das Zentrum beherrschte ein Prasat auf zwei weiteren Terrassen – alle wurden aus Ziegelsteinen erbaut. In der Cella befand sich ein Lingam und darunter führte ein 13 Meter langer Schacht zu einem unterirdischen Lagerraum mit Opfergaben, die geplündert wurden. Die Türstürze mit Bögen, Medaillons und Anhängern sind im prä-angkorianischen Stil gefertigt. Der Bau entstand zwischen dem 7.– 9. Jahrhundert, denn einige Teile wurden aus Steinen eines alten Tempels errichtet.

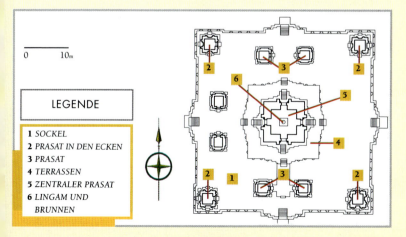

LEGENDE

1 SOCKEL
2 PRASAT IN DEN ECKEN
3 PRASAT
4 TERRASSEN
5 ZENTRALER PRASAT
6 LINGAM UND BRUNNEN

PHNOM KROM

BESICHTIGUNG

Etwa elf Kilometer südwestlich von Siem Reap liegt Phnom Krom auf einem 137 Meter hohen Hügel. Es entstand gleichzeitig mit Phnom Bakheng und Phnom Bok und wurde von Yashhovarman I. ebenfalls der Trimurti geweiht. Der Tempel wird von einer Lateritmauer mit vier kreuzförmigen Gopuram umgeben. Im Innern haben sich die Ruinen von zehn rechteckigen Bauten erhalten, vier auf der Ost- und je zwei auf den anderen Seiten. Alle waren einst mit Holz und Dachziegeln gedeckt. Ebenfalls im Osten standen vier „Bibliotheken", zwei aus Ziegelsteinen, die anderen aus Sandstein erbaut. Treppen mit wachenden Löwen führen auf eine Plattform mit drei Prasat aus Sandstein, die leider stark beschädigt sind. Ihre Eingänge liegen im Osten und Westen, die beiden anderen Seiten haben Scheinportale. Man findet noch Spuren der Verzierung und den Sockel, auf dem die Statuen standen: Shiva im mittleren, Vishnu im nördlichen und Brahma im südlichen Prasat. Auf dem Sockel ist noch ein hübscher Fries mit Hamsa, der heiligen Gans zu erkennen. Besonders faszinierend sind die düstere Atmosphäre und der See unterhalb der Anlage.

◆ CHAO SREI VIBOL ◆

Dieser Bau hinter Banteay Samré ist in sehr schlechtem Erhaltungszustand, dennoch lohnt sich wegen der hübschen Landschaft ein Ausflug dorthin.

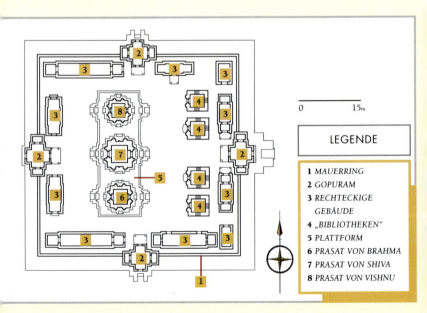

LEGENDE

1 MAUERRING
2 GOPURAM
3 RECHTECKIGE GEBÄUDE
4 „BIBLIOTHEKEN"
5 PLATTFORM
6 PRASAT VON BRAHMA
7 PRASAT VON SHIVA
8 PRASAT VON VISHNU

280 EIN SOCKEL FÜR DIE STATUEN IN DEN CELLAE.

281 OBEN: RUINE EINES RECHTECKIGEN GEBÄUDES UND DIE „BIBLIOTHEK".

281 MITTE: DIE DREI PRASAT AUF DER GEMEINSAMEN PLATTFORM.

281 UNTEN: RUINEN VON CHAO SREI VIBOL.

GLOSSAR

Amrita: Ambrosia oder Nektar der Unsterblichkeit
Antarala: Vestibül
Apsaras: Himmlische Tänzerinnen
Ardhamandapa: Portikus, Halb-Pavillon
Aschram: Einsiedelei
Asuras: Dämonen
Atman: Seele
Avatar: Inkarnation der Götter auf der Erde
Baray: Künstliches Wasserbecken der Khmer
Bodhi: Erleuchtung
Bodhisattva: Ein Erleuchteter
Brahmanen: Priester, die zur obersten Kaste der Hindus gehören
Buddharaja: Buddha-König
Chakra: Rad, Kreis, scharfe Scheibe; von Vishnu als Waffe benutzt
Chakravartin: Oberster Herrscher, „Herrscher des Rades" und damit der Ordnung
Deva: Die Macht des Lichtes, Gott
Devaraja: Gottkönig
Devata: Göttlichkeit
Devi: Göttin
Dvarapala: Torwächter
Garbhagriha: Cella eines Tempels, eigentlich Embryokammer oder Uterus
Garuda: Niederer Gott, halb Vogel, halb Mensch; das Reittier von Vishnu
Genius loci: Schutzgeist eines Ortes
Gopuram: Monumentaler Pavillon über den Eingängen in den Mauerringen eines Tempels
Guru: Spiritueller Lehrer
Hamsa: Gans mit gestreiftem Kopf oder Gans-Schwan; Reittier von Brahma
Ishvara: Herrscher
Kala: Alles verschlingender Dämon
Kamrateng: Herrscher (altes Khmer)
Kinnaris: Geflügelte Frauen
Kudu: Hufeisenförmiger Bogen
Lingam: Phallischer Stein als Symbol für Shiva
Loka: Paradies
Makara: Mythisches Wassermonster mit Rüssel und Hörnern
Mandala: Symbolische Darstellung, um den Aufbau des Kosmos und der Psyche widerzuspiegeln

Mandapa: Pavillon
Naga: Mythische Kreatur, teilweise Kobra
Nagara: Hauptstadt
Nagaraja: König der Nagas
Nagini: Gefährtinnen der Nagas
Narashimha: Mann-Löwe, ein Avatar des Gottes Vishnu
Nirvana: Unbeschreibbarer Zustand des Nichts, Auslöschung jeglicher Existenz
Parinirvana: Eintritt von Buddha ins Nirvana, sein Tod
Phnom: Berg (Khmer)
Pradakshina: Ritual, in dem das angebetete Objekt umkreist wird, dabei bleibt es stets zur Rechten des Gläubigen
Prasat: Pyramidentempel oder Turmheiligtum
Prasavya: Begräbnisritual im Gegenuhrzeigersinn (angebetetes Objekt bleibt zur Linken)
Raja: König
Rajavihara: Königliches Kloster
Saptaloka: Die sieben Himmel der Hindugötter
Snanadroni: Runder Sockel des Lingam; endet in einer Lippe als Symbol des weiblichen Prinzips
Stupa: Kuppel über den Überresten des verbrannten Buddhas und besonders verehrter Mönche; Reliquienschrein
Trimurti: Dreieinigkeit des Absoluten in der Form des Schöpfers, Bewahrers und Zerstörers des Kosmos; personifiziert als Brahma, Vishnu und Shiva
Ushnisha: Eine Art Kalotte auf dem Kopf von Buddha
Vahana: Reittier oder Sitz eines Gottes
Varaha: Inkarnation von Vishnu als Eber
Varman: Rüstung, Schutz; im Herrschernamen bedeutet es „beschützt durch"; z.B. Jayavarman wird „durch Sieg (*jaya*) beschützt"
Vrah Guru: Heiliger, spiritueller Lehrer (Khmer und Sanskrit)
Yaksha: Baumgeist
Yantra: Esoterisches Diagramm
Wat: Kloster (Thai)

LITERATURAUSWAHL

Albanese, Marilia; Manferto, Valencia: *Angkor – Vergessene Tempel im Dschungel*, Köln 2002.

Bärmann, Matthias; Hachmeister, Heiner (Hrsg.): *Meisterwerke der Khmer-Skulptur*, Münster 2002.

Chandler, David: *History of Cambodia*, Boulder, Colorado 1983.

Coe, Michael D.: *Angkor and the Khmer-Civilisation*, London 2003.

Coedès, George: *Angkor – an Introduction*, London, 1990.

Dagens, Bruno: *Angkor: Heart of an Asian Empire*, London 1995.

Daguan, Zhou: *Sitten in Kambodscha: Über das Leben in Angkor im 13. Jahrundert*, Frankfurt 2000.

Felten, Wolfgang; Lerner, Martin: *Das Erbe Asiens – Skulpturen der Khmer und Thai vom 6. bis zum 14. Jahrhundert*, Stuttgart 1988.

Frédéric, Louis: *La vie quotidienne dans la péninsule indochinoise à l'époque d'Angkor: 800–1300*, Paris 1981.

Giteau, Madelaine: *Angkor*, Stuttgart/Berlin/Köln 1976.

Giteau, Madelaine: *Khmer. Kunst und Kultur von Angkor*, Stuttgart/Berlin/Köln 1981.

Golzio, Karl-Heinz: *Geschichte Kambodschas – das Land der Khmer von Angkor bis zur Gegenwart*, München 2003.

Groslier, Bernhard-Philippe: *Mélanges sur l'archéologie du Cambodge, 1949–1986*, Paris 1998.

Groslier, Bernhard-Philippe: *Angkor: Eine versunkene Kultur im indochinesischen Dschungel*, Köln 1956.

Highman, Charles; Huß, Guido: *Versunkenes Reich Kambodscha*, Stuttgart/Zürich/Wien 2004.

Jacques, Claude; Lafond, Philippe: *L'Empire Khmer: Cités et sanctuaires, Ve-XIIIe siècles*, Paris 2004.

Keat, Ging Ooi (Hrsg.): *Southeast Asia: A historical encyclopedia from Angkor Wat to East Timor*, Santa Barbara 2004.

Mazzeo, Donatella; Silvi Antonini, Chiara: *Angkor – Monumente großer Kulturen*, Wiesbaden 1973.

Mertens, Jochen: *Die Sanskrit-Inschriften von Bat-Chun*, Nordenstedt 2005.

Rooney, Dawn: *Khmer Ceramics*, Singapur (u.a.) 1984.

Rooney, Dawn: *An Introduction to the Temples*. Hong Kong 1994.

Roveda, Vittorio: *Khmer Mythology: Secrets of Angkor*, London 1997.

Rybakowa, Nina: *Kunst Kampucheas. Architektur und Plastik*, Leipzig 1985.

Stierli, Henry: *Angkor. Weltkulturen und Baukunst*, München 1970.

Zéphir, Thierry: *Khmer: Lost Empire of Cambodia*, London, 1998.

REGISTER

Gerade Seitenzahlen verweisen auf den Fließtext, *kursive* Seitenzahlen verweisen auf Bilder und Karten.

A

Agni 61, 69
Airavata 55, 69, 98, 100, 106, 107, *117*, 120, 124, *124*, 202, 241
Ak Yum 11, 279
Akasha 236
Ananta 128, 168, 185, 258, 279
Anavatapta, See 195
Ang Chan I. 164
Angkor, 6, 8, *19*, 20, 24, 27, 29, 30, 33, 40, 69, 70, 71, 72, 73, 74, *75*, 75, 80, 101, 116, 138, 148, 193, 196, 204, 270, 276, 277
Angkor Beng Mealea 30
Angkor Borei 17, 18
Angkor Thom 8, 11, 40, 71, 98, 100, 130, 134, 136, 180, 182, 198, *199*, 200–207, 208, 261, 277
Angkor Wat *2*, 6, 8, *11*, 11, 30, 32, *36*, *37*, *42*, *43*, *44*, *48*, *51*, *52*, 55, *59*, *60*, *62*, 70, *71*, 73, 74, 94, 126, 146, *147*, 148–173, 174, *175*, 252, 254
Angkor-Epoche 24–41
Annam 30, 40
Antarala 10, 122, 137, 219, 259
Apsaras 75, 141, *143*, 167, *186*, 187, 210, *215*, 220, 246, 262, 264, *269*
Architekturstile
  Angkor Wat 32, 35, 36
  Bakheng *26*, 27, 35, 36
  Bakong 36
  Banteay Srei 28, 35, 36, 114, *115*
  Baphuon, *25*, *30*, 35, 36, 57, 199
  Bayon 6, 35, *57*, *143*, 175, 190, 191
  Khleang 29, 57
  Koh Ker *26*, 35
  Kompong Prah 23
  Phnom Da 18, 35
  Phnom Kulen 24, 35
  Prasat Andet 23
  Pre Rup 35, 79
  Preah Ko 35, 78, *79*
  Prei Khmen 23
  prä-angkorianisch 36, 55, 279
  Sambor Prei Kuk 20
Ardhamandapa 48, 259
Arjuna 120, 157-158
Asura 166, 168, 189, 202
Avalokiteshvara 18
Aymonier, Etienne 72
Ayurveda 194
Ayutthaya 40, 61

B

Ba Phnom 17
Bakheng 11, 94, 96, 100, 254
Bakong 8, 11, 24, 74, 78, 84–89, 90, 277
Baksei Chamkrong 8, 11, 27, 42, *51*, 79, 98–99
Balaha 194, *195*
Balarama 120
Bali, König 102, 103
Bana 164, 168, 249
Banteay Chhmar 40
Banteay Kdei 8, 11, 40, 101, 252, *253*, 262–269, 270
Banteay Prei 8, 11, 147, 191
Banteay Samré 8, 11, 30, *48*, *56*, 252, 254–259, 280
Banteay Srei 8, 11, 28, *29*, *45*, 55, 74, 116–127, 128
Baphuon 8, 11, 30, 33, 201, 222–225, 228, 232, 235
Baray, westlicher 276–277
Barthe, Auguste 72
Bastian, Adolf 70
Bat Chum 11, 27, 78, 102–103
Bayon 6, 8, *11*, 11, 40, 52, 73, 74, 138, 199, 204, 206, 208–221, 222, 228, 238, 245, 264
Bei Prasat 8, 11, 78, 100, *100*
Beng Thom 204, 277
Bergaigne, Abel 72
Bhagavata Purana 161
Bhaishajyaguru 174
Bhavapura 20
Bhumisparshamudra 239
Bindu 96
Blanche, Charles 74
Blanche, Gabriel 74
Bodhi 245
Bouillevaux, Charles-Emile 70
Brah Bishnulok 148
Brahma 23, 64, *64*, 69, 96, *128*, 129, 138, 230, 246, 268, 280
Buddha *2*, 8, 18, *25*, *30*, 30, 40, 74, 94, 98, 138, 141, 142, 143, 143, 168, 169, 172, 174, 176, 182, 184, *185*, 187, 189, *189*, 192, 193, 213, 218, 220, 225, 239, *239*, 240, 241, *241*, 245, 248, 261, 262, 264, *264*, 268
Buddharaja 40, 218
Buddhismus 18, 220
  Hinayana (Kleines Fahrzeug) 40, 220
  Mahayana (Großes Fahrzeug) 220
Burma 27

C

Carpeaux, Charles, 73
Chakra 66
Cham, Königreich 30, 33, 40
Champa 27, 40, 204, 212, *212*, 214, *216*
Chao Say Tevoda 8, 11, 30, 114, 136–137
Chao Srei Vibol 11, 280, *281*
Chenla 20, 111
Chevreul, Louis, 70
Coedès, Georges, 72, 74, 226
Commaille, Jean 73
Couto, Diogo do 70

D

Delaporte, Louis 71, *71*
Deva 88, 189, 202
Devadatta 240
Devaraja 24, 111, 126
Devata 83, *83*, 87, *88*, *135*, *139*, *154*, 155, *170*, 170, *175*, *177*, *178*, *191*, *192*, 213, *215*, 216, *246*, 266, 268, *269*
Devi 23, 102
Dharanindradevi 82
Dharanindravarman I. 30, 134
Dharanindravarman II. 33, 180, 184
Dhritarashtra 58
Doudart de Lagrée, Ernest 71
Draupadi 60
Dufour, Henry 73
Durga 23, 23, 69, 120
Dvarapala *81*, 83, 87, *103*, 185, *186*, *215*, 240, 248

E

Elefantenterrasse 8, 11, 199, 226, 228–231, 232, 236, 240

F

Ferguson, James 71
Finot, Louis 72
Fournereau, Lucien 72, *73*
Funan, Königreich 17, 20, 237

G

Gajalakshmi 119
Ganesha 69, *69*, 98, 107
Garbhagriha 48, 122, 249, 259
Garuda 27, 55, 69, 83, 88, *100*, 102, *103*, 106, *124*, 135, 161, 168, 182, *183*, 187, *215*, 229, 230, 232, 234, 249, 264, *264*, 270
Gaurashrigajaratna 176
Glaize, Maurice 74, 89
Goloubeff, Victor 75
Gopuram 46, *47*, *48*, 82, 85, 86, 98, *104*, 106, *117*, 118, 119, *119*, 120, *121*, *124*, *130*, 132, *133*, 135, 136, 137, 141, *141*,

142, *143*, *151*, 152, 153, *153*, 156, *157*, *170*, 172, 173, 174, 175, 176, *177* *178*, 179, 182, 183, *183*, 184, 185, *186*, 188, 189, *189*, 190, *190*, 191, *191*, 192, *210*, 212, *215*, *218*, 218, 220, 222, 223, 225, 225, 228, 230, 232, *233*, 235, 236, 237, 240, *241*, 244, 246, 256, *256*, 257, *257*, 258, 259, *259*, 261, 262, *264*, *264*, 266, 267, *267*, 268, 280
Govardana, Berg 183
Groslier, Bernard-Philippe 74
Groslier, George 75

H

Hamsa 69, 230, 234, 240, 280
Hanuman 61, 170
Hara 68
Hari 68
Hari-Hara 18, *23*, 23, *66*, 68, 80
Hariharalaya 24, 80, 84, 85, 89
Haripunjaya 40
Harshavarman I. 27, 98, 101, 126
Harshavarman II. 27
Harshavarman III. 30
Hemashringagiri 133
Himalaya 195
Hinayana, siehe Buddhismus
Hiranyakashipu 106, 118

I

Indra 69, 89, 96, 98, 100, 103, 106, 107, *117*, 124, *124*, 130, 183, 202, 204, 206, 241, 277
Indratataka 24, 80, 90, 277
Indravarman I. 24, 27, 80, 82, 84, 277
Indravarman II. 40, 90, 242
Indravarman IV. 33
Ishanapura 20, 116
Ishanavarman 20, 73
Ishanavarman II. 27

J

Jambudvipa 206
Jaques, Claude 248
Jatamukuta 68
Java 20, 24, 40
Jayakirtideva 142
Jayamangalarthadeva 141
Jayarajadevi *41*, 220, *220*
Jayatataka 176, 180, 193
Jayavarman I. 20
Jayavarman II. 24, 80, 82, 126
Jayavarman III. 24
Jayavarman IV. 27
Jayavarman V. 27, 126, 130
Jayavarman VI. 30
Jayavarman VII. *11*, 40, *41*, 138, 141, 147, 148, 174, 176, 180, 190, 191, 192, 195, 202, 204, 206, *206*, 212, 214, 218, 220, *220*, 226, 227, 228, 232, 261, 262, 268, 270
Jayavarman VIII. 40, 217, 226
Jayavarman Parameshvara 40
Jayaviravarman 243
Jayendranagari 27, 130

K

Kailash, Berg 42, 120, *123*
Kala 24, 30, *57*, 83, *123*, 246, 254, 261
Kalkin 69
Kama 69, 182, 217
Kambodscha 6, 9, 17, 20, 70, 71, 72, 73, 75
Kambu 9
Kambuja *19*, 24, 27, 29, 30, 40, 72, 220
Kamrateng jagat ta raja 126
Kamsa 120
Kaundinya Jayavarman 17
Kaundinya 17, 237
Kaurava 58, 59, 157
Kavindrarimathana 27, 103, 104, 108, 262, 268
Kbal Spean 8, 11, 128–129
Kern, Hendrik 72
Khleang 11, 199, 220, 242, 243
Khmer 6, *17*, 20, 40, 54, *60*, 69, 96, 214, 222, *242*, 276
Khmer, Rote 75
Khorat 40
Kinnari *186*, 187, 230
Koh Ker 24, 27
Kompong Svay 29, 30, 40
Kompong Thom 20, 23
Königspalast 2, 240
Krishna, 59, 66, 120, 158, 164, 183, 246
Krishna Govardana 192, 259
Krol Ko 8, 11, 147, 192
Krol Romeas 147, 191
Kubera 124
Kudu 123, 124
Kulen, Berg 24, 126
Kulen-Stil 34
Kunti 58
Kurukshetra, Schlacht von *60*, *157*, *158*, 157
Kutishvara 11, 253, 268

L

Lajonquière, Lunet de 73
Lakshmana 61, 135, 183
Lakshmi *66*, 68, 69, 102, 168, 185, 195, 217
Lanka 59, 61, 167, *167*, 182
Laos 20, 29, 40, 70, 71
Laur, Jean 75
Leak Neang 11, 78
Lingam 68, 89, 92, *94*, 96, 100, 106, 111, 126, *129*, 254, 261, 279
Lobpuri 161
Lokapala 124
Lokeshvara, 18, 40, 141, 143, 176, *178*, 179, 180, 184, 192, 193, *193*, 194, 202, *203*, 204, *204*, 206, *208*, 215, *218*, 218, 220, 261, 262, 264
Lolei 8, 11, 24, 78, 90–91, 277
Lovek 164

M

Magdalena, Antonio da 70
Mahabharata, 58, *60*, 62, *62*, 157, 161
Mahayana, siehe Buddhismus
Mahidharapura 30
Maitreya *17*, 18
Makara 55, 83, *123*, *129*, 241
Malraux, André 73
Mandala *129*
Mandapa 48, *121*, 137, 249, 259
Mandara, Berg 42, 62
Mangalartha 40, 204
Mara 142, 239
Marchal, Henri 74, 75
Mebon, östlicher 8, 11, 27, 79, 104–107, 111, 116, 176, 254
Mebon, westlicher 11, 30, 278
Mekong, Fluss 20, 71
Menam, Fluss 20, 40
Meru, Berg 6, 42, 44, 88, 89, 96, 133, 170, 172, 206, 226
Mohini 62
Mouhot, Henri 70
Mucilinda 30, 172, 220, 245
Mukuta 66
Mun, Fluss 20
Mus, Paul 218

N

Naga *8*, 17, *55*, 88, 151, *151*, 155, *183*, 188, *193*, *201*, 202, 206, 213, *215*, 226, 228, 230, 234, 237, 238, 239, 240, 242, 245, 246, *247*, 249, *256*, 258, 259, 261, 264, *264*, *267*, 270, *271*
Nagarajayashri 180
Nagini 237
Nalagiri 240
Nalanda 40
Nandi 69, 80, *81*, 85, 94, 107, 108, 118, 119, *128*, 129, 217
Narasimha 69, 109, 118
Narendradevi 82
Neak Pean 8, 11, 40, 147, 176, 192, 193–195

O

O Klok, Fluss 277

P

Pagan 30
Pallava-Dynastie 72
Pandava 58, 59, 157
Pandu 58
Paramaraja II. 40
Paramavishnuloka 148
Parameshvara 82
Parilliyaka 240

Parinirvana 240
Parmentier, Henri 73, 75
Parvati 69
Phimai 30
Phimeanakas 8, 11, 29, 199, 234, 236–237
Phnom Bakheng 6, 8, 27, 75, 78, 92–97, 280
Phnom Bayang 27
Phnom Bok 11, 27, 252, 254, 280
Phnom Chisor 29
Phnom Krom 11, 27, 280–281
Phnom Kulen 25, 254
Phnom Penh 17, 18, 23, 25, 26, 29, 41, 66, 69, 69, 75, 122, 180, 206, 226, 227, 278, 279
Phnom Rung 30
Prä-angkorianische Epoche 17–23
Pradak 116, 254
Pradakshina 157, 218
Prajna 220
Prajnaparamita 138, 262
Prasat 42, 42, 43, 45, 48, 54, 74, 82, 83, 83, 85, 86, 87, 88, 89, 89, 90, 91, 92, 94, 96, 96, 98, 100, 101, 102, 103, 103, 106, 107, 107, 109, 109, 111, 121, 122, 123, 124, 126, 130, 133, 133, 135, 137, 138, 141, 141, 142, 157, 169, 170, 170, 172, 173, 174, 175, 178, 184, 185, 186, 190, 190, 193, 193, 194, 195, 208, 210, 218, 218, 223, 225, 236, 241, 241, 242, 248, 254, 259, 261, 261, 264, 267, 267, 269, 279, 280, 281
Prasat Andet 23
Prasat Chrung 11, 201, 253, 261
Prasat Kravan 8, 11, 27, 78, 101–103, 249
Prasat Leak Neang 107
Prasat Prei 8, 11, 147, 190, 191
Prasat Suor Prat 11, 40, 199, 242, 243, 245
Prasat Thom 51
Prasavya 157
Pre Rup 8, 11, 27, 104, 107, 108–111
Preah Khan 8, 11, 29, 30, 40, 141, 147, 176, 180–189, 190, 191, 193, 194
Preah Ko 8, 11, 24, 51, 55, 79, 80–83, 84, 90, 277
Preah Palilay 8, 11, 199, 232, 235, 240–241
Preah Pithu 6, 11, 30, 199, 246
Preah Vihear 29, 51
Prei Khmen 50
Prithivindravarman 82
Prithvindradevi 82
Purana 58, 62

Pursat 23
Pushkaraksha 20

R
Rahu 230
Raiyashri 194
Rajendrabhadreshvara 111
Rajendravarman 98, 103, 104, 111, 126, 262, 268
Rajendravarman I. 20
Rajendravarman II. 27, 108, 236
Rakshasa 88
Rama 60, 61, 66, 120, 135, 158, 167, 182, 183, 264
Ramayana 58, 59, 60, 135, 137, 158, 166, 183, 256, 257
Ravana 61, 120, 123, 167, 182, 257
Ream 60
Reamker 60
Roluos 8, 11, 24, 80, 277
Rudravarman 17, 82

S
Sambor Prei Kuk 20, 23, 23, 50
Sambor 20
Samré 254
Samsara 66
Saptaloka 96
Satyavati 58
Sdok Kak Thom 126
Seidenfaden, Erik 73
Sema 248
Shaka 72
Shambhupura 20
Shambhuvarman 20
Shantanu 58
Shiva 18, 23, 26, 29, 42, 62, 64, 64, 66, 68, 69, 69, 80, 86, 94, 96, 98, 102, 104, 106, 107, 108, 118, 120, 123, 126, 128, 129, 164, 169, 172, 182, 185, 217, 246, 257, 259, 276, 280
Shiva Bhadreshvara 111
Shiva Devaraja 40
Shiva Mahayogin 135
Shiva Nataraja 120, 185
Shivakaivalya 126
Shreshthapura 20
Shri 69
Shrindrajayavarman 40
Shrindravarman 40
Shrutavarman, König 20
Siam, Königreich 70, 71, 73
Siem Reap 11, 69, 90, 92, 116, 128, 136, 137, 150, 277, 280
Simhala 194
Sisophon 126
Sita 60, 61, 118, 135, 183, 264
Skanda 69, 107, 259
Snanadroni 68
Soma 17, 237
Spean Thma 8, 11, 114, 137
Srah Sei 234
Srah Srang 6, 8, 11, 27, 40, 108, 253, 270–271

Sri Indreshvara 89
Sri Lanka 194
Stern, Philippe 74, 138, 226
Stupa 173, 218, 239
Sugriva 26, 61, 124, 124, 137, 158, 170
Sujata 241
Sukhothai 40
Surpanakha 61
Suryavarman 151
Suryavarman I. 29, 30, 130, 232, 233, 236, 277
Suryavarman II. 30, 32, 33, 134, 136, 147, 148, 156, 161, 254

T
Ta Keo 11, 27, 114, 130–133, 137, 175, 175, 260
Ta Nei 11, 40, 253, 260–261
Ta Prohm 11, 40, 115, 138–143
Ta Prohm Kel 8, 11, 147, 174–175
Ta Som 8, 11, 40, 147, 176–179
Tara 41, 220, 220
Tcherey 254
Tep Pranam 8, 8, 11, 199, 232, 238–239, 240
Terrasse des Lepra-Königs 8, 11, 199, 226–227, 238
Thai 40, 161
Thailand 27, 29, 30, 71, 161
Thailand, Golf von 17, 27
Theravada (siehe auch Buddhismus, Hinayana) 40, 220
Thommanon 8, 11, 30, 114, 150, 154–155, 156
Thomson, John 70
Timur Khan 40
Tonlé Sap 11, 20, 212, 213, 276
Trapeang Phong 50
Tribhuvanadityavarman 33
Tribhuvanamaheshvara 123
Trimurti 66, 68, 96, 101, 148, 217, 246, 254, 280
Trouvé, Georges Alexandre 74
Tuol Kamnap 23

U
Ubon 27
Udayadityavarman II. 30, 128, 201, 222, 277, 278
Uma 29, 69, 69, 118, 120, 128, 217, 259

V
Vahana 69
Vajimukha 69
Vajrayana 220
Valin 26, 61, 124, 124, 137, 158, 170
Valmiki 60, 61
Vamana 101
Varaha 69
Varuna 69, 124, 249
Vasuki 62, 62, 206

Veda, 64
Vimana 236
Viradha 118
Vishnu 18, 23, 24, *25*, *34*, 59, 60, 62, *62*, 64, 66, *66*, 68, 69, *69*, 80, 83, 96, *100*, 101, 102, *103*, 103, 106, 109, 118, 120, 123, 126, 128, *128*, 135, 148, 150, 153, 156, 158, 161, 164, 166, 168, 170, 172, *173*, 183, 185, 217, 246, 249, 258
Vishnu Anantashayin *278*, *279*
Vishnukumara 116

Vyadhapura 17
Vyasa 58

W
Wat Phu 29
Wat Preah Indra Kaorsey 11

Y
Yajnavaraha 28, 116, 126
Yaksha 88, *121*, 230
Yama 69, 124, 164, 226
Yantra 103

Yashodharapura 27, 33, 92, 150, 151, 204, 277
Yashodharatataka 92, 277
Yashodhareshvara 92
Yashovarman 27, 96
Yashovarman I. 90, 92, 238, 254, 280
Yashovarman II. 33, 254
Yoni 68

Z
Zhou Daguan 6, 40, 236, 237, 242

BILDNACHWEIS

Alle Fotografien von Livio Bourbon/ Archivio White, mit Ausnahme der Folgenden:

Stefano Amantini/Atlantide: Seite 7
Aurora Antico/Archivio White Star: Seiten 91 oben, 99 unten, 101 unten, 107 unten, 134, 136 unten, 177 unten, 226 unten, 229 mitte, 233 unten, 241 unten, 243 unten, 260 unten, 261, 271 unten, 277, 278 oben, 279 unten, 280
Archivio White Star: Seiten 70–71, 71
Antonio Attini/Archivio White Star: Seiten 14-15, 32-33, 43, 52, 53, 59, 60 oben, 60 unten, 60–61, 62, 63 oben, 63 mitte, 63 unten, 100, 132, 132–133, 140 oben, 141 links, 141 rechts, 150, 151 mitte, 151 unten, 152 oben, 152 unten links, 153, 154 links, 154 rechts, 156–157, 157 oben, 158, 158 unten, 158–159, 159, 160 oben, 160 mitte, 160 unten, 160-161, 161, 162, 162-163, 163 oben, 163 mitte, 163 unten, 164 oben, 164 unten links, 164 unten rechts, 165 oben, 165 mitte, 165 unten, 168-169, 169 links, 169 mitte, 169 rechts, 170, 171 oben, 171 unten links, 171 unten rechts, 180 links, 180 unten, 182, 183 oben, 183 unten, 184–185, 190 oben, 190 unten, 191 oben, 191 mitte, 191 unten, 195 mitte, 197, 201 links, 201 unten, 202 unten, 203, 204 oben links, 204 unten, 205 oben, 205 unten, 210 links, 210 rechts, 211, 214 oben, 214 unten, 215 oben, 215 unten, 217 oben, 219 oben, 219 unten rechts, 229 oben, 230 unten, 232, 232–233, 234 oben, 234 mitte, 234 unten, 234–235, 238, 238-239, 239, 240 rechts, 241 unten, 255 oben, 260, 265 oben, 265 mitte, 265 unten, 267 oben, 267 unten, 269 unten rechts, 281 oben, 281 mitte
Thomas Beringer: Seiten 137 unten, 276 (Detail)
Marcello Bertinetti/Archivio White Star: Seiten 32 rechts, 113, 120 oben, 120 unten links, 122-123, 125 unten, 127, 152 153, 154 155, 157 mitte, 173
Armundo Borrelli/Archivio White Star: Seiten 35, 36, 42, 54–55 unten, 56-57
Angelo Colombo/Archivio White Star: Seiten 12-13, 18–19, 21, 44, 45, 46, 47, 50-51, 52 unten, 54–55 oben und mitte, 78–79, 80, 85, 93 unten, 104 unten, 108 unten, 114, 115 oben und unten, 116–117, 131 unten, 139, 146–147, 149 unten, 181, 193 links, 198–199, 200–201, 209 unten, 222–223, 236, 247 unten, 252–253, 255 unten, 263 links, 274–275
Leonard de Selva/Corbis/ Contrasto: Seiten 74–75
Ecole Nazionale Superieure des Beaux Arts, Paris: Seiten 72–73
Michael Freeman/Corbis/ Contrasto: Seiten 26, 30, 31, 41, 41 (Detail), 64–65, 221, 235
Richard Lambert/RMN: Seiten 2–3

Erich Lessing/Contrasto: Seiten 272–273
Chris Lisle/Corbis/Contrasto: Seite 281 unten
Chrisobenhe Loviny/Corbis/ Contrasto: Seite 263 links
Kevin R. Morris/Corbis/Contrasto: Seiten 68, 137 oben, 174–175, 175 oben, 76–177, 192 (Detail), 192 oben, 270–271, 278 unten
Thierry Ollivier/RMN: Seiten 34, 64
Luca I. Tettoni/Corbis/Contrasto: Seiten 9, 16, 22 links, 22 rechts, 23, 25, 27, 28, 29, 66, 69 links, 69 rechts, 192 unten, 207, 227 unten
Luca Tettoni Photography: Seite 17
Kimbell Art Museum/Corbis/ Contrasto: Seite 67

DIE AUTORIN

MARILIA ALBANESE hat Studienabschlüsse in Indologie, Sanskrit, Hindi und Indischer Kulturwissenschaft. Sie ist Direktorin des Italienischen Instituts für Afrika und den Orient in Rom und hat am Theologischen Seminar in Monza, das der Päpstlichen Urbaniana-Universität angegliedert ist, als Spezialistin für die indische Kultur Einführungskurse in die Welt des Hinduismus und Buddhismus gehalten. Seit den späten 1970er-Jahren lehrt sie indische Kultur an Ausbildungseinrichtungen für Yoga-Lehrer und hat über dieses Thema bereits mehrere Bücher veröffentlicht. Heute ist sie Vorsitzende von YANI, der italienischen Vereinigung der Yoga-Lehrer. Um ihre Kenntnisse der ganzen Vielschichtigkeit indischer Kunst zu vertiefen, begann sie schon vor dreißig Jahren, Indien, Indochina und Kambodscha zu bereisen, wo sie sich eingehend mit der Kultur der Khmer und deren Verhältnis zur hinduistischen Symbolwelt befasste. Als freie Journalistin nimmt sie häufig an Konferenzen über diese Themen teil und ist Autorin zahlreicher einschlägiger Artikel und Bücher. Sie ist Mitarbeiterin an folgenden Buchveröffentlichungen: *Indien: Zeugnisse großer Kulturen im Norden des Landes*, K. Müller, Erlangen 1999; *Das antike Indien: von den Ursprüngen bis zum 13. Jahrhundert*, K. Müller, Köln 2001; *Splendori delle civiltà perdute* (1998); *I grandi tesori: l'arte orafa dall'antico Egitto al XX secolo* (1998); *Le grandi dimore reali* (1999); *Dimore eterne* (2000), *Angkor, fasto e splendori dell'impero Khmer* (2002).

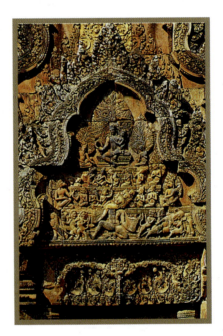

288 BILDNIS VON RAVANA, DEM TAUSENDKÖPFIGEN UND TAUSENDARMIGEN DÄMON, IM TYMPANON DER SÜDLICHEN BIBLIOTHEK VON BANTEAY SREI.

Umschlagvorderseite: Angkor Wat - © Luca I. Tettoni/Corbis
Umschlagrückseite: Angkor Wat - © Livio Bourbon/Archivio White Star